蔡石山 著

明代的女人

她们的故事与命运，是什么样子？

中华书局

图书在版编目(CIP)数据

明代的女人/蔡石山著. —北京:中华书局,2011.9
ISBN 978 - 7 - 101 - 08071 - 1

Ⅰ.明… Ⅱ.蔡… Ⅲ.女性 - 人物研究 - 中国 - 明代
Ⅳ.K828.5

中国版本图书馆 CIP 数据核字(2011)第 130332 号

本书中文简体字版由联经出版事业公司授权出版

书 名	明代的女人	
著 者	蔡石山	
责任编辑	徐卫东	
出版发行	中华书局	
	(北京市丰台区太平桥西里 38 号 100073)	
	http://www.zhbc.com.cn	
	E - mail:zhbc@ zhbc.com.cn	
印 刷	三河航远印刷有限公司	
版 次	2011 年 9 月北京第 1 版	
	2011 年 9 月河北第 1 次印刷	
规 格	开本/700×1000 毫米 1/16	
	印张 15½ 插页 2 字数 270 千字	
印 数	1 - 8000 册	
国际书号	ISBN 978 - 7 - 101 - 08071 - 1	
定 价	28.00 元	

目 录

引 言

　　明朝统治中国，历时将近三百年，其间所留下
的史籍墨稿，大大地超过汉代简策与唐人卷轴，可
说是汗牛充栋、浩瀚繁杂。明朝史料有国史实录，
有野史稗乘，有家史刻本；不仅如此，还有成千上
万的奏牍卷帙以及墓铭文物，堆积如山，不可胜数！
令人惋叹的是，在这些清一色由男人撰写的故纸堆
中，有关明代女人的记载，要不是寥寥数语，就是
语焉不详，不可征信。一般说来，翰林修撰，因见
忌于皇室威权，又牢抱着"士不为君用则死"的教
条，大都谨慎将事，有时还得徇隐曲笔，不敢据事
直书，后来又经过几次的抄传，导致《实录》中有
很多舛错。还有，在熹宗天启以前的各朝《实录》
还可能有缺失。

　　除此之外，中国知识分子特别重视礼教、门户、
名节，再加上官场中的朝阳鸣凤传统，因此士大夫

所写的奏牍辞令，虽然文字工整、头头是道，却时常失之激扬，不切实际！让现代的人想略窥五六百年前明代女人的真相，难上加难。譬如说，我们就很难从官方的文牍或皇帝的诏令来解读和了解一般妇女真正的日常生活，包括农家耕田的民女，采茶女，从征、归附、谪发军户的女眷，牧马的女人，织户、机户和桑、棉、麻等匠户的女性工艺生产者，嫁给靠煮盐、晒盐维生的人的女子，船户女子以及渔户人家，更不用说有关教坊学艺的女子和在青楼讨生活的莺燕贱女。

不过对于皇帝宫闱里的女人，明朝的正史倒是有比较详实的记载。也因为这样，第一章和第二章才有足够的资料描绘明代各朝的后妃，包括从贫贱出身的马皇后，雍容好学的徐皇后，一直到给万历宠坏的郑贵妃，以及末代皇后周氏的悲剧。不仅如此，作者还借这个机会评论明朝皇后的节操。此外，第三章还介绍了相当多位公主、郡主和环绕在勋臣贵戚身边的各色各样的嫔嫱，还有桂王太妃烈纳（Helena）等天主教女信徒。

明代女人大部分从小就得缠足。缠足起于何时，到现在还没有定论，杨用修说，缠足开始于六朝，并以乐府双行缠为依据。不过，明末胡元瑞却不遗余力地驳斥此说，引用晋人男方头履、女圆头履为证。而且又说，宋齐之后，题咏妇人足脚者很多，但这些诗词却没提到妇女的纤小足踝。虽然如此，史载南唐李后主有位善舞的宫嫔名叫窅娘，李后主在宫中作乐时，要求窅娘用布帛层层地紧扎着她的纤足，一直到状似弯弓。从此在宫中游戏的女子，为了自炫新奇，都穿绣履弓鞋，来讨男人的欢心；没料想到，这种伤害女孩健康、影响女人正常发育的陋俗竟然传到民间。等到明朝时，女子缠足已经变成了一种积非成是的潮流。在明人的诗句中，经常出现诸如"纤纤春笋香"、"纤纤白玉"、"纤纤月"、"纤小弓弯"等用语。

明朝理学兴盛，统治阶级认真地提倡"三纲五常"、"男尊女卑"、"臣不二君"、"女不二夫"等儒家传统思想。一三六八年春，明朝开国皇帝朱元璋命朱升等翰林学士重修《女诫》，在内府刻印之后颁布全国。因此，生为明代的女人不仅要奉行"妇德、妇言、妇容、妇功"

的训语格言，而且还得切记："在家从父，莫违双亲；出嫁从夫，听夫遵行；夫死从子，训子端身。"一般所谓的"闺房读本"包括东汉班昭所著的《女诫》，教妇女要"幽闲贞静，守节整齐"；唐代宋若华的《女论语》，强调"女处闺门，少令出户"、"内外各处，男女异群"、"第一守节，第二清贞，有女在室，莫出闺庭"；永乐元配徐皇后的《内训》，训示女人要"端庄诚一……美玉无瑕，可为至宝，贞女纯德，可配京室"；以及吏部尚书赵南星所编、朗朗上口的《女儿经》。此外，吕坤在一五九〇年出版一本四卷的《闺范图说》，用图画与故事来灌输"女子无才便是德"的思想。

虽然如此，在士大夫闺房长大的才女写出的文章和所吟咏的诗词，也有很多是风流儒雅、不让须眉的佳作。有才华而且能以文艺突出表现的妇女应该不可胜计，然而真正被传统史家立传或掇选表扬者，却是微乎其微。所以第四章全部用来介绍并导读明代名媛所作的文词诗歌，其中包括解缙妻子徐爱玉的一首凄怨感人的《寄衣》诗，杨继盛妻张氏的《代夫罪疏》，顾炎武母亲求她儿子终生不得为清廷效劳的一封信，瞿式耜妻子邵氏献给丈夫的《兵机书》和著名女将军秦良玉的《石砫檄文》等。

明代最有才华的女诗人，一般认为是四川的黄娥（号秀眉）。此外，王凤娴写的苍劲有内涵的诗，以及其他三十多位优秀女诗人的作品也都呈献给读者品评。叶绍袁一家有四位女诗人——包括奇慧艳冶的夫人沈宜修、大女儿纨纨、二女儿蕙绸和三女儿小鸾——全都是兰心蕙质、天仙般的美女。她们的诗文作品值得我们细细咀嚼享受。还有瞿式耜的媳妇陈结璘所写的精彩妙句也抄录在这一章。

明代的赋役黄册将中国人口归划为民户、军户、匠户及盐户四大类，但是制度订定百年之后，随着人口的增长及迁移，中国的社会阶级产生了很大的变化。正德皇帝（一五〇六—一五二一年在位）之后，社会开始腐败，阶级的划分随之混乱，甚至衍生出五十七种职业。由于明代法律的弊端百出，抚恤救济的不健全，以及政治的腐化，造成职业户四处流离，赋役制度次第遭受到破坏。到了明末，谢肇淛的

《五杂俎》说："燕云只有四种人多：奄竖多于缙绅，妇女多于男子，娼妓多于良家，乞丐多于商贾。"

依常理推之，除了宦官、阉人、和尚之外，每种职业的背后都需要女人。作者博采众籍、考异诸书、去取笔削，努力从棼错的明代社会中，揣摩出明代各色各样女人的心理，勾划出当时女性的一般生活。因此，第五章将罗列具有代表性的女性人物，其中有高有低、有贵有贱，用"放诸四海而皆准"的平常心，去叙述她们的出身遭遇，描绘她们的喜乐悲愁与爱欲情仇。此外，第六章还讨论明代民间宗教的女性教首唐赛儿、女教徒、女尼与"妖女"。最后介绍西南诸省（贵州、云南、四川、广西）具有特色的女土官，包括苗族狼兵女指挥官瓦氏。

明代的女人从小就不断地受到"夫死守节"以及"饿死事小，失节事大"的灌输说教。明朝开国初年，朝廷就明文规定："民间寡妇三十以前夫亡守制，五十以后不改节者，旌表门闾，除免本家差役。"对于守节的寡妇，不但本人可得到表扬，全家人皆可沾光。有些人家为了免除徭役，竟然虚填或者更改家中寡妇的年龄。这种例子，到处都发生过，事情恶化到不可收拾的地步。于是朱见深（宪宗皇帝，年号成化）即位后不久（一四六五年），便下诏进行严格整饬，并申明说，如果勘查出有造假虚报寡妇年龄者，连地方的官吏、里老通通都要治罪。依《明史·列女传》所载的三百零八名贞烈节妇，明代女子结婚的年龄一般都在十七八岁左右，其中最年轻的是蔡本澄的妻子，她嫁时才十四岁，最年长的是玉亭县君，成婚时是二十四岁。第七章和第八章特地挑选了几十位具有代表性的孝女、孝妇、贞女、贞妇、节妇、烈女，个别加以评介。

有趣的是，明代几位流传人口、驰名后世的女人，却出自遗闻轶事与戏曲小说：诸如俗传男女私媒传奇剧本《三笑姻缘》的婢女秋香，冯梦龙《警世通言》的玉堂春，汤显祖《牡丹亭》的杜丽娘，以及孔尚任《桃花扇》的李香君等。传奇演义或杂剧戏曲，在描述女性的故事时，固然比较能够反映出社会风俗与民间生活，不过，野史遗闻，言人人殊，况且历年久远，也不能尽信其真。民间放荡文人，在抑扬轩轾之间、在狎妓饭酒之后写出的作品，很多属于吟风弄月、作为茶余饭后清闲解闷的小品。其中有的作风纵恣，有的信口雌黄，有的淫秽惑世，有的讳莫如深，并不见得能真正合乎时代的精神，也不能全盘反映出明代女人的心思。这些问题都是第九章所要讨论的，其中包括礼部设立的教坊司以及编"乐户"或者"营妓"来统属管理的流离失所的女人和政治罪犯的女眷，也要讨论莺燕优娼最繁盛的南京、北京、扬州和大同等地的女子。

那些在教坊学艺的女子、在青楼讨生活的莺莺燕燕，反而能反映出明代女人的情与欲。既然已经被社会认为是没"贞"、没"德"的薄幸花草，她们反倒可以自由自在地跟着她们的才子嫖客吟风弄月，学习翰墨，做一点学问。所以在廉耻分明、注重声教名节的明朝社会，不少女画家、女诗人、奇女子反而出身于情色场所。清人王昶作《明词综》，其中所载录的女诗人，就有二十六位曾经当过妓女，包括才貌双全的王微、江夏"侠妓"呼文如以及文武兼具的薛素素等。

第十章（最后一章）要讨论的是明代一般人的娱乐方式，明代传奇戏场脚色，演戏的场合，和靠演戏过活的女人。明人主要的娱乐是靠固定的戏班和职业性的梨园俳优来承奉。陆容在《菽园杂记》第十卷写道："嘉兴之海盐、绍兴之余姚、宁波之慈溪、台州之黄岩、温州之永嘉，皆有习倡优者，名曰戏文子弟，虽良家子亦不耻为之。"在这些戏文子弟背后，懂演技、能唱歌、会跳舞、靠要武术谋生的女人，更是多到无法统计。明代的戏子虽然专业化，但戏曲演员多由娼妓兼任，所谓的勾阑名伶也大部分出自倡门；此外还有私人蓄养的优伶，称为"家乐"、"家僮"、"侍儿"、"家伶"或者"家优"。

第十章最后则是要检视一下明末清初四位出名的女伶名姬，她们分别是：画家兼诗人马湘兰、多情善感的李香君、充满神秘的董小宛，以及能倾国倾城的陈圆圆。因诗词可淋漓纸上，藏纳人之性情心思，于是作者参考了一些犬马声色之类的书，但虚心斟酌，努力从明代几百年的书里找出蛛丝马迹，来刻画人物性格、熟悉地方风俗。虽然时空相隔遥远，但希望在精神感受方面，能让读者觉得逼真，有如在同室握手，达到会心唱和的效果。

完稿的几句话：这十几年来有幸能陆续出版（中英文）有关明朝皇帝与宦官方面的专书，现在应联经出版公司之邀，终于完成了《明代的女人》一书，一方面觉得如释重负，但另一方面却意识到历史知识的无涯，的确不是有涯的史家生命可真正追逐得到的！

所以，书中难免会有错误和遗漏的地方，还请方家读者指正包涵。

第一章　宫闱的女人（一）

皇帝的后宫

　　古人立婚姻之礼是用来防淫乱的，黄宗羲（号梨洲先生，一六一〇—一六九五）在其政论专著《明夷待访录》的第一篇《原君》中，痛批中国君主制度的为害，为了一己之私欲，"离散天下之子女，以奉我一人之淫乐"。事实上，明朝皇帝后宫备有那么多孤独哀怨的美貌女子，如水仙一样的清雅，但却又似屏风上的金丝雀，没有自己的生命。很多人只能魂牵梦萦地空守等待，渴望想见"天颜"的一夜临幸，享受一点人间情爱，这是皇帝"产业之花息也"。然而帝王也有时会嫁祸给他自己的妻子女儿，传载明朝末代皇帝崇祯在李自成攻进北京后，挥剑砍杀他的女儿长平公主时，一边掉泪一边喃喃说道："汝奈何生我家！"

　　可是中国历代帝王为了独享那么多艳美的后妃嫔嫱（给以贤、淑、庄、敬、惠、顺、康、宁不同位号），又生怕这些女人在后宫惹出淫乱，因此除了利用阉割过的男子（太监）来照料这些宫闱妇女的宫寝日常生活之外，还雇用各形各类的女官来严控监视皇帝妻妾侍女的一举一动。譬如说，周朝时在后宫就设立了所谓的"内官"来赞治宫女，汉朝增设十四等级，召任数百位职事女官，唐朝改设六局二十四司，任命一百九十位女官以及五十多位女史。到了明朝时，朱元璋因鉴于前代女祸——不少后妃骄恣犯法，上下失序——于是重加裁定，折衷曩制，设立六局女官，包括尚宫局、尚仪局、尚服局、尚食局、尚寝局以及尚功局。官秩都是正六品，各自管领四司，而由尚宫行六局之事。因此明朝的内宫共设置有二十四司，再加上一个专管"戒令责罚"的特别司叫做宫正司，总共有七十五位女官以及十八名女史。

　　任职于宫廷六宫的女职，大多取自于良家寡妇以及能识字的年轻女子；如果宫女还年幼不懂书文，但表现聪慧者，就把她们先送到内书馆学习。宫人能读书写字者，先授以女秀才，表现优异者，以次升为女史，再高一等就是掌印的女宫正。一三九○年，朱元璋诏令，准许在六尚局服务勤劳五六年以后，可以回家跟父母居住团圆，或者婚嫁。年纪大的老宫女，也准许她们回故里老家，以终天年。如果不愿回家，想继续留下服务也可以。主事者会按照她们在宫闱的职位与年资，以俸禄照料。凡是太后、皇后、嫔妃礼仪等事，全部用女秀才为引礼赞礼官。六尚局所需要的大小衣食、金银、币帛、器用百物的供给（上自后妃，下到嫔御女史），全部要经由尚宫取旨，再署牒由宦官拿到尚宝司盖印，经过宦官控制的内使监覆奏后，才能到各部去领取。如果尚宫不按时上奏，或者内使太监没照程序覆奏，私自到各部领取东西的嫔妃都会被论罪处死。

　　以严厉猜疑闻名的朱元璋，同时又命令工部制造所谓的"红牌"，镌刻戒谕后妃的言辞，悬挂在宫中；虽然牌是铁做的，但是牌上刻的字则饰之以金。不仅如此，出身贫贱的朱元璋又著令典，如果宫女没经允许私自给宫外的人写信，也是死罪。还有，宫嫔以下，如果生病，外面的男性医生也不准进入内宫。在这情况之下，太监只能凭借病情向太医报告，然后拿取药物。朱元璋订定这一连串内宫家法，不但缜密，而且苛厉。难怪明朝从创建以来（一三六八）一直到灭亡（一六四四）的二百七十多年间，虽然所选的后妃不尽整齐，但一般说来，可说是宫壶肃清，鲜有女祸淫乱的事情发生。

贫贱出身的马皇后（一三三二—一三八二）

明代的第一位皇后，只知道她姓马，但却不知她的名字。明朝所有文献中，都形容她最仁慈、最仁厚、有智谋、具判断鉴察力，而且精力充沛，记忆力超强。她父母过世很早，为红巾军首领郭子兴收为养女，郭子兴看他麾下部将朱元璋是位奇人，于是将马氏许了这位曾经当过乞丐与和尚的年轻人；马氏终于成为既是叛军领袖、也是开国皇帝朱元璋的贤内助及不可或缺的左右手。据载，她不管在流离贫贱或贵为皇后时，皆经常穿着粗劣的丝织衣物或补了又补的旧棉衣。每逢饥荒瘟疫，她会拒绝吃荤，并向上苍祈祷。她自始至终保持着传统的妇女美德，还屡次告诫她的子女、媳妇要摒弃奢侈享受，养成节俭和自律的生活方式。

马皇后也经常抽空，替六宫的嫔妃讲解古代的内官规矩训典，要求女官解读《列女传》，并加以讨论，以当世范。据《明史》，马皇后认为："孝慈就是仁义。"因此曾公开朗诵《小学》，并请求朱元璋表彰宣扬这部书。凡读过《明史》的人，都知道朱元璋是个性子暴虐、脾气很坏的皇帝。例如在一三八〇年二月因受胡惟庸案牵连的，就有一万五千余人被处死。又如一三九三年三月底整肃蓝玉谋反一案，大约有两万跟蓝玉有牵连的文武官员，不是被诛被磔，就是遭受流放的命运。翦除异己的血腥动作此后还在持续进行。不过，马皇后的仁慈与及时的委婉劝谏，却也救了不少人命。譬如说，和州参军郭景祥的独子，宋濂以及他的孙子宋慎，吴兴的大富翁沈秀以及无数的官人，都因她的谏阻，才能多活好几年。

有一天，马皇后得知太学有数千个学生，因担忧学生的妻子儿女无法供养，因此建议朝廷设立"红板仓"，俾便积蓄粮食，在干旱年月，赐给太学生的家庭当补贴。当马皇后听到朱元璋打算派人寻访她的族人亲戚，以便赐给他们官职时，马皇后立刻辞谢，并理直气壮地说，这是徇私枉法的事。

一三八二年秋天，马皇后卧病不起，朝廷上下诸臣，奏请皇帝祈祷祭神，可是马皇后却说："死生，命也，祷祀何益？且医何能活人？使服药不效，得毋以妄故而罪诸医乎？"后来病情更加严重时，朱元璋问她想要交代什么话，马皇后回复："愿陛下求贤纳谏，慎终如始，子孙皆贤，臣民得所而已。"九月间，刚满五十岁的马皇后就过世了，依照守丧礼俗，每一位皇族成员都要穿丧服三年，有些还要求自己吃素。据说当时朱元璋恸哭不能自已，可能因此，朱元璋以天下之尊力斩《仪礼》丧服传统，改变父尊母卑的象征意涵，将母丧也提到斩衰三年。此举透过全国颁行的法律统一实行，对于父母地位的重新认识与调整，有极重大的意义。除母亲以外，明代也对中国传统礼法制度的性别规范重新厘定。

在此情况下，等马皇后死后的四十四天（即十月三十一日），一辆精巧装饰的马车载着她的灵柩到林木蔟立的钟山，将她的尸体埋在孝陵。朱元璋悲恸之余，决定不再册立皇后，而且命常驻皇后墓陵的太监，每天轮流点燃香火和蜡烛，确保陵墓中的香火持续不断。在马皇后过世的周年纪念仪式上，太监还得穿着特制的麻布套衫，哀悼祈祷四十九天。

一四〇二年当马皇后的四子朱棣登上皇帝宝座后，他随即下令追谥他的母亲为"孝慈高皇后"，并敕令博学善文的翰林学士解缙（一三六九——四一五）为马皇后写了一篇热情洋溢的传文。等到一五三九年，嘉靖皇帝又加上一大堆尊称谥号，从此称她为：孝慈贞化哲顺仁徽成天育圣至德高皇后。

值得注意的是，一三九八年六月二十四日，朱元璋死了。六天之后，这位大明的开国皇帝也安葬在钟山的孝陵，但是朱元璋的四十位嫔妃之中，有三十八位遵循元朝制定的蒙古陪葬习俗和传统，结束了她们的生命。但据大明陵墓史家魏玉清所说，陪葬洪武皇帝的嫔妃人数超过一百人，她们不是被活埋，就是被割喉或被逼上吊。朱元璋的孙子建文嗣位以后，为了补偿这些"西宫殉葬宫人"，她们的父兄都称为"朝天女户"，而且可以世袭当锦衣卫的百户或千户，担任散骑带刀舍人之类的职务。

雍容好学的徐皇后（一三六二—一四○七）

朱元璋的四子朱棣在一四○二年夏天掌握了皇权，建元永乐，下令将建文四年改成洪武三十五年（一四○二），使建文（朱允炆）成为不合法的篡位者。有关建文内宫的真实面貌，已无法窥其一斑。相反地，明代官方文献记载了不少有关永乐妻子徐皇后的功德，极力地提升明朝第二位皇后的形象，塑造她为中国传统的仁慈、孝顺和宽厚的典范。

徐皇后是朱元璋亲密战友徐达的长女。被封为"中山武宁王"的徐达，享有岁禄五千石，又兼太子少傅，在明朝开国军事指挥官中排名第一。显然地，这是一桩政治联姻，意在进一步巩固朱、徐两家的结盟，因为徐达的另外两个女儿，后来又分别许配给朱元璋的第十三子（代王朱桂）与第二十二子（安王朱楹）。还不满十五岁的徐家大女儿，在一三七六年年初跟大她两岁的朱棣成亲，随即被册封为燕王妃。一年半之后（一三七八年八月十六日），燕王妃生下了长子朱高炽（也就是后来的仁宗洪熙皇帝），一三八○年次子朱高煦随后出生。燕王妃后来又生了一个儿子朱高燧以及四个女儿。长女永安公主嫁给在靖难内战中立功的袁容，次女跟另一位杰出将军李让结婚，而另外两个小女儿，分别许配给宋琥将军和宋瑛将军两兄弟。所有的记载显示，燕王妃是位温良纯明并博通载籍的少妇，而且最得洪武皇帝与马皇后的宠爱；每次朱元璋召见朱棣时，都一再地询问燕王妃以及朱高炽的生活起居状况。可是燕王妃的DNA中，还兼具有她父亲坚强刚毅的性格。

靖难内战在一三九九年八月六日点燃烽火。十一月中旬，李景隆率领的三十几万朝廷军队紧紧地包围了北平城（北京），并且开始以炮石攻打城南的丽正门（后改名正阳门）。在此危急之际，燕王妃动员军人妻女协助城门守将唐云与李让将军，依照燕王订的教战手册，用硝灰瓦石向敌军投掷。同时在夜间用水泼洒城墙，让零度以下的气温把城墙的水冻结成冰，使敌人无法攀登，北京城终获保全。

公元一四〇二年十二月五日是册立徐皇后的好日子。册封的三天前，徐皇后（燕王妃）斋戒沐浴，并遣官祭告天地、宗庙。加冕典礼的前一天，侍仪司在奉天殿御座前摆设了册宝案。册命礼仪开始时，穿着卫甲的仪队以及女乐官都整齐地排列在丹陛。这时皇帝朱棣在华盖殿换穿衣服，翰林院官用皇帝的宝印在册封诏书盖好了印章，乐鼓敲了三响，皇帝身着衮冕来到奉天殿。所有的执事官，跟观礼的百官，都在殿上站立，音乐兴作。停了以后，承制官传制皇后受册。正副使跪在皇帝面前，奏称："册燕王妃徐氏为皇后，命卿等持节展礼。"之后，内史监令双手端着宝册，说声："有制"，向皇后拜跪，然后大声一字一字地宣读册封诏书。这时候年纪还不到四十一岁的徐皇后从内使监令手中接过了册宝和诏书，在皇帝面前跪拜行礼。只听到正副使宣称"皇后受册礼毕"，音乐马上又吹奏起来。徐皇后受了册封之后，接受皇帝、郡王（朱棣的儿子）、百官、内侍、宫人的祝贺。礼部则立刻派人到承天门开读诏书，向全国的老百姓公告新皇后的册立消息。第二天徐皇后又举行受贺宴会。这样足足忙了五六天。

通晓中国传统文学的徐皇后，适时地协助她丈夫做一些纲常名教的宣扬，借以倡导中国传统道德观念。以她的名义发表的明朝内府刊本包括有三卷的《古今列女传》（一四〇二年农历九月）、二十篇《内训》（一四〇五年农历元月）以及二十篇的《劝善书》（一四〇五年农历二月）。《劝善书》的目的在使"天下之民，咸趋于至善之地。兴于忠，兴于孝，惇信友弟，笃厚其性，而不为媟薄之行"。徐皇后认为："仁者善之所由生也，善者福之所由基也。是故，求福莫大于为善，省己莫严于知戒，用是辅仁，其或庶几。……修善蒙福，积恶蒙祸；善恶之报，理有必然。"而《古今列女传》则是中国历代妇女传略的合辑，由内阁大学士解缙作编辑和润饰，所收录的妇女以其成就、谦逊、奉献、忠孝和贞烈守节而闻名，其中包括十位明朝初期的列女典范，将在第七章介绍。

除此之外，徐皇后还出版了一部有关佛教大功德的佛经，描写她跟慈悲的观世音菩萨之间的神灵沟通。她甚至以神意的语调说，观世音允诺，过了十年会再跟她相见一次。虔诚信佛的徐皇后还教导她的宫女如何在佛像前行香、念经、做佛事。遇上万寿圣节、元旦、中元等节日，她也经常邀请高僧尼姑主持宫内诵经、扬旛、挂榜等佛教的礼仪。

徐皇后于一四○七年夏天（农历七月四日）病卒于南京，享年四十六岁。永乐皇帝为她加殓纳梓宫，并荐大斋于京师的灵谷、天禧二寺，也立下不再册立新皇后的誓言。后来古刹天禧寺被人放火烧到寸木不存，永乐皇帝下令将原来天禧寺僧侣一齐收容在附近的报恩寺，然后重新修建一个由二十余座殿堂组成的庞大建筑群，命名为"大报恩寺"。在大寺院的中间，建造一座五色的琉璃宝塔，作为纪念徐皇后的永久塔寺。徐皇后的纪念宝塔共有九层、八面，通高三十二丈九尺五寸；八面塔壁全部用白石和五色琉璃砖砌成，檐角悬以风铎，塔顶置有金球，真是一座规模雄伟、金碧辉煌的报恩宝塔。（这座宝塔在一八五三年太平天国的军队占领南京时，被洪秀全全部烧毁了。）

不过早在一四○七年的夏天，永乐就下定决心要把大明帝国的国都迁到北京，而且已经选择了离北京北方约五十公里的天寿山南麓，作为他自己与妻子和世世代代继承者的墓地，这就是后世通称的明十三陵。徐皇后陵寝的营建工程，在一四○九年开始动工，四年后完工时，永乐皇帝将她的棺柩从南京移灵到北京。永乐帝本人在一四二四年八月十二日驾崩于内蒙古的榆木川，他的陵寝，称为长陵，位于天寿山的最中央。一四二七年长陵建造完成之后，永乐帝跟他的妻子徐皇后就一起埋葬在此地的宝城（意即"坟墓"），后者从此被尊谥为

"仁孝慈懿诚明庄献配天齐圣文皇后"。

值得一提的是，永乐皇帝死讯发布之后的几天内，三十几位宫女，包括永乐的十六位嫔妃，在礼教无理的要求之下，追随皇帝的脚步，上吊自尽身亡。她们埋葬的地点，反而不为世人所知！这些陪葬的嫔妃宫女中，也包括了朝鲜籍的女子。早在一四〇二年朱棣登基时，南京已经有姓金和姓崔的朝鲜籍太监。在元朝跟明朝的时候，朝鲜国王特别设立了"进献色馆"，专门选择白皙美貌又"不痔不疡"的处女当作贡品，送给中国的皇帝当礼物。大明开国十三年后（一三八一年），朝鲜国王派遣周谊到京师朝贡。朱元璋当时命令礼部调查周谊的底细，结果发现元朝皇族庚申君曾经纳周谊的女儿于宫中。后来庚申君出奔逃到漠北，这位标致的高丽女孩子被朱元璋的太监俘虏，此后继续留在新朝的内宫。

明代学者沈德符（一五七七——一六四二）在《万历野获编》提到，朱元璋始终怀疑高丽女子在宫中的动机，并且吩咐属下要特别严防外国女子，才能避免褒女骊姬之类的祸乱！沈德符的这种说法，其实跟明朝官方文献有所出入，因为在朱元璋登基时（一三六八年），朝鲜国王已经进贡了阉人到南京。其中一名叫金丽渊的内侍还深得朱元璋的信任。甚至于有很多传说，认为朱元璋的第四子朱棣是朝鲜女子硕妃所生。此外，可以肯定的是，朱元璋第十四女含山公主的母妃韩氏是高丽人，还有第十五子辽王朱植的母亲也是高丽人。不过不管怎样，等到朱棣当上永乐皇帝后，明朝的后宫已经有了相当多的朝鲜宦官与嫔妃。永乐皇帝信赖的朝鲜太监包括金兴、郑同、崔安、黄俨；这些阉人起初是在大明后宫照料朝鲜嫔妃的内侍。举例来说，五名出身朝鲜两班（贵族）阶级的标致女孩，在一四〇八年被送进大明内廷，而且一年后，一位艳丽无双的朝鲜贵妃权氏，变成永乐的宠妃。权贤妃善吹玉箫，曾于一四一〇年随军侍奉永乐第一次漠北亲征。永乐爱屋及乌，于是任命权贤妃的父亲权永均为光禄卿（从三品）。权贤妃死于临城（今属河北省），永乐赐皇家礼仪埋葬她。

女中尧舜张皇后（死于一四四二年）

明代的第三位皇后张氏是河南永城人张麒的女儿，一三九五年嫁给十七岁的朱高炽（永乐皇帝长子），旋即被册封为燕世子妃。朱高炽生性仁孝，喜爱诗词，可是身体肥硕，腰腹径数围，不善骑射，因此常使永乐皇帝不高兴。恰好永乐的次子朱高煦身高体壮，而且在靖难内战中，有几次杰出的表现，于是永乐曾经有立朱高煦为皇储的念头。幸好张氏在结婚不到三年就替朱高炽生下了一位永乐最宠爱的长孙朱瞻基，也就是后来的宣德皇帝；后来张氏又生了越王朱瞻墉与襄王朱瞻墡。

一四〇四年夏天，虽然永乐立了朱高炽为东宫太子，不过高朱煦依然野心勃勃，经常在背后中伤他的长兄。每当东宫濒临危机、悒悒不乐时，操妇道至谨的张氏一定会以历史故事为譬喻，来宽慰她的丈夫，而且勉以孝谨，亲自替朱高炽调理每日餐食，希望能帮他减肥。一四二四年八月十二日，在榆木川得了重病、奄奄一息的永乐帝，召唤英国公张辅到皇帝行营帐篷，起草遗诏说："传位皇太子。……丧服礼仪，一遵太祖皇帝遗制。"可是朱高炽即位（洪熙仁宗皇帝）不到八个月，却因体胖多病，也晏驾归天（一四二五年五月二十九日）。

朱高炽洪熙皇帝的死因，除了身体太胖以外，另外一个原因可能是房事过多，造成内虚。据《明史》所载，洪熙帝还在守丧的期间，就已经派遣太监远到福建去搜寻美貌的处女，以备后宫之用。当时一位名叫李时勉的翰林侍读，还因此事谏言皇帝。恼羞成怒的洪熙皇帝竟然在一四二五年五月二十二日召李时勉入殿，然后命卫士以金瓜抽打他十七次。李时勉总共折断了三支肋骨，然后还被送入牢狱监禁。在《明实录》中还有一则记载，在一四二四年间，朝鲜李氏王室又进贡了二十八名资质秋粹的美女以及不少烹饪女厨师来服侍朱高炽。在所有明朝的皇帝中，朱元璋最为多产、子女最多，总共生了二十六个儿子和十五个女儿，朱见深成化帝生有十四个儿子与五个女儿是第二名，朱高炽算是第三名，总共生了十个儿子与七个女儿。

当了寡妇的张氏，虽然中外政事莫不周知，还是得让出皇后的位子给她的媳妇胡氏，而依传统当上了皇太后。不过以后的日子，张皇太后还是日夜担心她的儿子朱瞻基，深怕这位二十六岁的新皇帝还不能稳如泰山地继承朱氏帝业。一四二六年九月初，眼见他的父亲（朱棣）与长兄（朱高炽）都已驾崩，朱高煦终于公开挑战他的侄子朱瞻基。这时皇太后张氏仰仗有德行、有才干又老成干练的杨士奇（一三六五——一四四四）、杨溥（一三七二——一四四六）、杨荣（一三七一——一四四〇）（均以大臣兼内阁大学士的所谓"三杨"）与吏部尚书蹇义（一三六三——一四三五），来对付高煦。仅仅三个星期的行动之后，从一四二六年八月二十八日到九月十七日，朱高煦的叛变就被平定。朱高煦和他的儿子被贬为庶人，从此监禁在北京的西安门里一直到过世。

朱高煦事件之后，海内宁泰，朱氏诸王的权力再次被大幅削减，从此只能向中央政府支领俸禄，明朝宫廷的气氛也自然变得比较安详平静。在整个明朝历史中，宣德皇帝在位的十年（一四二五——一四三五）算是天下归心、最好的太平盛世；在很多方面，的确要归功于这位"女中尧舜"皇太后张氏的知人善任与辨别邪正。可是朱瞻基宣德帝跟他的祖父和父亲一样，也是个色胚子，也最喜爱朝鲜美女。又因为他知道母亲张太皇后爱吃朝鲜尚膳宫（李氏王朝也全部抄袭明朝的内宫制度与名称）煮的嫩豆腐，因此三番两次派太监到朝鲜去挑选美丽的年轻处女，充掖后庭。宣德因为怕留下记载，便交代他派遣到朝鲜的宦官，凡事只能用口头提出，绝对不可以用文书要求。没料想到，李氏王朝竟然把宗主国所有的交往事件，全部笔录存档。

依据《朝鲜王朝实录》一四二六年四月的一则记载，朝鲜李氏王朝第三任国王世宗大王（一四一八——一四五〇）在宣德登基的第一年，就送给大明皇帝一批处女、太监、女厨师以及很多稀奇珍贵的鸟类及动物。另外一则记载说，世宗大王亲自挑选七位貌美的处女、十位厨师、十六名女仆，加上十位年纪轻轻的男性阉人，一四二九年八月从汉城出发，在同年的十月抵达北京。此外，宣德皇帝派遣的官员还在上年（一四二八年）十一月强索一名号称是全朝鲜最漂亮的女孩。此后，从一四二九年一直到宣德去世，朝鲜国王从不间断地给北京进贡厨师、干鱼、腌菜、豆食品等等。这些厨师与食物应该是要侍候宣德的朝鲜嫔妃日常生活之用的。

宣德在位第三年（一四二八），皇太后游西苑，宣德跟皇后、皇妃都一齐奉陪到万寿山赏景野宴。第二年的清明节，皇太后因笃念祖宗功德，要求亲自到天寿山谒拜永乐皇帝与洪熙皇帝（长陵与献陵），并扫墓。当皇帝的朱瞻基马上答允，并以五军严备供具，浩荡地陪他母亲出紫禁城，一直到清同桥，亲自扶辇皇太后过桥后，才高呼万岁地分手道别。沿途中，居民夹道迎拜，皇太后随性吃蔬食野味，并赐钞币。回到内宫之后，皇太后还命她儿子宣德皇帝作《赏春赋》，叙述她途中所看到的景物及农家作业之状况。

可是才三十六岁的宣德帝在一四三五年一月三十一日（春节过后的第三天），突然病死于乾清宫，留下才只有八岁的儿子朱祁镇继承皇位，是为英宗正统皇帝。这时有些献媚的大臣奏请太后，垂帘视事。张氏顾及明朝祖宗家法，没有同意，但愿意担任正统皇帝的监护人。以后凡事委用三杨票拟，虽然如此，重要的政策及诏令仍然必先由太皇太后首肯，然后才能全部交给内阁议决。同时为了驾驭外戚，张氏正式以书信告诫她的哥哥（当时是彭城伯兼任都督）要循礼法、修恭俭，不能干预政事，而且每个月只能在初一跟十五进朝问安。除此以外，太皇太后张氏还下令要求子孙认真读书求学，日夜勤恪敬事，凡宫中一切玩好以及不急之务，全部罢禁。

虽然太皇太后要求她的子孙相当严厉，要他们行仁政、秉忠勤，可是长得很奇异、又是幼冲的正统皇帝，还是整天跟着他最宠幸的太监王振玩耍。据《明实录》记载，一四三七年元宵节期间，太皇太后召英国公张辅，大学士杨士奇、杨荣、杨溥，还有礼部尚书胡濙五位元老级的重臣入朝，在五人面前，命令王振俯伏阶下。这时太皇太后左右的女官杂佩刀剑，仪卫森然，用尖锐的剑刃加压在王振的颈子上。五十六岁的太皇太后张氏当场向坐在她西侧的正统皇帝（孙子）说，以后的国家大事，如果没有这五位先朝简任重臣赞成的话，绝对不可实施。同时声色俱厉地斥责王振，如果阉人宦官敢干预朝政的话，都一律要格杀不留。这次戏剧性威吓王振的五年又十个月之后,太皇太后张氏崩逝,跟她的丈夫朱高炽(即正统皇帝的祖父)合葬于献陵。不久被尊谥为"诚孝恭肃明德弘仁顺天启圣昭皇后"。然而等到三杨及一些前朝重臣——凋零去世之后,正统皇帝就擢升他的"老师"王振为明朝宦官系统最有权势的"司礼监太监"。

机警端慎的孙皇后(死于一四六二年)

朱瞻基宣德皇帝的元配姓胡名善祥,是山东济宁州胡荣的第三女,一四二五年夏天立为皇后。不过这位皇后,虽然生性贞静恬淡,却因经常生病而无子。只怨自己肚子不争气的胡氏,在一四二七年的春天上表搬出坤宁宫,到长安宫闲居,赐号静慈仙师。虽然服侍照旧,但胡氏从此过着寂寞寡欢的日子,一直到一四四三年底才过世,死后也没跟宣德皇帝葬在一起,只以嫔礼葬在金山。

当宣德才十二岁时(永乐八年),他的祖父朱棣听说永城县主簿孙忠有一女长得很姣皙,又很贤淑,于是就把这位才十余岁的女孩召进内宫,由张皇后养育。宣德当太子的时候,封胡氏为孝妃,而以孙氏为嫔,虽然当贵妃只有册,而没有宝(只有皇后才有金册又有金宝),可是因为宣德特别宠爱孙氏,于是太后特地制了金宝赐给她,此后在明朝嫔妃制度,便成了定例。等宣德继承他父亲为皇帝时,则封胡氏为后,孙氏为贵妃。虽然孙贵妃也生不出儿子,不过生性机警的她私下收养了一位贴身宫女跟宣德所生的男孩,起名朱祁镇。宣德皇帝高兴之余,在一四二八年二月二十日当朱祁镇才满三个月时,就册立这位婴孩为"东宫太子"。接着宣德皇帝废皇后胡氏后,以子为贵的孙氏随即被册封为皇后。然而孙氏当皇后不到八年,宣德皇帝就崩殂(一四三五年元月三十一),于是她的儿子(才八岁)就当上了皇帝(英宗正统帝)。依传统体制,这位依然是姿质殊色的少妇孙氏便又被尊为了皇太后。

十四年匆匆地过去了,这时正统皇帝听信他"先生"王振的话,不顾大臣的谏阻，在一四四九年八月亲自率领五十万大军，北狩进驻大同，想威慑一下蒙古瓦剌部队首领也先。万万没想到，大明军队竟在现今河北省怀来县的土木堡，被也先的蒙古骑兵包围击溃。更糟的是，正统皇帝也成了敌人的战俘。消息传到北京时，人情汹汹，宫中朝廷一片混乱，甚至有人建议迁都南京。这时孙太后采用侍郎于谦（一三九八——一四五七）的策略，决定死守北京城，并由正统皇帝同父异母的弟弟朱祁钰（郕王）为监国以安抚天下。郕王为吴贤妃所生，就是后来的景宗景泰帝（一四四九——一四五七年在位）。

在正统皇帝被俘期间，孙太后常常寄貂裘等物给她儿子，并时时派遣太监到迤北探问消息。正当此时，蒙古高原的鞑靼部族与瓦剌部族互相攻击，致使瓦剌内部对立倾轧。在此有利情况下，也先终于无条件地释放正统皇帝。可是回到北京以后，景泰帝却把自己的兄弟幽禁在京城一角的南宫中（就是紫禁城东南方的普度寺）。这种软禁（相当于 House Arrest）长达七年之久。正统皇帝在危疑之际，大部分仍是依赖他母亲孙皇太后保护他，替他想主意。平素体弱的景泰帝，后来病情急剧恶化，让正统皇帝的人马在一四五七年二月十一日找到了机会，发动没有流血的政变，帮正统复辟，后来改元天顺。心满意足的孙太后又活了五年才撒手西归，跟她的丈夫宣德皇帝一起葬在天寿山的景陵，谥号为孝恭懿宪慈仁庄烈齐天配圣章皇后。

景帝朱祁钰在"夺门之变"一个多月后（一四五七年三月十四日）就归阴。他唯一的儿子朱见济这时已先去世，仅留下一个女儿固安公主，在一四六九年嫁给王宪。景帝所有的嫔妃都被命令殉节；景帝的元配汪皇后是顺天（北京）人，被废迁到宫外居住。传闻汪皇后佩戴着一条价值连城的玉玲珑，因此，正统皇帝有一天突然命令卫士到她住处搜查，并拿走二十万两银子跟很多贵重的珠宝财物。在此情况下，汪皇后竟能活到八十岁，于一五〇七年一月过世，谥为贞惠安和景皇后。可是景帝不但没埋葬在明十三陵，也没有特定的实录，唯一能找到他在位七年的纪录是《废帝郕戾王附录》（戾是叛逆的意思）。在明朝专制政治下，真是唯我独尊，六亲不认呢！

瞎了一眼的钱皇后（一四二八—一四六八）

明代第六位皇帝朱祁镇（正统皇帝）的皇后钱氏，系直隶海州人，她的祖先都以军功进爵。钱氏十五岁就被册立为皇后，正统北狩被蒙古人俘虏期间，钱氏每夜哀泣吁天，哭累时则卧地蹲跪，有一次不小心，折损了一条大腿。后来又因为哀哭得太厉害，又损伤了一只眼睛，成了半个瞎子。正统皇帝被幽禁在南宫的七年间，钱氏常以歌曲慰解她的丈夫。不过，上苍作梗，钱氏始终没有孩子。因此在一四五〇年九月，蒙古首领遣还正统帝的时候，正统帝的母亲孙太后就决定册立她的长孙朱见深（后来的宪宗成化帝）为东宫太子。从小就犯有口吃毛病的朱见深的生母是周贵妃，但是成化帝对待钱氏依然是毕恭毕敬，原因是正统帝临终时（一四六四年二月二十三日）特别交代："钱皇后千秋万岁以后，与朕同葬。"不仅如此，正统还留有遗诏说，以后皇帝死时，内宫的嫔妃不必殉节陪葬。从此以后，可怜的宫闱美女可多活好多年。

正统帝死了以后，按照明朝的体制，钱皇后就得升为"皇太后"。可是成化皇帝的亲生母亲周氏，坚持她才应该是名正言顺的"皇太后"。为了这件事，朝廷内外争议相当激烈。最后成化皇帝决定"两宫并尊"，而且称钱氏为"慈懿皇太后"。在明朝历史上，这是第一次出现同时有两位"皇太后"的情形。但是四年后，钱氏病逝了，成化的生母周太后为了不要跟钱太后一起合葬在正统的裕陵，又闹得鸡犬不宁。经过九十九位廷臣协商合议、百官伏哭文华门外之后，成化帝方才决定将钱太后的梓棺埋在距正统皇帝玄堂数丈远的地方，而在裕陵的右边，也同时先准备了一个虚圹，用以将来埋葬周太后的尸体。但事实上，成化还是不敢忤逆他自己的母亲，因为一五〇四年周太后死时，才发现原来钱太后是被埋葬在另一处完全密封的、不显眼的地点。尽管软弱的成化皇帝让这一桩"两宫"争吵的家内事，演变得极不好看，一般说来，成化在位的二十三年间，算是明朝比较升平稳定的一段时期。

当了四十年未亡人的周太后（一四三〇—一五〇四）

朱见深成化皇帝的亲生母亲周氏，是直隶昌平人。她丈夫正统皇帝在位时，只能当贵妃，可是等她亲生儿子坐上龙椅皇位时（一四六四年二月二十八日），就即刻被尊为皇太后。这又是一桩母以子贵的好故事。成化帝对母亲非常孝顺，每隔五天一定要向周氏请安，而且供奉飨宴。周氏想要什么，成化帝即刻办到，唯恐来不及博她的欢心。举例来说，周太后生日时，成化帝会命令僧道建造斋所祭天，为太后祈福。周太后每次外出游玩时，皇帝一定亲自引导车马宝舆。

成化皇帝死于一四八七年九月九日，他的十七岁儿子朱佑樘，在十三天后，继位为孝宗弘治皇帝。这时，周氏更获朝廷的隆厚优宠，原因是朱祐樘从五岁以后，一直由周太后在她的清宁宫养育长大。这其中的曲折情节，的确可搬上现在的电视连续剧。朱佑樘的生母系来自广西的瑶族。一四六〇年代中叶，明朝军队扫荡平定广西叛乱期间，一名随军太监俘虏了一位清秀可爱的瑶族女孩，在一四六七年将她带到皇宫储藏室当侍女，以后就给她一个姓叫纪氏。这个时候，成化皇帝由于过度宠爱比他大十七岁的万贵妃（另篇叙述），废了才册立三十二天的吴皇后（一四六四年八月二十三日到九月二十三日），而且在万氏一手掌控的后宫，她不准任何后嫔，包括新任皇后王氏，圆满地怀孕生产。万氏自己在一四六六年生了一个男孩，但一年后就夭折，此后她用非常手段逼迫所有身怀六甲的嫔妃堕胎，而且还害死一位才两岁大的悼恭太子（一四六九—一四七一，由柏贤妃所生）。

绝望之余的成化皇帝在一四七五年的夏天，公开向文武百官怨叹自己"无后"是最大的不孝。不久之后，一位老太监出面告诉成化帝，说这位姓纪的广西瑶女，已经替皇上生下一位五岁的龙子。原来因宫内上上下下都惧怕万贵妃（现已晋升为万皇妃，仅比皇后低一品），所以纪氏生下婴孩之后，马上将他藏在废后吴氏的冷宫。讲话结结巴巴的成化帝听到这消息之后，异常兴奋，因他自己知道，六年前的确有一段时期跟纪氏侍女发生过几次关系。其实，明朝的内宫订有一套相当严格的制度与方法，很可靠地可以验证出纪氏所生的这男孩是不是百分之一百的"龙种"。等到一切检验覆查都万无一失之后，成化皇帝正式命名这孩子为朱祐樘，并册立他为东宫太子，交由他的母亲周太后亲自照料生活起居。值得一提的是，朱祐樘的生母一年后死亡（据说也是被万妃所害）；不过在往后的十一年间，成化却连续生了十一个儿子加上七个女儿。庶出的朱祐樘当上皇帝（孝宗弘治）之后，对自己的老祖母更是孝顺有加。譬如说，周太后有一次患了一场大病，拖了相当久才痊愈。这期间，她的孙子弘治皇帝不仅春郊罢宴，问视惟勤，甚至在夜间也向上苍请命，祈求他的祖母早日获得康泰。周太后最后在一五〇四年的初夏崩逝，享年七十四岁，与正统合葬在裕陵，尊谥孝肃贞顺康懿光烈辅天承圣睿皇后。

宪宗四个后妃的爱恨情仇

当朱见深还是东宫太子的时候，他的祖母孙太后（朱祁镇正统帝的生母）为了传宗接代，替他择配了十二位绝世佳人，包括上述的顺天人吴氏、直隶上元人王氏、山东诸城人万氏，以及柏贤妃。其中万氏在不满四岁的时候就被选入掖庭，先是充当孙太后的宫女，及笄之年已长得绝世姿色，开始服侍皇太子朱见深于青宫。朱见深十五岁承继为大明宪宗成化皇帝时，万氏已经三十四岁了。这时成熟又性谲的万氏完全能摸透成化的内心性情，知道如何献媚讨好这位年轻皇帝的欢心。在此争宠互攻心计的宫廷女人丛中，刚刚才册立为皇后的吴氏，找到了一个借口，把情敌万氏当众大大地鞭打羞辱一番。

可是这一次杖鞭，却把成化的心也打痛了。因此在盛怒之下，成化帝下诏说，吴皇后举动轻佻、礼度率略，她的品德操行不适合当天朝的皇后。这一次废后的行动还牵连到不少朝廷官员。吴皇后的父亲吴俊被除掉都督同知的官衔，而且下狱戍边。早先极力推荐吴氏当皇后的太监牛玉就被贬谪到南京明孝陵种菜。牛玉的亲戚如怀宁侯孙镗、吏部员外郎杨琮都受到不同轻重的处罚。真是一人得罪，百人遭殃。

废了吴氏以后，成化帝随即册立柔顺的王氏为皇后。这位没有心机的新皇后对宫内的争宠毁誉毫不在意，因此尽管万氏贵宠冠后宫，她却厚德优容，处之淡如。虽然王皇后总是无法替成化生个儿子，却能活过三朝（即宪宗成化、孝宗弘治与武宗正德），在一五一八年的春天病逝，并与成化帝合葬在茂陵，明人尊称她为孝贞纯皇后。

吴氏被废不久，万氏就怀了孕，而且替成化帝生下第一个儿子。这时皇帝大喜，不仅派遣太监到处祈佑于山川，而且还册封万氏为皇妃（仅低于皇后的头衔）。此后，其他六宫的妃嫔便很少有机会能获得皇帝的进御临幸。但人在做，天在看，万妃生的这位男婴很快就夭折，而且狡黠的万氏从此再也无法妊娠生育了！在此心理锐变中，万妃却更加骄恣。每次成化帝游幸时，她一定全身戎装打扮，当前驱向导，而且一听到掖庭中有宫女怀孕时，马上会强逼这些“假政敌”饮药堕胎。《明史》记载，受她伤堕者无以计数，包括上述柏贤妃所生的悼恭太子（成化帝的第二个夭折儿子）。

因为成化皇帝如此地宠幸万皇妃，佞幸者如钱能、覃勤、汪直、梁芳与韦兴之辈，自然地要巴结万氏，依靠万妃升官发财，并巩固自己的地位权力。其中太监汪直是掌控西厂的特务头子，梁芳主管御用监的肥缺位置。经由这一批人的奇技淫巧，万氏不仅可以广收四方所进奇货、经营广东的珍珠、掌控食盐的专卖，而且还可抽取佛教寺观以及道教祷祠修建所收的专利执照税。这里读者需要了解的是，明代中叶以后，宫廷的消费开支不断地升高，而且由于用白银当货币的经济政策，使得农民的生计日趋艰难，于是盗贼、流民的叛乱愈来愈严重。在此情况下，成化皇帝所领导的大明财政也就愈来愈艰困。因此皇帝利用万妃和宦官括搜苛敛来的钱财，多少可以用来支应内宫的无数糜费。

万皇妃除了能掌控宫廷府库之外，她的父兄亲戚也鸡犬升天，以她为贵。万皇妃的兄弟都任职世袭的锦衣卫武官，其中万通还做到都督指挥。万通利用他的妻子王氏经常走访内宫，直接带信给万皇妃，并且使用各种手段、管道收受贿赂。万通死于一四八二年四月，埋葬在北京的西郊。一九六九年中国大陆考古学家挖掘他的坟墓之后，发现墓中有一个金杯、一具金酒壶（上面刻有一条龙）、两条镶有宝石的金带子以及其他很多贵重的珍宝。这些陪葬的器物跟明朝第十三位皇帝朱翊钧（万历皇帝，另篇交代）所埋葬的遗物非常相似。巴黎的Musée Cernuschi博物馆，收藏了一个用青铜做的香炉。这个祭祀祖先用的香炉四周镶有白银以及用金字写的梵文佛经，香炉的底面全部是纯银，而且刻了"大明成化年万家造"八个大字。从这里，读者可以想像十五世纪中叶，万家是何等的权势富贵，穷极奢华。

玉体丰肥的万皇妃因暴疾死于一四八七年，早她的丈夫八个月（成化皇帝死于一四八七年九月九日）。万皇妃死后，成化还辍朝七天，以示哀悼，并谥为恭肃端慎荣靖皇贵妃，埋葬在天寿山。等成化的第三子朱祐樘（弘治皇帝）坐上皇位后，一位名叫曹璘的御史奏请弘治削除万氏的谥号，又有鱼台县县丞徐顼也敦促新皇帝逮捕万氏家属问罪。但是刚满十七岁的新皇帝，为了不违背先帝的旨意，都没有应允。

飞上枝头变皇妃的"番女"纪氏 （死于一四七六年）

朱祐樘弘治皇帝虽不愿惩治万氏全家，也不想清算替万贵妃搞钱构祸的一帮人，可是他倒非常坚持要替他自己生母的家族申冤补偿。前面稍稍提到朱祐樘的母亲纪氏原籍广西贺县，是一个蛮族土官的女儿。一四六七年被俘入掖庭，因生性警敏，又谙通文字，于是被派到内藏室当"女史"。两年后的一个夏天，宪宗成化帝偶然间来到内藏地方，看到这位与众不同的"番女"，便问了她一些问题，纪氏对答如流，头头是道，于是成化帝对纪氏发生了兴（性）趣。几度临幸云雨之后，纪氏就身怀六甲。可是善妒的万贵妃获知这个消息后，非常地恚虑，于是命令婢女用钩器要将胎儿堕掉。这位婢女因不敢做这种伤天害理的事，于是向万贵妃慌报说，纪氏没有怀孕，只是患有病痞，才会有呕吐害喜的症状。最后决定将纪氏送到收容病人的安乐堂疗养。

几个月后，纪氏顺利地生下了朱祐樘（一四七〇年七月三十日）。这时候，守门太监张敏急得如热锅上的蚂蚁，惊怕之余，想到成化皇帝还没有儿子，怎么忍心遗弃这位龙子呢！于是把婴孩藏起来，用粉饵饴蜜来喂养他，而且一直都不敢剪剃小婴孩的胎发。张敏后来把这件事密告废后吴氏，因吴废后居住的地方跟安乐堂很靠近，于是就亲自领男婴来哺养，并吩咐下人，对此事要绝对保密。

上面提到，成化皇帝因即位十载还没有子嗣，全国上下都为此事担忧。一四七五年有一天，成化皇帝召张敏进宫帮他整理头发，自己照着镜子，叹着说："我活得这么老了。到现在还没有儿子。"张敏一听到这句话，立刻伏地回答说："死罪，万岁已有子也！"成化帝顿时愕然。这时站在皇帝身边的太监怀恩向成化磕了一个响头，然后证实张敏所说的话。怀恩是成化帝最亲信的太监，接着告诉成化帝，皇帝的亲生儿子潜养在西内，而且已经五岁了！

知道纪氏已经帮他传宗接代的消息之后，成化帝大喜，立刻亲自驾幸到西内。紧接着是宫廷的验证，查询程序都合乎家法祖训，皇帝就遣使往迎皇子。等到特使抵达时，纪氏抱着儿子哭泣说："儿子你去了，我就活不了了。我儿你见到穿着黄袍而且留有胡须的人，就是你的父亲。"朱祐樘当时穿着一小绯袍，乘着小轿舆，一到奉天殿，就被一群太监拥至丹陛阶下，披着五年来都没剪剃的长发，小皇子马上投入皇帝的怀抱。这时，成化皇帝将这位可爱的孩子放置在他的膝上，看了又看，摸抚了好久，然后悲喜泪泣地喃喃自语："我的儿子，长得还真像我呢！"成化皇帝随即令太监怀恩到朝廷内阁六部宣布这桩好消息，很快地，一传十、十传百，全国臣民皆大欢喜。第二天，文武百官进朝恭贺。成化帝除了颁诏天下，还命令纪氏移居永寿宫，并数度召见。

可是万贵妃却日夜怨泣说，宫内大家都对她欺绐，于是想尽办法报复。果然纪妃竟在一年内暴薨，有人说是被万贵妃所害，有人说她总是觉得不自在，才决定自缢。纪妃死后，太监张敏惊惧自危，于是也吞金自杀。至于朱祐樘这位小孩子呢？成化皇帝在一四七五年十二月五日就册封他为东宫太子，一方面搬进仁寿宫跟祖母周太后居住，一方面开始在文华殿跟很有学问的老宦官覃吉读书习字。朱祐樘是位很用功的学生，几年后，把四书五经学习得滚瓜烂熟；当皇帝期间（年号弘治，一四八七年九月二十二日——一五〇五年六月八日在位），大多数时候以礼义善待他的臣下，而且在明朝十六位皇帝中，可能是唯一"不二色"的天子。朱祐樘自一四八七年二月（当时实岁是十六岁半）跟兴济张氏结婚以后，事实在在地显示，他再也没跟其他女人同床睡觉（另篇叙述）。

朱祐樘为了寻找他生母的根源背景，不遗余力。他当上皇帝后，马上追谥他的母亲为孝穆慈慧恭恪庄僖崇天承圣纯皇后，而且将她的梓棺迁葬在茂陵，跟宪宗成化帝埋在一起。因为纪氏年幼就进宫，对自己的家乡与亲族知道不多，所以弘治在悲念往生的母亲之余，特遣太监蔡用到纪氏的广西老家去调查，结果听说纪氏的兄弟纪贵与纪旺还健在。当是时，弘治很高兴，于是不分青红皂白，就在一四七八年十月授封两位"舅舅"为锦衣卫指挥同知和佥事，并赐给他们不可胜计的房屋、金帛、庄田以及奴婢。除此之外，这位明朝第九任皇帝还追赠他的外祖父为中军都督府左都督，对外祖母、曾祖父也都依礼仪追赠名号，并派人修建纪氏在贺县的祖茔，设置守坟户人家，照料茔墓。

不过，在广西的少数民族部落中，"纪"跟"李"是同音，因此有一位广西籍的太监叫陆恺（原本姓李），竟妄称他是纪太后的亲哥哥，而且还找了一位叫韦父成的亲戚到北京冒充，要求皇帝封赏。这时主管宗室的负责机关，无法辨识真假，于是请一位熟悉纪氏内情的太监郭镛，来处理这桩无头公案。郭镛让纪贵、纪旺与韦父成对质之后，认为韦父成是冒牌的假货，于是将他逐出京城。不过后来弘治派人到广西修治纪后祖茔时，又听说蛮族之中，有好几家都自称是纪太后的家人。更糟糕的是，使者又查出原先自称是纪氏兄弟的纪贵与纪旺也是假冒人物，根本跟纪太后毫无血缘瓜葛。气恼的弘治皇帝又派遣了给事中孙珪和御史滕祐，深入广西的连县与贺县，轻装微服，到处访查瑶族与壮族人家。回京之后，孙珪跟滕祐将他们探查访寻的细节实况，一五一十地禀奏皇帝，才更进一步地证实，原先他自认为是"亲舅舅"的纪贵与纪旺都是骗徒。弘治当然异常地懊恼失望，于是谪罚太监郭镛等人，并勒令纪贵、纪旺到海边当兵。

从此以后，弘治皇帝还是好几次要对自己母亲的身世"寻根"，但全都失败，没有结果。一四八〇年七月，经常因思念母亲而唏嘘流涕的朱祐樘决定在广西桂林府为他母亲建立祠庙，赐名奉慈殿，并命有司岁时祭祀；同时也再替他死去了好几年而且从来不认识的外祖父、外祖母追赠了一大堆封号。

以孙为贵的邵妃（死于一五二二年）

朱见深成化皇帝除了朱祐樘之外，还生了十一个儿子和六个女儿。其中之一是宸妃邵氏所生的朱祐杬。朱祐杬生于一四七六年七月二十一日，比祐樘恰恰小了六岁。邵氏父亲邵林是昌化人，因家境贫困，把女儿卖给杭州镇守太监。邵氏从此有机会读书识字，而且因为是一个美人胎，具有相当容色，因此被选入宫中。当她的儿子朱祐杬满十岁后（一四八七年），就被册封为兴王（就是后来的兴献帝，世宗嘉靖皇帝的父亲）。依照《皇明祖训》规定，兴王在一四九四年搬离京师，而定居在湖广的安陆皇庄。可是兴王的生母邵氏却不能从行，还得留在紫禁城侍奉成化皇帝。难怪邵氏常叹说，女人进了皇宫，就没有人生乐趣，连饮食起居都不得自如。

话分两头，兴王朱祐杬的哥哥朱祐樘当了皇帝之后，不愿"临幸"其他的嫔妃，结果只跟皇后张氏生下两男三女。两个儿子当中，长男朱厚照生于一四九一年十一月十四日，次男在一四九五年出生的一年后就夭折了，因此朱厚照等于是弘治皇帝的独子。这里请读者注意，前此三朝所设立的皇储，都不是出自嫡系，这朱厚照不仅是出自当时的唯一皇后，而且生辰又是农历干支的"申酉戌亥"，一般算命仙认为将有连若贯珠的好命。他出生后，粹质如冰玉，神采焕发，弘治皇帝非常喜爱他，因此还不到两岁，就被册立为皇太子。一五〇五年六月十九日朱厚照登基为武宗正德皇帝时，才十四岁。在位的十六年期间，正德帝终日耽于嬉乐，虽然广征全国美女，经常在宫中豹房密淫，但自身却是"无种"。仅活了三十岁（死于一五二一年四月二十日）的正德皇帝，死时既无兄弟，也无子嗣。因此皇太后张氏和内阁大学士杨廷和决定拥戴兴王的儿子朱厚熜（等于是正德的堂弟）继承大统（另篇叙说）。

一五二一年五月二十七日，朱厚熜到北京登基，就是明朝第十一位皇帝的世宗嘉靖。这时他的祖母邵贵妃，已经老迈而且眼睛失明，可是兴奋的老祖母依然替自己的孙儿欣喜万分，用手指从头到脚，摸抚这位还不到十四岁的新皇帝。嘉靖随即尊封邵氏为皇太后，并封邵氏的弟弟邵喜（嘉靖的舅公）为昌化伯。可是在一五二二年的冬天，邵氏就过世。三个月以后，嘉靖想把他祖母的灵棺迁到茂陵，跟他的祖父成化帝葬在一起，可是内阁大学士杨廷和（一四五九——一五二九）极力反对，理由是祖陵不可随便常常挖掘，因大兴土木工程，将会惊动神灵。生性固执、从年轻就有主见的嘉靖帝虽然犹豫，但还是不听从杨的意见。一五二九年的夏天，改封邵氏为"太皇太后"；一五三七年，工部人员终于将邵氏的棺枢迁葬在茂陵，而且别祀奉慈殿。

第二章　宫闱的女人（二）

号称"圣母"的张皇后（死于一五四一年）

　　前面提到，朱祐樘孝宗弘治皇帝可能是明朝唯一"不二色"的天子，他独一无二笃爱的张氏，来自位于京师南边两百里的兴济城，那里当时是大运河与陆运的一个交聚点。张氏父亲叫张峦，是个读书人，以乡贡入太学；母亲金氏，传说梦到月亮跑进了她的肚子里，才生出一位当上皇后的女儿。总之，张氏在一四八七年二月被选为太子妃，七个月以后，朱祐樘登基，马上册立她为皇后，并相当优礼皇后的外家，包括追封她去世的父亲为昌国公，封她两位弟弟为侯、为伯。不仅如此，皇帝还为张皇后在她兴济老家建立一个规模壮丽的家庙。虽然张皇后的两位弟弟张鹤龄、张延龄名声不好，放纵家人作奸图利，引起很多朝臣的批评，但弘治皇帝因为疼爱皇后的关系，也不闻不问。

等到她的独子朱厚照登基为武宗正德皇帝时，张氏依照礼法，退居为皇太后；五年以后，她的儿子又送给她另外一个尊号叫"慈寿皇太后"。朱厚照的堂弟朱厚熜承继大统（世宗嘉靖皇帝）后，在公开场合称张氏为"圣母"，但私底下叫她"伯母"。可是这种亲昵的称呼不久就变调了，原因是嘉靖自己的母亲蒋氏来到皇宫时，张"圣母"以倨傲态度对待她。不仅如此，嘉靖好几次都想逮杀"圣母"的弟弟张延龄与张鹤龄，可是都为"伯母"所阻挡。这一大堆窘困的事件，使得嘉靖皇帝与张皇太后的关系，渐行渐远，以后甚至连"圣母"的生日，嘉靖也不来拜贺。张皇太后死于一五四一年的秋天，不久之后，嘉靖就以谋逆之罪，杀了建昌伯张延龄。不过，因为张氏是弘治皇帝的法定皇后，死后还是跟弘治合葬于泰陵。

虽然明朝正史一再地肯定"圣母"张氏是朱厚照正德帝的生母，可是民间却有传闻说，正德是弘治皇帝跟一位叫郑金莲的宫女所生。郑金莲的父亲郑旺是一位军人，曾经公开宣称他才是正德的血缘外祖父。为了阻止这桩谣言，郑旺被逮捕下狱，跟他共谋的太监刘山被千刀万剐。后来郑旺因特赦出狱，还是到处宣称宣德的生母是郑金莲而不是"圣母"张皇后。郑旺在一五〇九年十二月又被逮捕，这次很快地被判极刑处死，可是郑金莲无罪。这个恶毒的谣言恰巧给安化王朱寘鐇（朱元璋第四代后人）当借口，以诛除太监首脑刘瑾为号召，一五一〇年在宁夏起事。不过朱寘鐇造反十八天以后就被平定诛灭。

嫁给"没种"皇帝的夏皇后（死于一五三五年）

夏氏是大兴人，父亲夏儒本来是锦衣卫指挥，后来也因女而贵，升为都督同知，并在过世前被封为庆阳伯。夏氏的丈夫朱厚照可能是明朝历任皇帝中，最颓废、最有争议性的人物。他父亲弘治选嫔女时，注重知书且谙诗文的"女学士"，反之，正德却喜爱丽色妖艳的嫔女。朱厚照登基为正德皇帝时（一五〇五年六月十九日），还不满十四岁，可是这位青少年已经染有玩世不恭的怪癖。他喜爱射箭、骑马，狩猎、摔角、体操，同时也偏好作曲、歌唱和放烟火。虽然他聪颖无比，但总是静不下来好好苦读圣贤经典、八股之类的诗文。因是之故，他看不起冬烘先生、文官儒士；也不爱被束缚、规规矩矩地上朝下朝当皇帝。他在一五〇六年大婚时，除了册立夏氏为皇后外，同时选了沈贤妃与吴德妃一齐陪婚。皇后具礼服升座，女官引导两妃诣前行礼。当晚曲中仪法完毕之后，大家依照矩度，各自回宫，夏皇后住坤宁宫，沈贤妃与吴德妃居东西两宫。当是时，宫中上下都称赞年纪尚轻的皇帝、皇后以及两位妃子。

前面提到，明代后宫设立六局女官，其中尚寝局负责皇帝睡觉的事务，而主管文书房的太监则是负责记录所有皇帝临幸住宿过的地方，更重要的是写下皇帝跟任何妃嫔做爱、发生性关系的年、月、日，以便日后稽考。可是正德皇帝不但撤去尚寝女史的差事，而且命令文书房太监不要记注他所临幸的女人以及有关他"房事"的一切信息。果真，正德做了没几天正经的皇帝之后，马上看上了富有才色的顺天人王氏。王氏陪正德到蓟州洗温泉浴，她还亲自写了一首诗刻在石柱上："塞外风霜冻异常，水池何事暖如汤。溶溶一派流今古，不为人间洗冷肠。"此后，正德只听信号称"八虎"的八名宦官，并在宫中建造豹房，用以招待喇嘛僧侣及狎爱劈腿之类的游乐。因为正德经常在豹房与美艳的女人厮混，而把夏皇后一人丢在坤宁宫，让她独赏空悬的明月，指算飞来的春燕。

据《明史》所载，正德最喜爱一位名叫马昂妹的维吾尔女人。这位标致的马氏当时已是有夫之妇，而且有了身孕。正德明知马氏的底细，却依然命令太监将马昂妹召到豹房。马氏很会骑马射箭，能说西域番语，又会唱歌，正德见了甚欢，当天就与马氏"敦伦绝幸"。马氏家人因此获赐蟒衣，蒙皇帝宠纳。从此以后，正德只要看到他喜欢的女人，不管她是已婚未婚、有娠无娠，他都一定要弄到手。有一次锦衣卫副指挥于永带来十二位来自西域的色目舞女，把皇帝搞得心痒难熬。正德酒过几杯后，突然命擅长阴阳秘术的于永带他自己的女儿到豹房来。于永吓得不知如何应付，后来总算找到一位邻居的维吾尔女子，充当自己的女儿来豹房陪正德帝过夜。于永不久便因畏罪而将职位转让给自己的儿子。此外，其他不少指挥官的姊妹妻妾，正德帝也都想染指。

这时宣府人江彬（死于一五二一年七月十一日）因武术高强，又立了战功而深获正德帝的宠信，江彬也从此变成正德的"皮条客"或"同志"。一五一八年正德来到大同，驻跸偏头关，派人到太原遍索会唱歌跳舞的女人。在一大堆杂妓中，正德看上了太原刘良的女儿刘美人，原来刘美人是晋王府乐户杨腾名下的歌妓。不久，江彬就把刘美人带到北京的豹房；之后，刘美人还住进了西面内宫，跟正德一同进出，形同一对野鸳鸯。一五二〇年一月，正德循大运河游江南时，特地命刘美人到潞河陪同，并且还亲自到张家湾迎接刘美人。游玩江南完毕返回北京途中，正德自己驾驶的小龙船在清江浦（今淮阴县）翻船，虽然正德溺水后很快就被救，可是从此一病不起。一五二一年岁末，当正德在京城南郊祭祀天地时，突然吐血晕倒在地。外强中干、酒色过度的正德在一五二一年四月二十日死于豹房，了结他荒唐的一生。

朱厚照正德的故事令历史学家扑朔迷离，难以论断。既然他精力那么充沛，又跟那么多女人发生性关系，为何死而无子，徒让夏皇后孤独地当了"皇太后未亡人"？如果以现代性生理学来分析判断，正德可能根本是个性无能的伪君子。因为他性无能，可是又好强、要当猛男，于是便故意惹祸制造事端，以豹房当烟幕弹来掩饰他的性无能缺陷。聪明的正德因此自己统领一营善骑射的太监阉人，称之为中军，并在豹房设立教场，命太监张忠镇领东厅署，以宦官许泰统御西厅署，而且晨夕下操，呼噪火炮之声，远在九门之外，都还可以听到。由此可知，所有的美女、妓妇，一切的淫乱行为，只不过是演戏而已。明朝、清朝的士大夫、大学士、卫道者，完全被他蒙在鼓里，压根儿，正德可能是个可怜"不举"的窝囊货色！

另外一种可能，就是因他十来岁就开始跟女性性交，有可能因此染上了性病，或导致精液不足，无法使他的后妃怀孕。最后的一种解释是，他可能是身为同性恋的"同志"，因为跟他一起在豹房厮混的人，绝大多数都是男性，要不是阉人就是军人。明朝文献透露正德跟江彬"同卧起"，意思是一起上床睡觉，一起起床。总之，这个明朝第十位皇帝犯了大不孝之罪（无后为大），而且让那么多苦守宫闱的后妃、嫔人空悲切地当了活寡妇。据载，西宫有妙龄宫嫔表达想削发当尼姑，正德听到这则消息，竟然自己当起剃度法师，而且还亲自念经说法，将宫女送到尼姑庵去。因此在明朝这一群皇后中，最可怜的莫过于夏皇后。依常理推论，虽然她死时被追封为孝静庄惠安肃毅皇后，并跟正德皇帝合葬在康陵，但这位皇后过世之时，可能仍是处子之身！

嘉靖的三位皇后：孝洁皇后陈氏、废后张氏与孝烈皇后方氏

朱厚熜（世宗嘉靖）是明朝十六位皇帝当中，在位时间第二长的天子（仅次于他的孙子万历，另篇叙说），从一五二一年五月二十七日到一五六七年一月二十三日，总共有四十五年又八个月之久。穿上黄袍的初期，嘉靖为了他应该是谁的继嗣问题（所谓的"大礼议"），跟杨廷和等内外朝臣争论了三年半。最后，嘉靖称自己的父亲兴献王（朱祐杬，死于一五一九年）为皇考（以后称兴献帝），封自己的母亲蒋氏（原籍徐州）为兴献太后，然后尊称他的伯父弘治皇帝（朱祐樘）为皇伯父，而称弘治的未亡人张太后为伯母。嘉靖即位后的第四天，派人迎接母妃蒋氏于安陆，而且动用了四千艘船只，数千名水手以及四十万人力。此后，嘉靖热衷道教，沉迷于追求长生不老之术，因此无心国事，信任严嵩（一四八〇——五六五）之类的贪污官吏，以致军事外交方面，受困于北方的鞑靼蒙古人，社会上出现极端的贫富悬殊。的确，在十六世纪的下半叶，明朝的国本已经开始动摇。

嘉靖的第一任皇后是北直隶元城人陈万言的女儿。有好名声又有佳气质的陈氏在一五二二年被册封为皇后，但一直无法适应嘉靖严厉的脾气。一五二八年的秋天，有一次跟皇帝吃茶时，皇后因没把茶杯放置好，嘉靖突然咆哮大怒。陈皇后惊悸之余，竟然流产堕娠殂。

事情发生之后，嘉靖更是不原谅陈氏，不仅不给她好好地安葬（葬在天寿山的袄儿山谷），皇帝自己还懒得玄冠素衣，去表示哀悼一番。最后因礼部尚书夏言（一四八二——一五四八）的奏请，嘉靖方肯谥陈氏为孝洁皇后。

废了陈氏以后，嘉靖的生母蒋太后与伯母张太后都催促嘉靖赶紧再物色一位新皇后，这时锦衣卫张楫的女儿在桂殿朝昏侍奉嘉靖起居已久，而且她性情温婉，也能恪尽礼道，于是便被选中为皇后。张氏刚当皇后时，曾带领嫔女到京城北郊去养蚕，并且率领六宫在宫中聆听蒋太后的"女训"。

这时，嘉靖在位已经十年，但是仍然没有"龙种龙子"。蒋太后为了促使她的儿子能枝叶茂盛、以广储嗣，便要求嘉靖选九嫔。先前提到，明朝开国皇帝朱元璋为了管束宫女，防范女祸于未然，规定他的"紫微星"继承人要慎重选妃，严守纲纪。可是经历百年之后，他的子孙再也不把这些祖训令典当作一回事。虽然诸妃的位号大致还是取自"贤、淑、丽、庄、敬、惠、顺、康、宁"品秩，可是自后妃以下，诸嫔宫杂置其间，而且常常以婕好、昭仪、贵人、美人称位号。还未满二十五岁的嘉靖于是听从他生母以及大学士张孚敬（一四七五——一五三九）的话，除了皇后与六宫之外，还博求全国淑女，住进西内，前后加在一起，总共有三夫人、九嫔、二十七世妇，以及八十一御妻一百二十位。在一五三二年的初夏，嘉靖同时册立方氏、郑氏、王氏、阎氏、韦氏、沈氏，卢氏、沈氏与杜氏为"九嫔"（其中沈氏为宸妃，阎氏为丽妃）。每一个嫔都戴九翟冠，穿大采鞠衣，同时还可圭用次玉、谷文与黄金涂色文册。为了让全国人民知道这件事，嘉靖皇帝在华盖殿举行册封仪式，接受百官恭贺，还率她们一齐拜谒太庙与世庙，并颁诏天下。

张皇后与张皇太后（嘉靖的伯母，正德的母亲）相处得很好，走得很近。可是无端事变起宫闱，或许因为嘉靖厌恶了张皇太后（伯母）的娘家亲戚，竟然祸及年纪轻轻的张皇后。张皇后在一五三四年初被废，迁居别宫，她所有的天下笺贺全部停掉，也不再有机会教宫女歌咏翰林所撰的新诗。张氏忧恨两年之后（一五三六年）病薨，嘉靖给他第二位废后的葬礼，比照宣德帝的胡废后办理。

当嘉靖册封"九嫔"之时，出身江宁（南京）的方氏被册封为"德嫔"。方氏的父亲是泰和伯方锐，她算是比较"幸运"的女子，一五三一年进宫，来年就入选为"九嫔"之一。张皇后被废之后，嘉靖想立方氏为后，先试探大学士夏言的看法。诗文并茂的夏言随即恭贺嘉靖做了很好的选择并且说："夫天圜而地方者也。"意思是说，嘉靖像天一样的圆，而未来的皇后会像地一样的四四方方。九天之后，嘉靖就册立方氏为他的第三任皇后。这个预言果然应验，因为在一五四二年时，方皇后救了嘉靖皇帝一命。

事情起于宫中女婢杨金英等人谋逆计划弑杀嘉靖，这当然跟嘉靖的暴虐，使宫人受不了嘉靖的淫威，心怀惧恨有关。杨金英在有娥眉之称的曹端妃处当婢女。一五四二年的一个晚上，嘉靖幸临曹氏，在端妃宫里过夜，等嘉靖熟睡时，杨金英会同另外宫女相结行弑，用麻绳套在嘉靖颈项，用布塞入他的口中，想将他缢死，同时数人以钗股乱刺皇帝的上胯。可是女流之辈没有经验，不懂缩结之法，在麻绳上打了个死结，结果绳股迟迟不能紧缩，嘉靖的气就没断绝。在这千钧一发的时候，杨金英的同事张金莲知道事已败，便跑到方皇后处告急。就这样，方皇后迅驰赶至现场，把绳结解开，才让嘉靖慢慢苏醒。

谋杀嘉靖失败之后，方皇后命令内监张佐等人捕捉共谋的宫人，结果查出王宁嫔是首谋。虽然曹端妃没有亲自参与弑君行动，但据张佐报告，她事先知晓这项阴谋而不报。方皇后趁嘉靖仍然病悸得不能说话的时候，代传圣旨，把曹端妃、王宁嫔以及杨金英一伙共十六人全部捉起来，依法凌迟处死，磔剐于市，而且诛杀她们亲属十余人。事情过后很久，嘉靖最后得知，原来他的丽人曹端妃（这时已经替皇帝生了第一女），其实不知道这项缢杀皇帝的阴谋，但是皇帝宠爱的娥眉已经血洒苍梧，再也不能复活。反之，方氏的生父方锐晋爵一级，被赐封为侯。

尽管祸机已过，嘉靖对方皇后处理曹端妃事件或许仍然存有几分疑惑。根据明朝进士何乔远（一五五八——一六三二，福建晋江人）所著的《名山藏》（又称《十三朝遗史》），方皇后是死于一五四八年腊月的西宫大火。当熊熊的烈焰正在吞食方皇后的宫寝时，有一位像热锅上蚂蚁的太监催促嘉靖派人进屋内拯救皇后，可是在惊喧之际，嘉靖竟然沉吟不发一语，让金枝玉叶的皇后被活活烧成灰烬！事后嘉靖才慢条斯理地喃喃说道："后救我，而我不能救后。"于是谥方氏为孝烈皇后，素服素冠，亲自隆重举行谥礼，同时命令百官都穿制服，送方氏的梓棺到思善门外。这个时候，嘉靖已经开始预先设计自己死后的坟地叫永陵，可是方孝烈皇后的神主却先设在世宗生母睿皇后的旁侧。何乔远甚至暗喻，因蒙古俺答汗占据河套，而能从中直驱北京，内阁大学士夏言被严嵩参奏害死（一五四八年十月三十一日），也是渊源于曹端妃事件，因为夏言是原先推荐方氏当皇后的关键人物。

平平庸庸的嘉靖在位四十五年，他拥有的一大批后妃、嫔御，总共替他生了八个儿子和五个女儿，其中仅有两个儿子和两个女儿活到成年。嘉靖的长子很小就夭折，次男朱载壑生下还不到三岁时（一五三九年二月），嘉靖就册立他为东宫太子，可是事违人愿，载壑才行冠礼的两天后就归阴去世。嘉靖的第三个儿子朱载垕生于一五三七年三月四日，比第四子朱载圳只大一个月而已。虽然两位"龙子"都还刚学会走路，嘉靖又迫不及待地封载垕为裕王，载圳为景王。两个女儿之中，宁安公主（朱禄媜）嫁给李和，嘉善公主（朱素媜）嫁给许从诚。

朱载垕（后来的穆宗隆庆皇帝）的生母是北京庆都伯杜林的女儿。杜氏于一五三二年被封为康嫔，五年后，皇帝玺书晋升杜氏为康妃，果然第二年就生下朱载垕。可能因为载垕与载圳年纪太接近，嘉靖始终不愿在两个儿子当中，选择一个册立为东宫太子。一五五二年的三月，两个儿子一齐行冠礼，等到九月时，一起启蒙上学读书。再隔两月，嘉靖又同时替两个儿子选择了贤淑端丽的嫔女，带到大内，在一五五三年二月一起举行婚礼。两个儿子的母亲当中，嘉靖似乎比较不喜欢载垕的生母，因为杜氏康妃在一五五四年年初去世时，嘉靖不愿意亲自主持丧事，而且给康妃的"荣淑"谥号，也跟传统礼制相比大大地缩水。最后，朱载垕以裕王的身分，来办理母亲的丧仪。

朱载垕斩衰三年，先葬母亲于金山，等到他登基为隆庆皇帝之后，才把杜氏康妃的棺柩迁葬于永陵（跟嘉靖在一块），而且谥生母为孝恪渊纯慈懿恭顺赞天开圣皇太后。当了二十一年裕王的朱载垕，总算于一五六〇年的年底，被嘉靖册立为东宫太子，晚他一个月出生的同父异母弟弟朱载圳，则被封到湖广的德安去当景王。不过当皇太子期间，载垕并没得到真正的父爱。嘉靖对他不仅冷淡，也很刻薄。有时候东宫经费不够时，太子还需靠严嵩父子帮他向皇帝要钱。

十六世纪中叶的大明江山历经两百年漫长的岁月，已经产生了很大的量变与质变，也因为朱氏皇族人数，出于"多选淑媛以侍左右"的原则，以几何级数不断地增加，造成内宫严重的经济压力，这也是朱载垕当皇太子时，常常没钱支应东宫费用的原因。根据皇明玉牒的资料，在一五四九年时，中国人血液中流有朱元璋 DNA 的朱氏男性——包括祖先曾被封为"王"，后来被降到庶人的身分者——已经有一万九千八百三十九名；而流有朱元璋 DNA 血液的女性，共有九千七百八十二名所谓郡主（亲王的女儿）、县主（郡王的女儿）、郡君（皇帝的孙女）和县君（皇帝的曾孙女）等；另外至少还有一千零四名朱氏皇族没并入。这三类朱氏皇族后代加起来总共有三万六百二十五人。如果把朱元璋后人娶的妻妾，以及嫁的女婿全部加进去的话，那么隆庆皇帝就将近有五万位皇亲国戚了。

朱载垕登基为穆宗隆庆皇帝时，已经三十岁了，可是因小时缺乏父亲的关怀与训练，他对国事并不谙熟。加上他个性内向，也没太大的野心与愿景，因此他上朝时很少讲话或跟朝臣沟通；大部分的政事都委任太监去处理。可是跟固执又苛严的嘉靖相比，隆庆显得异常的良善温和，同时也不像他父亲过度倾向道教，鄙视佛教，诋毁佛学。朱载垕的元配是直隶昌平人李氏，在一五五三年二月跟当时当裕王的朱载垕行大礼。一五五五年十月，李氏生下朱翊铇（即宪怀太子），可是翊铇在一五五八年四月就夭折，李妃也在一五五九年的初夏死亡，先葬在金山，等朱翊钧（隆庆第三子，后来的神宗万历皇帝）登基后，迁葬于昭陵，并谥李氏为孝懿贞惠顺哲恭仁俪天襄圣庄皇后。

万历的"母亲"："仁圣"陈皇太后与"慈圣"李皇太后

隆庆皇帝在位的五年五个月期间（一五六七年二月四日至一五七二年七月四日），北房（蒙古人）南倭（日本倭寇）交相环伺的局面已经解除。他遵照先帝遗诏，革除前朝弊政，处罚了一些道士与"奸臣"，同时将曾冒死进谏的海瑞（一五一三——一五八七）从监狱里放出来，而且还用了如王崇古、徐阶之类的名臣。隆庆总共有四个儿子，除了四岁不到就殇亡的长子朱翊铖以外，二儿子也夭折；还有三儿子朱翊钧（生于一五六三年九月四日，是后来的神宗万历皇帝），以及第四子潞王朱翊镠（一五六八——一六四一）。其中翊钧、翊镠都出自一位姓李的宫嫔（漷县人）。隆庆在上述李氏（昌平人）死后，选通州陈景行的女儿为继妃。隆庆继位当年（一五六七）册陈氏为皇后，可是陈皇后也是多病无子，因此决定先搬出坤宁宫，移居别殿，希望稍稍安适一些时候，可以把身体养好。朱翊钧还是东宫太子的时候，每早在谒奉先殿、隆庆皇帝以及自己生母李贵妃之后，即马上去向陈皇后问安，以解除娘娘的寂寞。有时，陈皇后还会拿经书考问太子，朱翊钧登基为神宗万历（一五七二年七月十九日）后，九岁的小皇帝直称陈氏为"仁圣"，而称自己的母亲为"慈圣"。一般说来，"仁圣"与"慈圣"相处得很好，两位隆庆的未亡人都互相没有猜嫌。

万历对"两宫并尊"的孝行，使得陈氏的病情大大地好转，以后的二十五年，竟不再生病，而且可优游于"慈宁宫"之间。万历时常会在乾清宫摆设四斋宴，由近侍两百人演戏来欢娱两位"母亲"，即"仁圣"与"慈圣"。这时万历会亲自拿酒献馔，恭恭敬敬地服侍两位太后。陈氏在一五九六年（万历二十四年）的仲夏过世，万历谥她为孝安贞懿恭纯温惠佐天弘圣皇后。

"仁圣"陈太后住在慈庆宫，"慈圣"李太后住在慈宁宫。因为张居正（一五二五——一五八二）的请求，所以，"慈圣"李太后搬到乾清宫跟她十岁的儿子万历住在一块，可以朝夕照料这位明朝的第十三代皇帝。"慈圣"对万历的管教极其严切，有时小皇帝不爱读书，李太后会召使他长跪。每次家庭教师讲课后，李太后一定会设筵宴请老师，而且自己扮演"助教"的角色，考验她儿子是否完全了解老师所讲授的内容。不仅如此，从清早五更起，一直到晚间上寝所，"慈圣"太后一定要关照儿子的起居。有时万历贪睡起得晚一点，李太后便会敕令内宫上下赶紧把小皇帝掀上坐好，然后取水洗脸，再拥天子坐车上朝。在所有明代的皇帝当中，万历与他母亲李太后的关系最为密切，直可用古希腊人所说的 Oedipus Complex（恋母情结）来形容他们母子。在当时的宫廷情况下，李太后不仅是万历的慈母，同时也是他的严父。万历对母亲产生了一种又爱、又惧、又想依赖、又觉得母亲早晚太啰唆的繁杂感情，所以万历六年后结婚，挑选的对象，都要先跟自己的母亲比一比，要是不能符合"母亲模型"的女孩，他就不要。

万历大婚之后，"慈圣"李太后要搬回慈宁宫以前，敕谕各位阁臣，提醒他们，要持恒地教诲保护年轻的万历，使他一直向学勤政，为社稷苍生尽心尽力。甚至等万历快十八岁时，李氏对儿子的 Oedipus Complex 还会暴露无遗。一五八○年的岁末时，当万历在西苑曲宴，有两位宫人服侍着喝酒作乐的皇帝。这时万历醉醺醺地要求宫人唱新歌，但宫人坚辞不会唱时，万历突然拿出利剑痛击宫人。当时在场的大小监史劝解皇帝住手才没闹出人命，可是皇帝竟然用他的宝剑割掉宫人的头发当游戏。事情发生过后的第二天，"慈圣"李太后知道了消息，愤怒得不可形容，立刻穿着青布袍，传话给万历的老师张居正，叫张居正（当时的职位相当于首相）马上具疏切谏，还敕令万历用皇帝的御札自己写悔过书。不仅如此，"慈圣"又召见万历，命令她的皇帝儿子长跪，而且还要逐一地坦承自己所犯的过错。一直等到万历涕泣而且请母后给他悔改的机会后，李太后才饶恕了她的心肝宝贝儿子。万历之所以那样怕母亲，其实还有一个理由。当时宫中喧传说，李太后命太监冯保到图书馆拿取汉朝《霍光传》，言下之意，太后有废万历皇帝，然后册立万历的弟弟潞王的暗示。经过这次的一大堆眼泪与情绪化的肢体表现，这些谣言也自然地消失了。

李太后的严明识大体，以及能放手让张居正大刀阔斧地改革内政，致使万历初期的大明有安定和繁荣的好现象，诸如：内阁权力的强化、冗官废员的裁撤、黄河与大运河的浚治、京都粮食的改善、国防的巩固以及土地、人口、财税的革新。可是张居正在职十年，于一五八二年去世之后，明朝的政府又即刻陷入混乱，朝臣与官僚再度形成党派，以及受到银货经济的负面影响。虽然一般农民在困苦中挣扎，市侩商贾却过着浮华铺张的生活，因为带头过着豪奢日子的典范是来自万历的后宫。据载，万历的母亲李太后是位非常虔诚的佛教徒，而且又是最慷慨的施主，凡是天下名胜，不管在京师内外，她都想要建筑梵刹，装设佛祖菩萨。可是这样一来，内库储存的巨万两银子，很快就被挪用耗费掉。这时万历又开始在天寿山南麓的十三陵建立一座相当壮丽的寿宫（就是埋葬他自己的定陵），因此张居正苦心经营存下来的财源，很快就被万历母子给花光了！

李太后为了施舍佛寺事，连她当皇帝的儿子也要伺意奉承。譬如说，有一次万历替他母亲祝寿时，他突然命令太监到内藏室，拿出唐朝名画家吴道子所画的观音像。为了替李太后祈福，万历叫石刻匠工临摹复制一千份吴道子的画，然后捐赠给天下每座大小梵刹佛寺，好让全国佛教徒都能膜拜瞻仰到观音的慈容。又有一次，李太后告诉她儿子说，浙江南海的普陀山，曾有大士现身过，是佛家圣地，不过因普陀山的佛寺被祝融所烧毁，因而想发愿修复。这一次万历虽没花费官钱，可是还是自捐帑银，把佛院在原地址盖造完工，并请有学问的大臣撰文制碑，颂扬他母亲的功德。

前面提到万历对李太后有恋母情结，这个情形一直到李太后晚年时还是忽隐忽现。有一年秋天，万历陪母亲在慈宁宫花园赏花，看到有一个铜盆长出了红莲，而且莲心抽蕊，开了九朵攒簇四向的花，真是清新可爱、漂亮无比。皇帝因此心血来潮，吩咐文书官宋绅赶紧叫大小廷臣到花园来欣赏，而且准备文房四宝，亲自赋诗一章，然后连同红莲一起送进慈宁宫，让母亲慢慢咀嚼享受花香及诗文。另外是玉熙宫有一位女伎，能载灯舞，宫中每逢庆典都少不了要她表演。不过这位女伎禀告李太后，说她已经许配了故乡的一位儒生，李太后听了心软，帮她向皇帝说情，结果让这位女伎返回乡里，完成终身大事。

慈圣李太后晚年眼睛经常有毛病，而且屡治屡发，到一六一三年时，有位彭姓女医，到内宫替慈圣太后看眼疾，果然颇奏微效。这位彭女医师善谈诙谐，常常告诉慈圣一些市井故事，让皇太后惬意开心，因此，慈圣把彭氏留在宫中。可是彭氏这时已经怀有身孕，一些宫婢看到大腹便便的彭氏，都劝她赶紧离开禁宫。可是彭氏贪恋帝宅的华丽，迟迟不愿离去。有一天，彭氏果然在李太后身边一名受封夫人、叫彭金花的宫人的居室里生下了一个男婴。听到这消息的万历皇帝大怒，立刻命人去杀死彭氏女医，不过慈圣皇太后再三婉转替彭氏向自己的儿子求情。万历又再一次无法违背慈母的意旨，免彭氏死罪，但发她到礼仪房打三十大板，然后驱逐出宫。这件事发生后的第二年，慈圣皇太后即崩逝身亡。

自从汉武帝（死于公元前八十七年）以来，万历是在位最久的中国皇帝（四十八年），也因此，他不断地给他的母亲加进新的封号。譬如说，一五八二年，万历封她为"明肃太后"，一六〇一年进为"贞寿端献"；五年以后（一六〇六年）再加封为"慈圣宣文明肃贞寿端献恭熹"。一六一四年春天，李太后奄奄一息、弥留之际，还不断地称赞儿子万历的孝行，叫他不可太过哀恸，要顺变节哀，亲贤图治，永葆鸿基。她的灵柩自然地跟万历的父亲隆庆皇帝一起葬在昭陵。

被万历宠坏的郑贵妃（一五六八年—一六三〇年七月五日）

神宗万历帝总共有八个儿子，但都不是皇后王氏（余姚人，但在京师出生，册立于一五七九年）所生。据载，虽然皇后性情端谨，甚得万历母亲"慈圣"的欢心，可是万历很少跟她同床睡觉。万历的第一位儿子朱常洛的母亲也姓王，原先是皇太后"慈圣"的宫女，比万历大好几岁。有一次万历到慈宁宫，突然发生"性"趣，瞒着太后跟王氏发生关系，王氏终于在一五八二年八月二十八日生下朱常洛。可是婴儿生下后，万历却赖账，始终不承认有这么"一夜情"的事件。后来太后"慈圣"要求文书房内侍将万历每天行动的年月日（起居注），以及王氏停经等验证，证实朱常洛是千真万确的龙孙，于是逼万历不得不公开宣布他是朱常洛的父亲。虽然在一五八二年七月，王氏被封为恭妃，但皇帝从此再也不临幸她，得不到爱情的王恭妃死于一六一三年。

其实，王恭妃的故事还没揭露以前，朝廷上上下下已经在担心皇帝继嗣的问题，因此在一五八一年间，司礼监又帮万历物色了一批美丽女子，最后有九名中选为嫔（第二品），其中的一嫔是来自大兴（隶属北京）的郑氏。这时郑氏正好十七岁，长得亭亭玉立，又甜又媚，很快就成为万历最宠爱的女人。一年半之后（一五八三年九月）万历升郑氏为德妃；再过一年，封她为贵妃（地位仅次于皇后）。很快地，皇帝对郑氏的宠爱贴心就有了结果。郑氏在一五八六年二月十八日（恰巧是旧历年正月初一日）给万历生下第三子，命名朱常洵。一年半后，郑氏再给万历添了一个丁，可是这婴孩在一五八八年夭殇。除了八个儿子以外，万历的众嫔妃也给他生了十个女儿，其中万历最疼爱的寿宁公主，也是郑贵妃所生。寿宁公主在一六〇九年嫁给冉兴让后，还是"五日一来朝"。结婚三年后有一个晚上，冉兴让回家时，发现他家的奶妈把门都关锁了，这时候，酒醉的冉驸马把奶妈打骂一顿。可是第二天奶妈不甘示弱，召集了一群太监将冉兴让好好地报复修理一番。这件家务事后来闹到万历那里，万历竟然认为奶妈有理。得不到岳父撑腰的冉兴让，气得把他的驸马冠丢掷在宫门口，然后跑到深山去躲藏怄气。寿宁公主跟冉兴让在一六四四年被李自成的部下所杀。

由于万历是那么样地宠爱郑贵妃，又如此地厌恶王恭妃，他心里一直想立郑氏的儿子朱常洵为皇位继承人。可是依照皇明礼仪传统，朱常洛是长子，才真正有资格当东宫太子。为了这件事，朝廷大臣申时行（一五三五——一六一四）、沈一贯（一五三一——一六一五）等都以"争国本"为题，跟万历争执很久。皇帝开始以常洛的年纪太小而且身体薄弱为借口，故意拖延立嗣的决定。等到常洛八岁时（一五九〇年），长得很健康又可爱，"争国本"的事又再度成为宫廷的焦点。四年后（一五九四年），万历开始允许大儿子常洛上学；不过皇帝心底处最疼爱的，依然是郑氏所生的儿子朱常洵，其次是周端妃所生的朱常浩（死于一六四四年）。后来皇帝受不了外廷蜚语以及这些内阁大学士的啰唆，干脆想把这三个儿子一齐册立为王，封常洵为福王，常浩为瑞王。这个主意公开之后，反对的声音更是不断地涌进，终于在一六〇一年的春天，允许朱常洛搬到迎禧宫居住，并在一六〇一年十一月九日册立长子朱常洛为东宫太子（就是后来的光宗泰昌皇帝）。

在明朝的十六位皇帝中，万历在位时间最长，但也是最懒惰、最不负责任的一位。他刚刚登基之时，还是幼冲之年，而且白天还要读书，于是就权宜地让他每个月只要上朝九天，所谓的三、六、九（即初三、初六、初九、十三、十六、十九、二十三、二十六和二十九日）。头十年，因有张居正、司礼监太监冯保和他母亲"慈圣"太后时常盯着他，他至少还会跟朝臣，尤其是内阁大学士与六部尚书，保持固定的会面与经常的咨商沟通。可是张居正死后，冯保也被谪到南京孝陵种菜，这时万历羽毛已丰，除了自己母亲以外，谁也不怕，谁都可以不听。自从一五八九年的八月一直到一六一五年的五月，他再也不照三、六、九的规定上朝处理奏章。此外，从一五九〇年的二月起，他已不再跟他的翰林老师接触和聆听圣贤经典。有一次万历遣人去拿玉盒子，竟然发现他几年前写在纸上的文字，全部都被臭虫咬蚀了。这表示，他已经好久没练习书法写字了。再过一年，他也停止参加所有国家祭祀的公开活动。甚至连他母亲在一六一四年去世时，虽然朝廷给"慈圣"太后的葬礼办得非常地隆重、有排场，可是已经闭居后宫、不理政事的万历，也不愿意亲自出面主持丧仪。

总之，做了三十多年的皇帝，万历慢慢地心已倦勤，再也不想去管理朝廷纷纭的政事。虽然他母亲帮他择配的王皇后中年好静，摄有盛德，可是万历的紫微星只想照耀在权谲善媚的郑贵妃，以及郑氏所生的朱常洵身上。但是王皇后不是善妒的女人，而且当太子朱常洛有危疑时，她必定调护备至，来帮这位得不到父爱的太子度过难关。最后王皇后在一六二〇年的初夏去世（比万历早三个月），先葬在定陵，等到朱常洛登基（一六二〇年八月二十八日）为光宗泰昌帝时，再尊谥她为孝端贞恪庄惠仁明媲大毓圣显皇后。至于泰昌皇帝的生母王恭妃，一直受到万历的冷落，所有应该有的皇帝恩礼完全被郑贵妃所抑压，甚至每次东宫太子要拜访自己的生母时，郑氏必然派人尾随监视。最令人打抱不平的是，一六一三年王恭妃病重告急时，太子赶来探问妈妈的病情，可是宫门竟然还关闭着。等太监抉钥，太子进入后，王恭妃的眼睛已看不见了，于是王氏用手拉着朱常洛的衣服，然后掉泪说："儿长大如此，我死何恨！"说完之后，王妃就断气归天。太子生母死后的第三天，郑贵妃还下令不准宣布死讯，后来经阁臣叶向高（一五六二—一六二七）的陈情抗议，万历才同意依传统礼葬，可是也只能先把她的棺椁寄埋在永陵。等到王氏自己的孙子登基为熹宗天启皇帝之后，王氏才被进谥为孝靖温懿敬让贞慈参天胤圣皇太后，并迁祔定陵。

现在让我们来了解一下，万历是如何地宠坏了郑贵妃。出生于大兴的郑氏，本来已许配给一位姓许的邻居人家当媳妇，可是因为聘礼礼金不够，郑家不让许家娶她，当许家人要强娶时，两家就争哄起来，让躲在闺房的郑氏嚎啕大哭。恰好这个时候，要替万历挑选九嫔的太监走过郑氏门口，看到郑氏长得那么标致，于是就将她带到皇宫。前面说过，郑氏因长得漂亮，又懂得讨好年轻皇帝，又很快给万历生了第二位儿子朱常洵，于是在后庭众多嫔妃之中，没人能像郑氏那样得到万历的宠幸。

尽管朱常洵不是长子，而且群臣争议不断，万历还是三番两次地想册封郑妃的儿子为东宫太子；最后虽然没成功，但朱常洵除了在一六〇一年被封为福王外，他在洛阳的王府，比其他亲王的宅第大了两倍以上，总共花了四十万银两（比一般王府所需费用高出二十倍）才造成。不仅如此，福王所领的庄园封邑总计为四万顷，其中包括了黄河下游几省最好的土地。然而尽管皇帝给福王如此优厚的封赐，朱常洵还是希望赖在紫禁城不走，如此可以时常跟皇帝与母亲郑氏见面。但是《皇明祖训》有严格的规定，亲王不能居住在京城。万历因此又接到无以计数、有关"国本"的谏书，要求皇帝赶快把福王送到洛阳去。一六一四年的夏天，万历终于旨令朱常洵迁到洛阳新盖好的福王府。当时为了要搬运福王的随从、行李、家具等，朝廷还得动员一千一百七十二只黄船（皇帝御用），才能把福王的全家送到洛阳城。

万历为了要帮郑贵妃改善她在朝臣心目中的形象，在一五九四年四月，鼓励郑氏捐出五千两银子当作救济河南饥荒难民之用；之后，还叫郑氏研读按察使吕坤所写的《闺范图说》一书。郑氏读后，请人捉刀替她为这本书写了一个跋，并自己掏腰包在一五九〇年刻印，当为教育闺女的教科书之用。不过虽然皇帝极力想替爱妃塑造一种宽厚、柔顺的形象，但郑氏的骄恣与野心却没有改变。一六一五年六月间，一个名叫张差的汉子突然闯进东宫太子住所的宫门，而且手持梃棍，击伤了数位守门的太监。这位看来是要来谋害东宫太子的不速之客，当场被卫士捕捉。事后蜚言四起，很多人都将矛头指向郑贵妃，认为张差是郑氏外戚派来的杀手。这件叫做"梃击"的事件，最后还得由万历出来打圆场。皇帝安排郑贵妃当着东宫太子以及群臣面前，当场号诉哀求，对天发誓，保证她本人或她家族绝对跟梃击案没有关联。这个事件在凶手张差定狱处死后，也就不了了之。

一五九〇年代中，大明帝国因日本丰臣秀吉出兵而起的朝鲜战事，万历子女结婚的费用，火灾后乾清宫以及其他宫殿的重建等等开支，使得万历的财政发生很大的困难。难怪万历无时无刻地要计算如何去搜刮钱财，也逼得凤阳巡抚李三才不得不向万历奏说："陛下病源在溺志货财。"不仅如此，自从努尔哈赤（一五五九—一六二六）的满洲军队在一六一八年占领抚顺之后，皇帝还被迫拿出宫内库银一百万两充当军饷，企图重振已经有衰弛迹象的大明国势。不过长久以来沉迷于酒色声伎的万历皇帝（也可能在宫中吸食鸦片），这时健康也亮起了红灯，紧跟着王皇后死后的三个月，在一六二〇年八月十八日，万历皇帝崩薨，总共活了五十七岁，在朝四十八年。万历临死时的遗诏，还要求他的继承人，要把他最宠爱的未亡人郑氏晋升为"皇后"。可是这个要求后来没有兑现，因为郑贵妃又被指控，她和她的侄儿郑养性（职位是锦衣卫指挥）共谋献给新皇帝朱常洛很多美女，因此才登基一个月的光宗泰昌帝，果然中"美人妖"计而归阴，死于一六二〇年九月二十六日（葬于庆陵，享年三十八岁）。郑贵妃活到一六三〇年的仲夏才病殁，她的棺柩葬在银泉山，没跟万历在一起。还有，万历另一位未亡人刘昭妃，竟然能活到八十六岁，在一六四二年才过世。

一九五六年到一九五八年间，中国大陆选派一队考古学家，小心翼翼地挖出埋葬万历皇帝以及他的王皇后和王恭妃的定陵，证实了定陵是一个规模巨大的地下宫殿（寿宫）。目前在天寿山的十三明陵中，永乐皇帝的长陵以及万历皇帝的定陵，是国内外观光客最喜爱的参观地点。

皇后的节操：以张皇后的自裁为例

朱常洛泰昌皇帝总共生了六个儿子和九个女儿，但这十五个子女当中，有八个都夭殇没长大成人。他的长子朱由校（生于一六〇五年十二月二十三日，生母是郭皇后）以及第五子朱由检（生于一六一一年二月六日，生母是刘淑女）就是明朝的最后两位皇帝，即熹宗天启与思宗崇祯。从小就喜欢当木匠的朱由校，在还未满十五岁时，登基为熹宗天启皇帝。天启生性不爱好静坐读书，不懂政治，也不爱管理政事，但却很会做家具之类的小玩意。因此朝廷的大小事都委任太监魏忠贤（生于一五六八年二月二十七日）去处理。魏忠贤原先是帮朱由校煮饭的小阉人，后来勾结朱由校的奶妈客氏（封为奉圣夫人），慢慢取得朱由校的信任。朱由校在位七年，一共生了三男两女，但皆早殇。或许朱氏的王朝气数将尽，天启的李成妃（顺天人）在一六二五年春天生下皇帝的第二个女儿当天，北京突然发生大地震，不仅宫瓦堕碎，连女婴也一起薨殁；李成妃从此失宠，沦落在后庭惋怅。

天启皇帝的元配是祥符县张国纪的女儿，一六二一年初夏册立为皇后。张皇后性格严正，屡次在皇帝面前举出皇帝小时喂他乳水的客氏以及太监魏忠贤的过失，而且还时常召客氏到皇后的住所，当面斥责她。因是之故，客氏与魏忠贤恨张皇后入骨，后来便设计诬告说，张皇后并不是太康伯张国纪的亲生女。年纪轻轻的天启皇帝差点听信他们的惑谗之言。两年之后，皇后有娠，当时客氏横肆宫闱，便配合魏忠贤，把宫中异己者全部辞掉，改用他们的私人亲信来承奉张皇后，终于导致皇后流产。据载，天启皇帝有一次到坤宁宫皇后住处，看到皇后正在读一本《赵高传》，天启顿时默然，一句话都说不出来，因他知道赵高是刺杀秦二世的宦官。等杀尽东林党诸臣后，司礼监太监魏忠贤又利用顺天府丞刘光选，上疏弹劾张皇后的父亲张国纪，企图想册立他亲人魏良卿的女儿当皇后。后来天启皇帝在奄奄一息时（死于一六二七年九月三十日），因没有遗下任何儿子，便决定把皇位传给他的同父异母弟弟朱由检，其中的过程，张皇后贡献最多。

崇祯继位之初，尊他的嫂子为懿安皇后；一六四四年四月二十五日，闯王李自成（一六〇六——一六四五）攻陷北京时，张皇后自缢身亡。清军入关之后，以明朝的传统礼仪将她合葬在熹宗的陵寝（即德陵）。天启的另一位女人是个性直烈的裕妃张氏，裕妃张氏也是因不买客氏与魏忠贤的账，被幽禁在别宫，不给她饮食。过了几天，天下大雨，玉骨冰肌的裕妃张氏匍匐到墙脚，饮檐溜脏水而死。

朱由检在天启死后的第三天（一六二七年十月二日）登基为崇祯皇帝，主要是靠嫂子张皇后的坚持与力排众议，也因此崇祯在宫中大婚的事，也都由嫂子一手主导。当时的惯例是，皇后候选人需要有两位贵人陪同，如果中选的话，皇太后（即新皇帝的母亲或伯母）会用青纱帕包裹着"金玉跳脱"，然后系在女孩子的臂上。如果不中选的话，皇太后则用红色的年月帖子，装银币放在淑女的衣袖，然后遣送她们出去。据闻，在崇祯选择皇后的过程中，张皇后担心来自大兴的周家女子太柔弱，因此有意给她几个银币了事。这时候，参与选大婚的昭妃说：她现在看起来像是稚弱，将来长大以后，会变坚强。最后，周氏便如此地被选中了。

末代皇后周氏的悲剧（一六四四年四月二十四日自杀）

朱由检崇祯皇帝才四岁时，他的生母（宛平县刘应元的女儿）被泰昌皇帝赐死。之后的五年间，朱由检由绰号"西李"的皇妃（住在西宫）抚养；九岁以后，又由另一位居住在东宫的皇妃"东李"照顾。朱由检坐上龙椅时才十六岁，也许因从小失恃的关系，长大以后对自己没有信心，而且做事优柔寡断，反复无常，不能彻底信任阁臣。难怪他当皇帝期间，几乎每年都要更换一位六部尚书。

崇祯总共生有七子六女，大儿子朱慈烺（一六二九—一六四五）为皇后周氏所生，在一六三一年春天册立为皇太子。崇祯的二子、五子、六子、七子都在四岁以下殇殁。他的三子朱慈炯、四子朱慈炤在京师沦陷后不知所终（应该是被杀）。六个女儿当中，坤仪公主是周皇后所生，也殇亡，其他三女皆早逝，也无从查考。剩下的两个女儿一个是长平公主，一个是昭仁公主。长平公主十五岁时，本来准备要下嫁给周显，但因京城被李自成部队包围而暂停。北京城被攻陷后，崇祯皇帝匆忙来到寿宁宫，而长平公主则拉着父亲的龙袍不停地哭泣。这时崇祯说出万古名言："汝何故生我家！"为了不让贼军奸污他的女儿，崇祯拔剑向公主挥斫，利剑在公主举手遮护时，砍伤了她的左臂。之后皇帝又到昭仁殿，斫死了另一个女儿昭仁公主，可是五天过后，长平公主复苏。史载，长平公主曾上书大清顺治皇帝（一六三八—一六六一，一六四四—一六六一在位）请求说："九死臣妾，蹒跚高天，愿髡缁空王，稍申罔极。"意思是要剪剃长发出家当尼姑。可是顺治下诏不许，命周显补娶公主，而且还赐给周显夫妇田地、房屋、金钱、车马等。然而坊间的传闻不断，有关长平公主的下落，一直有很多不同的揣臆，其故事之多，不逊于俄国末代沙皇尼古拉斯二世（一八六八—一九一八）的女儿安娜斯塔丝亚（Anastasia）的可能遭遇。

周皇后个性严慎，经常担心贼寇的叛乱，有一次轻声细语地向崇祯说，她父亲在苏州还有一个老家可住，言下之意，好似要劝皇帝迁都南京。至于其他的政事，她从不干预。不过这时天下饥馑，府库空虚，百费俱裁，时机相当艰困，宫内大小事要节约俭用，当皇后的周氏要处理内宫人员便很辛苦。有一次长得纤妍又有才艺的田贵妃（扬州人）见到周皇后时，态度骄倨，皇后不得不以家法责斥田贵妃，因此两个女人开始结怨。自此以后，连春节围炉时，周皇后也不跟田贵妃讲话。很会弹琴又很会打扮的田贵妃从此大恨皇后，并向皇帝泣诉告状。后来崇祯跟周皇后在交泰殿为了田贵妃的事争吵了起来。崇祯光火之际，失手把周皇后推仆倒地。这事发生后，皇后赌气好几天都不吃饭。之后，皇帝也感后悔，命太监送去一件貂裘，并且问候皇后起居状况。如此，一对蹇运鸳鸯方才慢慢和好。田贵妃替崇祯总共生了四个儿子，除了朱慈照（崇祯第四子）被册封为永王（一六四三年）之外，其他的三个儿子都夭殇而死。往后的日子，田氏忧怨于启祥宫，并且开始生病，死于一六四二年的仲夏，谥恭淑贵妃，并葬于昌平的田贵妃寝园。

　　崇祯在位期间（一六二七年十月二日到一六四四年四月二十五日），除了清军不断地在长城北方发展，并开始对大明展开包围之外，社会的不安与财政的困乏，都令皇帝日夜焦躁不安。在山西、陕西一带，因连年旱蝗灾害而引起饥荒，崇祯又三次增税，终于迫使疲弊贫穷的农民走向暴乱。一六四四年年初，当华北的冰雪融化之后，李自成称国号为大顺王朝，而他的部队开始大举进攻京师。崇祯因寇乱而茹蔬，可是周皇后眼看自己心爱的丈夫容体日瘁，还是经常给皇帝进馔添食。李自成在一六四四年四月十九日占领昌平；包围北京城时，因很多官兵已经投降，而且又有内应，所以仅花两天的功夫就进入了京城。四月二十四日，崇祯凄怆地向周皇后说："大事去矣！"皇后顿首回答说：我侍奉皇帝有十八年之久，皇帝从来不听我的话，才有今天。说完，周皇后用她的纤手皓指抚摸着两个爱子（太子朱慈烺与定王朱慈炯）。母子抱头恸哭之后，崇祯把儿子交给太监卫士，命令周皇后自裁。皇后进入室内阖户不久，宫人出来，哭泣地跪奏说：皇后已经领旨自缢崩薨了。

　　周皇后确定死后，崇祯又命令袁贵妃自杀。袁氏是锦衣卫正千户袁佑的女儿。当崇祯大婚时，除了周皇后以外，还同时娶了田妃（居东宫）与袁妃（居西宫），虽然周皇后跟善妆拢的田贵妃有心结、合不来，但皇后跟袁贵妃总是如姊妹相处。当崇祯令袁贵妃自缢时，她已经泪湿罗衣，但因命大，梁上的绳环断掉时，她还没断气，之后，又慢慢地苏醒。可是崇祯还是不放过她，一直用利剑砍杀袁妃以及所御的其他妃嫔。袁氏最终没死，而且清军入关后，新政府还交代所司配居宅给袁妃，并且赡养其终身。

　　明朝提倡儒家的道德教育，极注重名节，褒扬贞烈模范妇女。当此叛军入宫俭偬之际，有一位叫魏氏的宫人，大呼喊叫："我辈必遭贼污，有志者早为计。"于是有一两百名宫女跟她一起跳进御河淹死。此外还有一位十五岁姓费的宫人，已经投井自尽，但被叛军把她钩拉出来，这些军人看到她姿容兼具，都争夺着要她为妻。这时候费氏说：我是皇帝的大女儿。此话一出，这些士兵就没人敢强逼她，并且将她带到李自成帐下。李自成命令太监审视之后，公开宣布费氏不是公主，于是李自成将她赏给部将罗让。费氏跟罗让将军择吉日成礼的当天晚上，费氏将罗将军灌醉，然后从怀里拿出一把利刃，连续数次才割断了罗让的咽喉。看见罗让死后，费氏自己诧异地说：哎，凭我一介弱女子，就可当巾帼英雄，虽然不能杀李自成，但竟也可以杀死一位贼军元帅。于是自刎而死。李自成听了这消息，非常震惊，但命部下将费氏收葬。

　　明朝内宫制度原先设有六局二十四司，再加上掌戒令责罚的宫正司，总共大概是一百位左右有职位品秩的女官、女史来照应皇帝的诸多后妃、嫔淑。可是久而久之，六宫的女侍就不够用，尤其是年轻皇帝要选嫔淑时，需要更多的人手。因是之故，在皇帝居住的乾清宫旁边，就建造了一间给临时雇用的所谓"青霞女子"杂居其间。青霞女子就是皇帝选嫔、择淑的承侍者，后来这一座房子就称为"青霞"。当李自成的军队涌进了皇宫大内之际，所有住在青霞无名无姓的妇女，全部跑到乾清宫西面的"青霞"屋室，然后阖户自焚而死。

　　一六四四年四月二十三日当闯王的军队闯进彰义门并且占领了内城时，崇祯皇帝登上万岁山（一般称为煤山）祈求祖宗神灵保佑并观望烽火。两天后（即四月二十五日），他命司礼太监王承恩，传旨各部尚书以及五军都督，火速到正阳门召开紧急御前大会，可是竟然连一个阁臣都没来。这时候，皇宫炮火冲天，矢石相向，崇祯想从安定门逃走，但门却打不开，因此又折回南宫，再登上煤山上的"寿皇亭"，然后自缢身亡。在崇祯的衣襟，看到明朝末代皇帝留下简短的遗书："朕凉德藐躬，上干天咎，然皆诸臣误朕。朕死无面目见祖宗，自去冠冕，以发覆面。任贼分裂，勿伤朕百姓一人。"顷刻之后，王承恩也从难殉节，两百七十六年大明的极权统治到此终于结束。

　　李自成进驻紫禁城时，曾俘获崇祯的大儿子朱慈烺，并封他为宋王。不过，等到清军赶走李自成之后，朱慈烺就不知所终。在此极端混乱之际，崇祯皇帝以及周皇后的尸体被放置在两具粗简的棺材里，在一六四四年五月八日，突然出现在皇城门外的一堆沙土中。这时候，有一个朝廷的小官名叫赵一桂，向亲友募集了三百四十个铜钱，将崇祯及周皇后的梓棺运到昌平。一六四四年五月九日，赵一桂挖开田贵妃的墓穴，将周皇后的棺材放置在左边，把田贵妃的棺材移到墓穴的右边，然后再将崇祯的梓棺端端正正地摆在他两位妻子的中间。一六四四年六月八日，带着清兵进入京师的多尔衮（一六一二—一六五〇）决定以帝王的礼仪改葬崇祯，下令臣民服丧三天，将新建的墓命名为"思陵"，并谥崇祯为庄烈愍皇帝。

第三章　皇帝的女儿、孙女、
姊妹、媳妇与孙媳妇

明代的公主、郡主

　　皇明玉牒定制，皇帝的姑妈封为大长公主，皇帝的姊妹称长公主，皇帝的女儿叫公主，以上全都授给金册，并且享有俸禄每年两千石米。皇帝的女婿叫驸马都尉，亲王的女儿叫郡主，亲王的儿子满十岁以上者册为郡王，而郡王的女儿叫县主。皇帝的孙女儿叫郡君，曾孙女叫县君，玄孙女叫乡君，她们的夫婿都叫仪宾。其中郡主岁禄为八百石白米，可是公主未受封者，每年可领纻丝纱绢布线，已封者则每年可征租一千五百石米和两千贯钞钱。如果是皇帝宠爱的女儿，皇帝还可以赐给她更多的礼物。以朱元璋第九位女儿寿春公主（生母不详）为例，洪武又赐给她在吴江县一百二十余顷最肥沃的土地，每年可多收八千石的白米。

明朝的十六位皇帝中，除了孝宗弘治（朱祐樘）以外，几乎清一色都是色胚子。不过从十四世纪到十七世纪之间，由于医药仍未十分发达，尤其没有保护婴儿各种小儿科疾病的预防针等等原因，不管是老百姓，还是帝王之家，总是要面临婴儿夭殇的问题。也基于这个理由，为了延续朱氏香火，永葆鸿基，明朝的皇帝、亲王大约在十五六岁就开始有性行为，让他们及早"播种"。不过因怕一两位，甚至三四位的妻妾都是"无肥的田园"（barren field），生不出果子，于是便有了"广嗣"的借口，皇帝在三位夫人之外，又可拥有九嫔、二十七世妇、八十一御妻，总共一百多位正式的妻妾，轮流陪他睡觉。除此以外，皇帝还可以随"性"拈花惹草，跟任何他喜爱的宫女劈腿。在此情况之下，朱元璋的后代自然枝叶茂盛，璋瓦续弄，子子孙孙、女儿、孙女、玄孙女等等不可胜数。兹将其中几位较活跃、较有趣的公主或郡主稍作介绍。

明朝的开国皇帝朱元璋总共有二十六个儿子和十四个女儿，其中第十四女含山公主是朝鲜妃子所生，大女儿临安公主是成穆贵妃孙氏所生。孙贵妃是陈州人，元朝末年，兵荒马乱之际，没有父母的孙氏跟哥哥孙蕃，为避兵乱来到扬州。叛军元帅马世熊攻陷扬州城后，把孙氏收养为义女。孙氏十七岁时，为当时自称为吴王的朱元璋所纳娶；一三六八年朱元璋登基后，册封孙氏为贵妃，地位在众妃之上。可是孙氏在三十一岁病殁时，没有儿子，只生下两个女儿，即临安公主（朱元璋最大的女儿）以及怀庆公主（朱元璋的第六女）。临安公主在一三七七年，下嫁给明朝第一位丞相韩国公李善长的儿子李祺时，因为是朱元璋第一次嫁女儿，皇帝亲自赐驸马冠诰与朝服，而且礼仪盛大，排场讲究。这位皇帝的长婿起初也获得朝廷的重用，每当国家发生水灾或旱灾时，皇帝都委命他去赈济。一三九〇年七月六日，七十六岁的李善长因贪污案自杀，并连累到七十多位家人亲戚，只有李祺幸免于难，被放逐到江浦，不久也死亡，临安公主本身则一直活到一四二一年才病殁。

　　孙贵妃的幼女怀庆公主下嫁给寿州人王宁。王宁能诗好佛，最喜爱豢养金丝雀、鹦鹉、白鹤之类的稀奇鸟禽。他掌管后军都督府事时，曾泄漏朝廷机密给当燕王的朱棣，因此在靖难内战期间被监禁在锦衣卫狱。等到朱棣登基为永乐皇帝之后，朱棣便册封王宁为永春侯，并赐给他御用世券。

宁国长公主

　　洪武皇帝的元配马皇后也为明朝第一位皇帝生了两个女儿，即宁国公主（朱元璋的第二女）与安庆公主（第四女）。宁国公主嫁给以精通经史、兵法而闻名的梅殷；在所有驸马当中，洪武最喜爱、最信任天性恭谨而富有谋略的梅殷。由于这个缘故，洪武屡次委托梅殷，力扶幼主惠帝建文。在靖难内战期间，梅殷是淮安的都尉总兵官，悉心防扼燕王。当燕王以进香为理由，要求梅殷让他的军队通过淮安时，梅殷割下朱棣使者的耳朵和鼻子作为回复。后来燕王取道扬州登基为永乐皇帝之后（一四〇二年七月三十日），梅殷还继续沿着淮河，号令严明地指挥他的军队，拒绝接受新皇帝的敕令。永乐随后迫他的妹妹宁国公主写了一封以自己鲜血写成的信。看到信后，梅殷不能自持地恸哭起来，于是回到南京，入朝觐见新皇帝。永乐迎接他说："驸马劳苦。"梅殷则回应："劳而无功矣！"

　　一四〇四年的冬天，左都御史陈瑛弹劾梅殷，指控他蓄养亡命之徒，而且朋邪诅咒。因是之故，梅殷全家都被流放到辽东。一年之后，梅殷抵达京师，奉命到朝廷时，前军都金事谭深和锦衣卫指挥赵曦，把梅殷从南京的一座桥上（叫笪桥），推下溺水。可是梅殷的讣文说他是自杀。虽然永乐后来命有司判谭深与赵曦死罪，但当时才四十一岁的宁国公主已经伤感心碎。之后，永乐为了补偿他亲妹妹孀居的落寞，便封她为长公主，如此宁国长公主活到七十岁才病亡。

　　有一个需要治史者思考的问题是，皇帝的儿子可以多妻娶妾，那么皇帝的女婿可不可以如法炮制呢？答案是，因人而异，也因情况而有所不同。洪武皇帝的第十一女南康公主嫁给东川侯胡海的儿子胡观，可是胡观在中年以后，强取民间女子，又娶娼妓为妾，因此被都御史陈瑛等弹劾，胡观后来自缢而死。

朱元璋洪武皇帝最小的女儿是宝庆公主。宝庆公主的生母不详，而且才三岁时，朱元璋就过世（一三九八年），因此，等到朱棣即位改元永乐（一四〇二年）之后，宝庆公主就由永乐的妻子徐皇后一手抚养长大。在靖难内战的最后几天，当燕王朱棣带领的骑兵要进入南京城的金川门之际，当时守门的千户赵辉才十九岁，长得状貌伟俊，而且协助燕军占领都城。因是之故，朱棣当上皇帝之后，就把他的么妹宝庆公主（同父异母）许配给赵辉。宝庆公主长得窈窕清丽，或许因受到徐皇后的熏陶，她的性情异常纯淑，而且生活俭朴。大礼的当晚，永乐夫妇特诏皇太子朱高炽亲自送他的小姑妈入驸马官邸。宝庆公主死于一四三四年，享年四十岁，可是她的丈夫赵辉却活到八十九岁（死于一四七七年）。历经六朝，掌管京师都督及宗人府事的赵辉，享有豪侈富贵六十余年之外，还养有姬妾超过一百人。不过，在所有的明朝驸马当中，赵辉是例外，而不是常态。

朱棣永乐皇帝总共有五个女儿，最大的永安公主下嫁给寿州人袁容。袁容在靖难内战时立了战功，因此在永乐登基后，马上被封为享有岁禄一千五百石的广平侯，负责皇帝巡幸用的所有车驾事宜。可是袁容对待比他位阶低的同僚却态度横暴，要求甚苛。有一次一名叫款台的都指挥，骑马经过袁容门口，因没下马表示对袁容的尊敬，袁容竟然把这位都指挥捶打个半死。永乐帝听了这个消息以后，非常不以为然，立刻命他的三子赵王朱高燧去告诉袁容说，自从明朝建国以来，从来没规定往来驸马门口的人，都得下马。因此要求将械辱款台的袁容仆人，押送到京师治罪。从此以后，袁容的行为自然变得比较收敛。不过等到永安公主死后（一四一七年），永乐皇帝却决定停止袁容当侯爵的岁禄，以妻为贵的袁容因此郁郁寡欢地度过晚年。

永乐的次女永平公主也下嫁给靖难内战立下大功的名将李让。出生于舒城县的李让被封为富阳侯，一年食禄一千石，而且掌管北京行部（当时等于是永乐皇帝的陪都）。李让死后，把侯爵的位置跟岁禄都传给儿子李茂芳。不过因永平公主与李茂芳母子两人，跟朱棣的次男汉王朱高煦走得太近（见上述"女中尧舜张皇后"一节），当朱棣的大儿子朱高炽继承永乐为洪熙皇帝时，就以逆谋罪名，将李茂芳废为庶人，追回他父亲李让并三代诰券，将这些特权文书全部烧毁掉。这是一四二四年，也是李茂芳（等于是皇帝的外甥）逝世的那一年。至于永平公主（洪熙皇帝的妹妹）呢？她则是活到一四四五年才归阴。

姊妹嫁兄弟

上文提到，永乐皇帝元配徐皇后所生的另外两个女儿，即安成公主与咸宁公主，分别下嫁给一对兄弟宋琥与宋瑛。安成公主死于一四四四年，咸宁公主死于一四四一年；而宋瑛后来跟也先率领的蒙古军队在阳和激战时（一四五三年），战死于沙场。永乐皇帝的最小女儿常宁公主，下嫁给西平侯沐英（一三四五——一三九二）的儿子沐昕。常宁公主恭慎有礼，而且精通《孝经》与《女则》，可是只活了二十一个年头（一四○九年），就撒手西归。

在位不到九个月的朱高炽洪熙皇帝生了七个女儿，头四位公主——嘉兴、庆都、清河、真定——都长大嫁人，但后头三位公主——德安、延平、德庆——俱早殇。还有，活了三十六岁的朱瞻基宣德皇帝仅生了两个女儿，大女儿顺德公主在一四三八年下嫁昌黎人石璟，二女儿常德公主在一四四一年下嫁给薛桓。常德公主以后还活了三十年岁月，但没留下纪录。她的姊夫石璟在一四六二年间，率众追杀叛军，擒捉了曹钦叛党的将领脱脱（应该是蒙古籍），因此受到朝廷的奖赏。

朱祁镇英宗皇帝总共有八个女儿，大女儿重庆公主跟朱见深（后来登基为成化皇帝）都是周贵妃所生，一四六二年下嫁给安阳人周景为妻。周景好学能书，深得英宗皇帝的宠爱，因此时常陪同皇帝闲燕游幸。等到朱见深继位之后，更是重用这位妹婿，命周景掌管宗人府事务。周景做官廉慎，除了写诗读书以外，别无其他嗜好。不仅如此，重庆公主又是一位很孝顺节俭的媳妇，家里用的大部分衣履都是她亲手缝制的，而且每逢过年过节，她都会依照传统礼俗拜谒家人起居。甚至连周景要进宫廷上早朝时，重庆公主一定亲自照料她丈夫的饮食。明代这么多公主之中，重庆公主算是最贤慧、最值得后世称赞的一位。周景卒于一四九六年，四年后，重庆公主（当时五十三岁）也薨逝。她的儿子周贤当都指挥金事期间，也是做得有声有色。

英宗皇帝的第三女淳安公主在一四六六年下嫁给性情醇谨的蔡震。正德年间，恶名昭彰的太监刘瑾被捕下狱，接受调查起诉。可是在廷讯拷问时，刘瑾指着所有检调他的官员宣称，这些官员都是他的同路人，都曾经跟他一起贪污犯科，因此大部分的廷臣都不敢认真诘问他。这时候蔡震站出来厉声地问刘瑾说："我是皇家的至亲，应不会附和你吧！"说罢，命狱卒拷掠刘瑾，刘瑾终于伏首服罪。蔡震跟淳安公主因此出名，成为社会上茶余饭后的谈话对象。

有趣的是，英宗另外六个女儿的生母都不一样：二女儿嘉善公主的生母是王惠妃，四女儿崇德公主生母是杨安妃，五女儿广德公主的生母是万辰妃，六女儿宜兴公主的生母是魏德妃，七女儿隆庆公主的生母是高淑妃，而第八个（也是最小）的嘉祥公主生母是刘氏。这六位公主后来都能长大成人，也都适嫁人家后才一一过世。

跟朱祁镇同父异母的朱祁钰在土木堡之变后登基为景帝，他唯一的女儿固安公主，在朱祁镇复辟之后，被降一级，称为郡主。固安郡主长大以后，在一四七〇年嫁给王宪时，朝廷还是沿用公主的礼仪来办她的喜事。

从小就患有口吃的朱见深成化皇帝生了五个女儿，大女儿仁和公主在一四九〇年下嫁给齐世美，五十五年后（一五四五年）才身亡；三女儿德清公主在选婚的过程中，发生了一些波折。先是在一四九六年间，朱祐樘（孝宗弘治皇帝）命内官监太监李广替他的妹妹德清公主物色一位驸马。这时有一位品行不好，但非常有钱的人叫做袁相，以重金贿赂太监李广，因而择定婚期，要迎娶德清公主。可是这桩婚事公开之后，竟马上有位科道官揭发袁相的不良行为。弘治皇帝听到消息之后，下旨斥责袁相，也诘责太监李广，要他为选婚不谨慎负刑罪。第二年（一四九七），德清公主嫁给南京籍的林岳，可是命运不好，竟孀居了三十一年之久才薨殁。成化皇帝的四女儿长泰公主，五女儿仙游公主都没适人，不过死后都有追册。成化皇帝的第二个女儿永康公主在一四九四年下嫁给代州人崔元。崔元因为迎立朱见深的孙子朱厚熜入继为嘉靖皇帝立功，而被封为京山侯，而且还获得了皇帝的诰券。虽然当时有不少朝臣反对崔元这样迅速、又没有其他功劳，就能获得爵位；但崔元好交文士，登龙有术，又懂得如何包装自己、广播声誉，因此得到嘉靖皇帝的优渥宠幸，甚至连勋臣都望尘莫及。崔元死于一五五〇年（这时永康公主已经过世了好几年），皇帝还赠他为左柱国太傅兼太子太傅，谥荣恭。不过，驸马没有军功而能封侯赠官者，是从元朝开始便有的惯例。

朱祐樘弘治皇帝生了三个女儿，大女儿太康公主没嫁人，死于一四九九年，三女儿永淳公主下嫁谢诏，除此之外，没有其他的资料。弘治皇帝的二女儿永福公主在嘉靖二年（一五二四）下嫁昆山籍人邬景和。邬景和当驸马的时候被派到西苑工作。有一次皇帝要他撰写玄文（道教之类的文章），不过邬景和却以不谙玄理推辞，致使信道教入迷的嘉靖皇帝很不高兴。后来在清馥殿举行祝釐礼时，邬景和竟等不到礼毕，就自己先行溜走，但是后来又跟诸臣一齐领取赏赉。这件"无功受赏"的事发生时，永福公主已经不在人世，皇帝在知道此事后，便生气地把邬景和削职，命他回归南方原籍。大半辈子都在北方生活的邬景和终究无法适应南方湿热的天气，因此在一五五七年趁进京祝贺嘉靖生日典礼完毕后，向皇帝请求，希望嘉靖将他寄籍在他五代祖先服务的锦衣卫。嘉靖可能因怜悯他的处境，于是答应所求。邬景和在一五六九年复官，死后赠少保并谥荣简。至于嘉靖自己的五位女儿呢？大女儿常安公主没嫁人，二女儿思柔公主十一岁就去世，三女儿宁安公主在一五五六年下嫁李和，四女儿归善公主也早死，五女儿嘉善公主在一五五八年嫁给许从诚为妻，但八年以后（即一五六五年）

就病薨。换言之，嘉靖皇帝的五个女儿跟他的八个儿子一样（除第三子朱载壡与第四子朱载圳例外），大都很短命。或因是之故，明朝的官方或坊间很少有她们的记载。

朱载垕隆庆皇帝也生了六个女儿，大女儿蓬莱公主和二女儿太和公主也都是在很小的时候就夭殇。三女儿寿阳公主在一五八二年下嫁侯拱辰为妻。前文"给万历宠坏的郑贵妃"篇中，提到万历心里一直想册立次子朱常洵（宠妃郑氏所生）为皇位继承人。这时候，侯拱辰主掌管理所有皇族人事的宗人府，会同内阁大学士申时行、沈一贯等朝廷大臣，具疏力争，反对万历的想法。所谓的"争国本"议论在万历同意册立长子朱常洛为东宫太子（一六〇一年十一月九日）后，才平息无事。一直跟朝廷"主流派"站在一起的侯拱辰，卒后被赠为太傅并谥荣康。

可怜的永宁公主

隆庆皇帝的四女儿被册立为永宁公主，她的婚事是由她同父异母的哥哥万历皇帝作主。一五八三年，万历选上京师富家人梁邦瑞当驸马。虽然梁邦瑞身体瘦弱，经常生病，很多宫人都替永宁公主担心，不过因为万历宠信的太监冯保已经收取了梁家数万银两的贿金，又加上首揆张居正的极力推荐，就连万历母亲慈圣李太后也为之所惑，最后还是答应了这门婚事。果然，在合卺时，新郎官梁邦瑞鼻血双下，沾湿袍袂，差点无法完成婚礼仪式。可笑的是，司礼监的大小宦官还说这是挂红吉兆。几个月之后，驸马梁邦瑞就归阴。可怜的永宁公主嫠居数年，病殁于一六〇八年，而且一生竟不识人间的房帏乐趣！

隆庆的五女瑞安公主跟万历皇帝是亲兄妹，都是出身于漷县的李贵妃（就是后来的慈圣李皇后，见前篇）所生的。瑞安公主在一五八六年下嫁万炜，在崇祯当皇帝时，累加到"大长公主"的尊崇位阶。她自己的儿子万长祚以及庶子万弘祚都当了都督。她的驸马丈夫万炜官升到太傅，主管宗人府印，而且每逢皇帝有经筵时，都以亲臣身分参与。除此以外，当皇帝在文华殿进讲经典时，万炜必定都佩刀站在皇帝身旁。万炜年纪七十多岁时，恰好李建泰将军要率军西征，皇帝还派他以太牢告庙，祈求上苍祖先保佑西征胜利。后来大明江山变色，在战乱中，万炜跟他的长子万长祚死在叛军手中，万弘祚跟他的妻子李氏都投水、投井自杀身亡。

隆庆皇帝最小的女儿延庆公主在一五八八年下嫁给王昺。王昺因想办法营救犯了罪的御史刘光复，触怒万历皇帝，于是被削职，丢掉乌纱帽。后来朱常洛登基为光宗泰昌帝时（一六二〇年八月）才又恢复他的官位。

万历皇帝总共生了十个女儿，但其中八位公主——静乐、云和、云梦、灵丘、仙居、泰顺、香山、天台——都早死。万历的大女儿荣昌公主在一五九七年下嫁杨春元，二十年之后杨春元归阴，但公主还寡居了相当长的一段时间才去世。万历皇帝最疼爱的二女儿寿宁公主出自于宠妃郑氏，在一六〇〇年下嫁冉兴让，她享有皇上的恩泽高出其他公主好几倍。一六四四年二月当李自成军队占领洛阳城时，杀掉了寿宁公主的亲哥哥福王朱常洵。这时崇祯皇帝命冉兴让陪同太监王裕民、给事中叶高标到河北去慰问福王的儿子，但后来这些人全都死于乱军之中。

蹇运的公主

朱常洛泰昌皇帝生了八个女儿，但仅有三个长大嫁人，其中五女儿宁德公主（传懿妃所生）下嫁刘有福，六女儿遂平公主（生母不详）下嫁齐赞元。另外还值得介绍一下的是八女儿乐安公主（为康妃李娘娘所生）。乐安公主下嫁宛平人巩永固，巩永固喜欢读书，又富有才气。一六四四年初春，崇祯皇帝召唤公、侯、伯大臣到德政殿，询问勋臣驸马诸臣，有没有子弟要入监读书，并学习武经弓马之术。当时诸大臣都说他们的子弟年纪太轻，不是入学年龄，唯独巩永固挺身出来，说自己要到太学读书。

事后不久，宣府、大同相继陷落。在这紧急时候，崇祯密召巩永固及新乐侯刘文炳保护东宫太子南行。巩永固叩头说，他无兵马，又没藏甲，实在难赤手空拳去跟贼军搏斗。这时，大家面面相对嘘叹掉泪。一六四四年农历三月十九日北京城陷落时，乐安公主已经自尽身亡，但是还没有收埋。这时巩永固用一条粗大的黄绳子把他的五个子女绑缚起来，紧紧地系在乐安公主的棺柩上，然后对已死的夫人说："这些都是皇帝的外甥、外甥女，不可让贼手沾污。"说完之后，把屋子点火，烧死他的子女，然后举剑自刎。至于崇祯皇帝自己的六个女儿，上篇"末代皇后周氏的悲剧"中已经交代，因此不再赘述。

朱元璋立国家法甚严，因此嫁出去的女儿，或者是宫中后妃，都不敢干预政事，外戚也都得循理谨度，不敢恃宠放纵病民。偶尔有少数怙恩负乖的皇亲国戚，也不过是在土地、宅居、畜生、娱乐等方面占一点便宜而已，绝对没有想掌控军权，或结党营私的举动——如宪宗成化朝万皇妃的哥哥万通，以及孝宗弘治朝张皇后的弟弟张延龄与张鹤龄。与汉、唐、宋、元各朝相比，明代的外戚母族可说是最为孱弱。其中有几位在宫中熬了很久，后来守寡当上皇太后者，也都兢兢业业地严守纪纲，深怕被在廷朝臣弹劾，嫁祸娘家。相反地，在明朝崩亡的日子，很多外戚也鱼池遭殃，受到连累。最显著的例子是崇祯皇帝的生母孝纯皇太后的娘家，在一六四四年四月，只因跟皇室有裙带关系，竟阖门死了四十二人之多。

孝纯皇太后原本是宛平县刘应元的女儿，入宫当朱常洛（光宗泰昌帝）的妃子时，生下了朱由检（崇祯皇帝）。刘应元有个弟弟叫刘继祖，他的三个儿子分别命名为刘文炳、刘文耀、刘文照。当李自成的农民军包围北京时，刘继祖正守着皇城东安门，刘文耀守永定门，刘文炳驰援崇文门。北京城沦陷当天，刘文照正陪着母亲徐氏吃饭。听到沦陷这个消息，徐母立刻爬到楼上，刘文照和他的两个女儿紧跟着上楼，刘文炳的妻子王氏随后也登楼。大家一起朝着孝纯皇太后遗像哭拜一番，除了刘文照之外，四个女人都自缢而死。等到刘文炳回到府第时，家中所有的楼房都在焚烧，刘文炳于是投井自杀。随后刘皇太后的叔叔刘继祖回家，也投井归阴，刘继祖的元配左氏、妾董氏及李氏，都跳入火焰中活活地烧死。刘文耀刚刚从浑河赶回家，在井旁写了"左都督刘文耀同兄刘文炳毕命报国处"几个字，然后也跃入深井淹死。这种信誓效死的一连串历史悲剧，反映出崇祯的另一句辛酸话，他说："朕不能守社稷，朕能死社稷。"

亲王的妻妾、女眷

明朝十六位皇帝，再加上朱允炆建文帝，总共生了九十四个儿子和九十一个女儿，其中泰半都早殇夭折。皇帝的女儿多册封为公主，顶多晋升到皇姑大长公主，虽然俱授金册，但岁禄只有两千石。反过来看，皇帝的儿子都封为亲王，授金册金宝，岁禄万石，还拥有自己的府邸属官，而且有保护他的卫甲士兵，少者三千，多者上万。除了天子以外，公侯大臣看到亲王时，一定要伏地拜谒，没人敢失礼。当公主嫁人之后，她的生活规范就由驸马主导，她的经济环境与家庭地位就受到传统社会的种种束缚。当然夫妻资源均依赖跟皇室的关系，不过公主在家庭、或在社会的权力，比起她的哥哥或弟弟，就远远不如，而且慢慢地消失。不仅如此，如果公主的夫婿死亡之后，身为皇帝的女儿或者是姑妈，只能孀居守寡，而无法再嫁。反之，亲王全都拥有多位妻妾，替宗姓繁衍。这种以男性为中心的社会，使得有能力、有才华的公主、郡主毫无展现的机会。她们之所以能被史官记下一笔，完全是因她们的夫婿或者是儿子有所作为、或有行义事实可探者，或者做出大逆不道的事。通常公主夫家的家谱，一代或两代之后，就乏人问津。

可是生为皇帝儿子的"亲王"则可传到第六代。依照皇明体制，亲王的嫡系儿子（嫡子是正妻所生的儿子，庶子是妾所生的儿子），年及十岁时，皇帝会授给他金册金宝，并立为王世子。亲王的嫡孙则立为世孙，冠服视二品，亲王的支系儿子封为郡王，郡王的嫡系儿子也立为世孙。郡王的其他儿子则授镇国将军，孙子授辅国将军，曾孙授奉国将军，第四世孙授镇国中尉，第五世孙授辅国中尉，第六世孙以下皆授奉国中尉。郡王的年俸是两千石米，镇国将军一千石，以至于第七世以后的庶人都可领到一百石。所有这些父系生下来的儿子都由皇帝命名，长大要结婚时，要请皇帝批准，连丧葬的费用也全由国家负担。可是母系生下的儿子，却得不到皇帝那么样的亲亲笃谊呢！

朱元璋为了稳定封建秩序的继承关系，以及确保朱氏家族权力的绵延和发展，订定了嫡长子继承制度。《大明律》规定："凡立嫡子违法者，杖八十。其嫡妻年五十以上无子者，得立庶长子，不立长子者，罪亦同……，其乞养异姓义子以乱宗族者，杖六十。若以子与异姓人为嗣者，罪同，其子归宗。"

嘉靖八年（一五三〇），皇明宗室记载属籍者有八千两百零三人，其中亲王三十位、郡王两百零三位、世子五位、长世孙四十一位、镇国将军四百三十八位、辅国将军一千零七十位、奉国将军一千一百三十七位、镇国中尉三百二十七位、辅国中尉一百零八位、奉国中尉两百八十位、未名封者四千三百位，以及庶人两百零七位。三十六年之后（即一五六六年），御史林润等奏称，天潢之派的男性皇族，已经超过三万多人。

历经两百七十多年的大明王朝，朱元璋所传的男系宗姓成千上万，贤愚杂出。这些朱姓亲王、郡王、将军、中尉所纳娶的妻妾，以及他们利用各种特权与手段获得的女人，又是无以数计。还有朱姓皇族自己繁衍的女儿、孙女、玄孙女等等，真是不胜枚举！甚至连朱元璋自己的侄子、侄孙（侄儿的儿子）的妻子皆以王妃配食。

明朝皇帝的媳妇与孙媳妇（亲王与亲王世子的妻妾），大都是花容月貌、知书达礼的闺秀淑女，但其中贤愚杂出，贞妇、悍妇、妒妇、爱浓妆打扮的、喜好信奉佛教的、信奉天主教的等等，各色各样的王妃都有。朱元璋洪武帝的二子朱樉就藩于西安当秦王，元配是元朝河南王扩廓帖木儿（原名王保保）的亲妹妹。这位蒙古公主在一三六八年四月间被明军俘虏，大概出于无奈，决定"去夷就华"，何况朱元璋称赞她的哥哥为蒙古的"奇男子"。秦王朱樉在一三七一年十月十五日跟扩廓帖木儿的妹妹正式举行大礼，并册封她为王妃。之后，又纳娶朱元璋部将宁河王邓愈的女儿为"次妃"。朱樉病死于一三九六年的春天，不久，他的蒙古王妃也跟着殉节。

朱元璋的三子朱㭎就藩于太原当晋王。晋王的儿子朱济熿因为密结朱高煦谋叛不轨而被告发，晋国因此绝封共八年之久，一直等到一四三六年三月，正统皇帝才又进封朱㭎的嫡孙为晋王。往后好几代，晋王的继位人要不是早死，就是没有儿子。但其中有一个庶出的曾孙名叫朱奇㳭（封为端顺王），却生了七十个儿子。端顺王的弟弟朱奇添依照皇明玉牒族谱的规则，只能当辅国将军。这位辅国将军早死，但他的夫人王氏却孀居守节侍奉婆婆六十多年之久。当时嘉靖皇帝还诰颁"节孝旌"给这位王氏寡妇。

朱新墤的妻妾

朱新墤是晋王朱㭎的第七世孙，家住汾州，一六四二年被派到外地（邑名中部）。当李自成的军队快要进入朱新墤的管区时，他命令所有的父老尽速逃离，而他自己则发誓要死守驻地。他的妻子卢氏、妾薛氏与冯氏都请求先死。朱新墤背着一个才几岁大的女儿，帮自己的妻妾自经之后，又帮这小女儿自缢，他的部下看到这种情景均痛哭落泪。强求自己镇定的朱新墤于是写了一封信给朝廷，印封之后，命人立刻驰送京师。最后朱新墤带着乌纱官帽，面向北京宫阙叩拜，然后又望着母亲的遗像鞠躬完毕，才自缢身亡。据载，地方上的士民把朱新墤的尸体埋葬在一个社坛，并在社坛的旁侧为他的妻女竖立一座小衬祠。

朱元璋的第五子朱橚就藩于北宋首都开封为周王。朱橚好学并能作词赋，除了作有《元宫词》之外，还到处进行田野调查，鉴定了四百多种可食用的植物，并加以描绘说明，书名为《救荒本草》。朱橚的儿子朱有燉也是博学善书，可是在一四四〇年过世时，却没有留下任何子嗣（第十章另篇叙述）。朱有燉在世时，常常叮嘱，他百年之后，家人务必要从简俭约，以省民力，所以要求他的王妃夫人以下，都不必要从死殉节。而且还交代，如果妃妾尚年轻，并父母都还健在者，要遣送她们回归老家。不过，朱有燉的未亡人并没有遵照他的遗言行事，上自元配巩王妃，下至夫人施氏、欧氏、陈氏、张氏、韩氏以及李氏，通通自杀殉死。正统皇帝后来诏谥巩妃"贞烈"，谥六夫人为"贞顺"，明人的礼教真是吃人残酷呢！

朱元璋的第八子朱梓就藩于长沙为潭王。朱梓英敏好学，又很会写文章，尝召王府的儒臣设醴赋诗，亲自品评高下，然后赏给他们奖金。他的元配王妃是都督于显的女儿。于王妃的兄弟于琥当宁夏指挥时，因涉及一三九一年的胡惟庸案，他本人及他父亲于显都连带坐诛。当女婿的潭王朱梓自此恐惧不安，竟然跟王妃一齐自焚身亡，他死时还没有子嗣。朱元璋的第十子朱檀就藩于兖州为鲁王，好文礼士，可是却相信方士炼丹，因此才十九岁（一三九〇年）就因吃金石药，中毒伤了眼睛，不久便薨殁。这时他的儿子朱肇辉才弥月，全靠未亡人汤王妃来抚育教诲。汤氏（现突然升等为母妃）是明朝开国勋臣信国公汤和的女儿，因教导儿子有方，在一四〇二年初春终于当了祖母。朱棣登基为永乐皇帝后，特别眷顾这一家人。朱肇辉的后世子孙，有淫暴作恶者，也有慈善济贫者，有短命的，也有几位活到七十几岁的，还有一位名叫朱以海（一六一八——一六六二）的，在清兵入关之后，逃遁入海，跑到金门居住，打算跟郑成功合作，后来死在金门。

朱元璋第十一子朱椿在一三九一年就藩于成都当蜀王。朱椿生性孝友慈祥，容止文雅，博综典籍，有"蜀秀才"之称。自朱椿以下四世七王，历经两百五十年，蜀王府的宗主大致都能够检饬守礼法，而且好学能文，开创义学，建修水利，以及赈灾恤荒。崇祯末年，当北京陷入闯王李自成手中时，四川的局势还可以维持。不过等到张献忠的农民军攻陷成都之后，末代蜀王朱至澍率领所有妃妾投井自尽，宗室的族人泰半都被杀害。

朱元璋的第十三子朱桂在一三九三年就藩于大同当代王。朱桂性情暴躁，娶的王妃是中山武宁王徐达的次女，也就是永乐皇帝元配徐皇后的妹妹。可是两姊妹性格与为人都不一样，代王妃不但骄恣，而且善妒。当时代王有两个媚人的侍女，徐氏看到代王跟侍女亲热时，常常醋意大发，有一次竟然在两个侍女身上喷洒油漆，将她们打扮成癞妇的模样。代王因为惧怕徐氏的姊姊是皇后，也不敢过度责备徐氏，于是便迁怒到大儿子朱逊爀身上，命他儿子迁到外舍居住。朱桂年老时，依然时常穿窄衣戴秃帽，在街头四处游荡，甚至用锤斧随意伤人。虽然大同的藩地狭小，而且靠近内蒙古，可是代王这一宗室却繁衍不断，从嘉靖当皇帝以后，受封郡王的有二十三人，而外徙到别地方受封为王者有十位。有一位叫朱聪漏者活到八十二岁，还有一位生长在陵川的“县君”女子，嫁给裴禹卿不久，裴禹卿便死在地震城崩之中。这位朱桂的后代县君当时才二十岁，竟然用自己的头去碰触梓棺，然后呕血而亡。一六四四年初，李自成以西安为首都，称国号为“大顺”，在春天攻进大同，把末代代王朱传烼全家杀害。

朱元璋的第十七子朱权宁王，原本就藩于喜峰口之外的大宁地区，靖难内战初期归附燕王朱棣麾下，他的妃妾世子都随着迁回北平（后改名北京）。朱棣登基后，改封朱权到南昌就藩。朱权的曾孙（第四世继承人）朱觐钧在一四九二年死亡，于是他的第五世玄孙朱宸濠嗣位为宁王。据《明史》记载，朱宸濠的母亲本来是娼妓（这可能是故意污蔑的宣传），生朱宸濠时，他的祖父朱奠培梦见大毒蛇要把他的王府吃掉。第二天醒来时，又听到鸱鸮哀鸣不止，因此打从朱宸濠出生之后，南昌宁王府的上上下下都不喜欢朱宸濠母子。

撰修《明史》的大学士接着写道：朱宸濠长大之后，举止轻佻，没有威仪，而且最喜欢撰写自吹自擂的文章。总之，在一五一九年的六月，宁王朱宸濠听到南昌城东南有天子气，于是决定起兵造反，来取代昏淫无道的正德皇帝朱厚照。不管朱宸濠是否早就与太监刘瑾等人有了勾结，他在一五一九年七月二十九日率领着十万大军，重重地包围了安庆，企图下一步占领南京。可是以佥都御史的官位巡抚南赣的王守仁（王阳明，一四七二——五二九）乘着南昌空虚的时候，领了八万民兵在八月十四日攻陷了南昌。六天之后，智勇双全的王守仁以火攻大败朱宸濠，并将宁王擒拿械系，送给在南京等待的正德皇帝。朱宸濠的所有妃嫔都跳水淹死，他的三万多将士，有的被烧死，有的溺死，有的被政府军队杀死。宁王朱宸濠的世子、郡王、仪宾、家族，以及其他的顾问军师、余党全部被杀。

朱宸濠的王妃娄氏

正德皇帝循着运河，押着战俘回銮，到通州时，突然下令将朱宸濠诛杀。《明史》又写道，宁王当初想谋逆时，他的王妃娄氏曾经谏阻他不可造反。等事败之后，娄氏怨叹说：商朝纣王因听信妇人妲己的话而败亡，现在我们宁王却因不听妇人的话而败亡，真是后悔也来不及了！公元前一〇五〇年左右，周武王从西安附近的都城开始东征，在洛阳附近的孟津渡过黄河，进逼殷商的首都。这时商朝纣王发动大军防堵，两军会战于牧野（今河南省淇县），纣王大败自杀，殷商由此灭亡。从此以后，中国的男性史家皆把美貌又有权势的女人比喻为妲己，把她们看成"祸水"，不仅一笑可倾城，再笑更可倾国。

朱元璋第二十子朱松于一三九二年就藩于开原当韩王。朱松生性英敏，博通古今，行为恭谨检点，他的世子朱冲𤊟继承王位之后，在一四二四年，把韩王的藩邑改迁到陕西边境的平凉。这支宗室虽然居住在土瘠禄薄、间谍充斥，而且常遭蒙古军队侵扰的地方，可是在韩王宗室两百多人的后代当中，却出了几位贤母孝子，其中之一是襄陵王朱冲烋。朱冲烋的母亲病倒时，朱冲烋割下自己的股肉，和药石一齐蒸煮给母亲食用，等母亲死后，他常亲自率领子孙扫墓培冢。他的儿子朱范址深受教诲，对自己的母亲荆氏（朱冲烋的王妃）也是恪尽孝道。荆氏罹患重病时，朱范址如法炮制，割下自己的股肉煮给母亲吃。最后，荆氏果然病愈，恢复了健康。此后，这支王室家族五代同居，门内雍肃。一五三三年间，嘉靖皇帝派使节赍赏羊酒文币给襄陵王全家。朱冲烋的孙子朱征镀小时跟一位姓杜的闺秀订了婚约，但未结婚之前，朱征镪却先病卒。但是这位杜氏女子依旧决定于归到襄陵王家，一生活活守寡到死。杜氏的情操厉志，又受到了朝廷的诏赐旌表。

朱石虹一家三烈

受到嘉靖皇帝褒扬的宗室闺懿还包括朱石虹的两个女儿朱琼秀和朱瑶芳。朱石虹（出于豫章宗室）任职廉州府同知时，有一次贼兵攻围城下，他措手不备，暂时逃匿离家。可是来不及逃跑的女儿琼秀与瑶芳，却跟朱石虹侄儿的妻子廖氏一起投井自杀。嘉靖后来获悉这则消息，下旨在井上竖立一座表坊，而且赐匾额称："一时三烈"。当时礼部官员曹严炜写了下面的诗句来记载此事："壮士冲冠歌易水，美人坐井傲西山。"

朱元璋的第二十三子朱桱在一三九二年册封为唐王，于一四〇六年就藩于南阳。朱桱的孙子朱芝址生性好学又有好名誉，在一四七六年，继嗣唐王。可是朱芝址同父异母的弟弟（系继母焦氏所生）朱芝垠，却奢侈爱花钱，养成寅吃卯粮的坏习性。焦氏溺爱自己的亲生儿子，遇到节日庆典时，纵容她的儿子召雇乐妇到王宫里大唱大舞。有一次唐王朱芝址诘问他弟弟时，语气不逊，竟然引起焦氏的愤怒。焦氏拿了铁锤乱击宫门，吓得朱芝址闭门不敢出来。以后朱芝垠还跟母舅焦璟诬告唐王，说朱芝址不守孝道，时常詈骂继母，可是经过宗人府的调查验证之后，发现焦氏的告状与事实不符，最后朱芝垠因此被革除了爵位。

唐王朱桱的这一支宗室最后传到身材高大、声音宏亮的朱聿键（一六〇二——一六四六）后来到了福建，而且跟郑芝龙、郑成功父子有了历史的关联。一六三六年秋天，因清兵声势浩大，朱聿键倡议在南阳增兵勤王，但崇祯皇帝不准，而且下诏切责。八年之后，崇祯皇帝在煤山自缢，一听到崇祯崩薨的消息，福王朱由崧首先在南京登基，随即赦释唐王朱聿键。一六四五年夏天，南京城陷，福王政权终结时，朱聿键逃到杭州，遇见镇江总兵官郑鸿逵（死于一六五七年），因而来到福建，被南安伯郑芝龙等人拥立当监国，在福州（改为天兴府）登基，年号隆武。朱聿键虽然同意为朱氏王朝做最后的政治挣扎，不过他本人嗜爱文学，也稍通典故，实际上的权力都掌握在郑氏一家人手中，包括郑芝豹、郑彩等。以海盗、走私与海外贸易起家的郑芝龙在兵与饷方面都是自己决定做主，不受隆武帝节制。后来又加上鲁王朱以海也在绍兴建立政权，在朱氏后人自己的内讧下，郑芝龙决定撤兵回安平镇。因此等清兵追杀到汀州时，所有隆武的从官很快就奔散，他的皇妃曾氏以及其他宫女都被俘虏。朱聿键最后死于福州，曾妃被执到九泷时投水自尽。

朱元璋的第二十四子朱栋在一三九二年被册封为郢王，娶武英侯郭英的女儿为王妃，而于一四〇八年就藩于安陆（今属湖北省）。朱栋在一四一四年过世时，没有儿子，几个月之后，郢王府就被撤藩。这时郭氏也失去了王妃的头衔，因此恸哭说，未亡人没有儿子，将来要恃靠谁呢？随后郭氏照着镜子，素描绘画自己的脸相，然后吩咐宫人，要宫人把这些画像交给她的四个女儿。吩咐完毕，把后事交代清楚之后，自己便上吊身亡。她的四个女儿当中，有一个夭折，另外三个女儿，依照皇明玉牒，册为光化、谷城、南漳郡主，岁禄各八百石。

依照明朝体制，所有郡王的女儿都可向朝廷申请岁禄当县主。可是偶尔也有少数王府后人甘愿布衣蔬食，不想依赖朝廷的眷养，譬如朱高炽洪熙皇帝第六子朱瞻堈的后代一家人。朱瞻堈于一四二四年册封为荆王，一四三〇年就藩于建昌，后来因宫中有巨蛇，又迁到蕲州。荆王有个后代叫朱载埁，做人特别折节恭谨，又会写一手好文章，著有《大隐山人集》一书。他生的四个女儿都不曾申请皇帝册封，而且都嫁给善工诗文的读书人。连同儿子朱翊钲、朱翊厯、朱翊鑿，朱载埁的儿女与女婿时常共同在他们家的"花萼社"楼房中，一同吟诗作文。除了朱载埁的女儿之外，明代宗室闺秀之中，以美德兼才华著称者，还有安福郡主。安福郡主是宁靖王朱奠培的长女，下嫁给孙景文，善工草书，又能作诗，著有《桂华传》一书。

万历皇帝的弟媳妇

朱载垕穆宗隆庆皇帝的第三子朱翊钧（万历皇帝）和第四子朱翊镠都是一李姓的宫嫔（即"慈圣"李太后）所生。朱翊镠三岁时就被册封为潞王，二十一岁时（一五九〇年）就藩卫辉（今属湖北省），除了拥有王店、王庄、盐地、湖陂之外，还继承了他叔父景王载圳在湖北的四万顷土地。（笔者按：朱载垕同父异母的弟弟朱载圳死时没有儿子，因此被除封撤藩，他所有的王妃妻妾全部返回北京居住。）朱翊镠算是位性情勤饬的亲王，经常把藩邑的岁收自动送到朝廷，可是却因生母李太后的去世（死于一六一四年）过度悲痛，以致废寝忘食，损害自己的健康，不久后也薨殁。朱翊镠死时，他的世子朱常淓还年幼，因此藩府的大小事情都归常淓的母亲（现称太妃，也可称母妃）李氏来主导管辖。

万历皇帝对他弟媳妇的奏折也一视同仁，完全依照宗人府的规定处理。之后，有朝廷部臣埋怨说，李氏王太妃所奏关于军校月粮的发给，义和店（王店）的预防人家侵夺，都是正当有道理的；可是李氏王太妃却又要求朝廷预先给潞王府发放岁禄，而且还请求更设藩王的田庄。部臣认为此例不可开，否则将来需索无度，把整个湖北的税收都给王府也不够。可是万历皇帝竟然不采纳部臣的意见，一切依弟媳妇所奏准旨。一六一九年朱常淓长大成年后，正式嗣继父亲的潞王封位。当闯王的军队在陕西、山西、河北等地骚扰期间，朱常淓告急，每年捐出万金资助崇祯皇帝的军饷。后来盗贼蜂拥进入他的藩地，去挖掘他母亲李太妃的冢坟，把所有陪葬的贵重器物洗劫一空。在河山变色、改朝换代的艰难期间，潞王朱常淓流寓于杭州，在一六四五年夏天投降于大清政府。

万历皇帝遣税史、矿使到全国各地搜括亿万的明珠、异宝、文毳、锦绮，堆积如山，但大多数都赠送给他的第四子福王朱常洵（就藩于洛阳，为宠妃郑氏所生）。在崇祯（等于是朱常洵的侄儿）当皇帝期间，朱常洵整天闭阁饮醇酒，跟俳优伎妾作乐。当时陕西、河南有大旱灾和大蝗害，民间藉藉，朝廷耗尽库银，可是洛阳却存银百万，比北京的大内还要有钱。一六四一年李自成的军队猛攻洛阳，朱常洵出千金招募勇士，可是总兵官王绍禹却烧福王城墙，然后开北门让闯王的军队进入洛阳城。一六四一年二月朱常洵藏匿在迎恩寺，可是还是被叛军捉到杀死。朱常洵的王妃邹氏及世子朱由崧在惊慌中，逃到河南的怀庆。李自成于是放火烧了福王的王宫，大火连续烧了三天不灭。

一六四三年的秋天朱由崧袭封为福王，崇祯亲自选择皇宫中的一条宝玉带送给他的堂兄弟。京师失守后，朱由崧和他的妃妾避难于淮安，一六四四年六月七日由凤阳总督马士英等迎立到南京，六月十九日当监国，称号弘光。在短短的几个月内，南京的临时政权有史可法、左良玉等名将督师防卫，在江南各处进行顽强的抗清战争。可是朱由崧为人暗弱，沉溺于酒色声伎，有一妇人童氏，自称是朱由崧的妃子，被马士英下狱。多铎（一六一四——一六四九）指挥的清兵在一六四五年五月二十日进入扬州，在一六四五年六月八日夏天攻陷南京。六月三日朱由崧逃到太平，马士英则挟着朱由崧的母亲和夫人奔走杭州。朱由崧虽然又逃到芜湖，但最后在六月十八日还是落在清兵手中，在当年的秋天被押回北京。

明代宗室"常"字辈的这一代，也出了一位懿范闺女，名叫朱德贞。朱德贞是孟府辅国将军朱常㳻的三女，当她还未满八岁时，就以八字仪礼许配给王卿卿的儿子王重贤为妻。王重贤在九岁殇亡时，朱德贞就开始素食缟衣，并请人绣绘王重贤的遗像，放置在她的闺房里，每天行礼致敬。等朱德贞及笄长大之后，她父亲朱常㳻想把八字要回来，让女儿有机会嫁给别人。朱德贞坚持不同意，而且还闹着要自杀。最后在王重贤忌日时，父亲只好让朱德贞带着衰经，到王家灵堂设奠拜祭，并亲自撰写一篇情辞动人的祭文。从此朱德贞就在王家当媳妇，终其一生。朝廷知道此事后，每年给她五十石的白米岁禄。

永历内宫的天主教女信徒

万历的第七子朱常瀛在一六二八年就藩于湖南衡州当桂王,一六四四年衡州陷落,朱常瀛逃到广西的梧州,可是途中连日大雨,妃嫔宫女们常常掉在泥淖中跟跄而行,有时整天吃不到一餐。桂王朱常瀛就这样地在逃亡途中死于苍梧(一六四四年)。朱常瀛的三子朱由榔(一六二三——一六六二),在两广总督丁魁楚与广西巡抚瞿式耜(一五九〇——一六五一)等人的推拥下,在一六四六年十一月二十日于广东的肇庆,宣布当监国,成为永历帝。当时,朱由榔的母后王氏极力反对说:我的儿子不堪胜任这种政治重任,希望能选择其他皇室后代来担任。王氏生于湖广,并非朱由榔永历帝的亲生母亲,而是朱常瀛的未亡妃子,王氏依皇明玉牒体制,就被尊为皇帝的母后(也称为王太后),因此她可指认桂王朱由榔是她的"儿子"。

朱由榔即位为永历帝之初,已经受洗为天主教徒的瞿式耜(圣名Thomas,多默)派遣司礼太监庞天寿偕耶稣会传教士毕方济(意大利人,原名 Francesco Sambiasi)赴澳门借兵。庞天寿圣名亚基娄(Achilleus),本来是崇祯皇帝的旧仆,受洗于汤若望(德意志人,原名Johann Adam Schall von Bell)。他在崇祯殉难之后,逃到南京;南京失守,又逃到了福建,曾奉隆武帝之命,跟毕方济出使澳门;隆武死后,才又投归永历。这一次,庞天寿成功地说服澳门的葡萄牙政府遣派三百名士兵以及数门大炮,并以瞿纱微(Andreas Wolfgang Koffler,1603-1651)为随队神父,到中国拔刀相助。一六四七年的初夏,永历帝果然收复了不少失地,于是半年之后,南明政府又搬回了桂林。

由于永历亲信的臣子有不少信教的人物,在这兵荒马乱之际,他的宫廷开始有很多嫔女跟随瞿纱微神父读《圣经》,皈依天主教,祈祷天主保佑她们的安全和南明的中兴。除了婴孩王储朱慈烜(生于一六四八年四月二十三日,圣名当定 Constantine)之外,王皇太后也信奉天主教,取圣名为烈纳(Helena),都在一六四八年十一月二十八日同时受洗。此外,永历帝的生母马氏(朱常瀛的次妃,也称皇太后)也领受圣水，取圣名玛利亚（Maria），永历帝的元配王氏（皇后）是苏州人，取圣名亚纳（Anna），其他还有取圣名为 Julia 和 Agatha 的王妃。一九一一年，张菊生在《东方杂志》（八卷五号）发表了王皇太后写给罗马教皇因诺曾（Innocent）十世的一封信（原文藏在梵蒂冈教廷图书馆）。前台湾大学历史系方豪教授，在《中国天主教史人物传》（香港：一九六七年）一书中，还加以诠释作评。这封信可能是由庞天寿与奥地利籍神父瞿纱微捉刀，成稿于一六五〇年十一月四日，然后交给波兰出身的卜弥格神父（Father Piotr Michel Boym），终于在一六五二年十一月辗转投递给驻在罗马的耶稣会总会长 Goswin Nickel 手中。兹将全文抄录于下：

> 大明宁圣慈肃皇太后烈纳致谕于因诺曾爵（Pope Innocent 十世），代天主耶稣在世总师、公教皇主、圣父座前。窃念烈纳本中国女子，忝处皇宫，惟知闺中之礼，未谙域外之教。赖有耶稣会士瞿纱微在我皇朝，敷扬圣教，传闻自外，予始知之，遂尔信心，敬领圣洗。使皇太后玛利亚、中宫皇后亚纳及皇太子当定，并请入教领圣洗，三年于兹矣。虽知沥血披诚，未获涓埃答报。每思躬诣圣父座前，亲聆圣诲；虑兹远国难臻，仰风徒切。伏乞圣父向天主前，怜我等罪人，去世之时，赐罪罚全赦。更望圣父与圣而公一教之会，求天主保佑我国中兴太平。俾我大明第十八代帝，太祖第十二世孙，主臣等悉知敬真主耶稣。更冀圣父多遣耶稣会士来，广传圣教。如斯诸事，俱惟怜念；种种眷慕，非口所宣。今有耶稣会士卜弥格，知我中国事情，即令回国致言我之差圣父前，彼能详述鄙意也。俟太平之时，即遣使官来到圣伯多禄、圣保禄台前，致仪行礼。伏望圣慈鉴兹愚悃。特谕。永历四年十月十一日。

有关南明后妃的记载，由于罗马教廷资料的保存，反而比明朝其他诸王的后宫文献来得丰富。当然由于战乱的关系，其所记载的也是五味杂陈，常有出入。不过，可信度很高的资料中，形容王皇太后烈纳是位"性慈惠，通大体"的高龄天主教徒。而王皇后亚纳曾拨内库储银劳军，同时也捐出自己的簪珥。平常在肇庆宫中圣堂举行弥撒时，诸皇妃跟嫔女五十人、大员四十人，以及无数的太监都会参加，可是男女用布帘相隔离。做完礼拜之后，永历帝（本人未受洗）照例赏给神父旅费，王皇太后也会赠送银子，好让神父去赈济贫民。

一六五〇年年初，当清兵横扫广西时，永历帝被逼得非搬离肇庆不可，便在三月二日坐船到水都梧州落脚（这是他第六次到梧州）。当年十一月二十四日，广州又陷落，旋踵之间，朱氏皇室又得逃到南宁栖身。一六五一年初春，秦王孙可望迎接永历帝到安隆所（改名安龙府），可是在那个时候，南明的宫廷日益穷蹙，因此永历决定遣送他的妻妾宫嫔到贵州避难。当时年纪已经九十岁的王皇太后 Helena 或许再也无法适应逃亡的艰辛日子，或者已蒙天主的召唤，不久后便殂于田州。一六五一年夏天，永历帝将她以天主教的礼仪埋葬在南宁，并尊谥她为孝正庄翼康圣皇太后。

听到王皇太后死亡的消息之后，瞿纱微神父想前往贵州追随永历，一六五一年十二月十二日在贵州与广西交界处的途中，在船上被清兵捉到。清兵问瞿神父是德国人还是葡萄牙人。瞿神父说，他出生在奥国，长在德国，但是从葡国的里斯本前来澳门传教。清兵又问他所信何教，瞿神父用手指画了一个十字（代表十字架），清兵于是不分青红皂白地在他的头上猛劈两刀，把他的头颅砍裂为四片。据说，永历的司礼监太监庞天寿后来托人找到瞿神父的遗体，并加以埋葬。庞天寿本人死于一六五七年，总共活到七十岁。

此后的几年，吴三桂（一六一二——一六七八）的军队到处追杀南明的残余势力，逼得朱由榔永历帝无地可容，于是不得已在一六五九年的年初，带着皇太后马氏 Maria、王皇后 Anna，以及皇太子朱慈烜 Constantine 逃到缅甸。不过永历帝随行的侍从卫士从原先的几千人，慢慢地减少到了几百人，最后只剩下二十五人还愿意侍候这批流亡的朱氏香火。一六六二年一月二十日，吴三桂派遣大军进入缅甸，本来就不看好南明流亡政权的缅甸人在来年的春天，将永历帝、马皇太后、王皇后和皇太子朱慈煊交给吴三桂的军队。《行在春秋》一书说，王皇后 Anna 与公主同时被俘押至京师，在途中路过黄茆驿站时，在囚车厢中看见马皇太后 Maria，但是被禁止交谈，只能用手势示意。《三藩纪事本末》说，永历帝、王皇后和皇太子朱慈煊都死在云南府。《杨监笔记》则说，娘娘王氏手持瓷碗，尽力割断自己的咽喉，不久便驾崩。《明史》（列传第八，卷一百二十，诸王五）记载，缅甸人把朱由榔父子献给吴三桂的部队，在一六六二年六月初（阴历四月二十五日），永历父子死于云南府（今昆明）；吴三桂命卫士用弓弦将朱由榔、朱慈煊父子绞死于市。自此，明朝在中国冗长的乐谱篇章中，划下了休止符。

第四章　才女、闺妇留下的诗文墨笔

　　朱元璋虽是布衣起家创天下，但从他建立明王朝开始，就知道如何承袭中国传统的科举制度，从全国各地网罗硕学英才。他的子孙继承者也都以醇儒立朝右，参与机政，振兴教化，并维护道统。为了表彰儒林盛事，《明史》特别挑选出将近一百名的耆儒俊彦，用三卷的《儒林传》来阐扬他们的学术成就。此外，《明史》还编录了四卷的《文苑传》来记述不下一百三十五名的卓越才子。其中包括善画荷花、梅花的王冕（一二八七——一三五九），藏书数万卷的诗人杨维桢（一二九六——一三七〇），好酒色但能当筵疾书的祝允明（一四六一——一五二七），活到近九十岁的风雅画家文徵明（一四七〇——一五五九），在桃花坞乱点鸳鸯谱的唐寅（字伯虎，一四七〇——一五二四），才思劲鸷的李攀龙（一五一四——一五七〇），天才超轶、诗文绝伦的徐渭（字文长，一五二一——五九三），生有异禀、光彩照人的王世贞（弇州山人，一五二六——五九〇），以及天才俊逸、书画潇洒生动的董其昌（一五五五——一六三六）。

也因为明代社会崇拜文雄，渴望风采，风流标映，很多操觚谈艺的才子，在不同的时代背景中各自争鸣，所以以明人留下的书画诗词数量，可说是汗牛充栋，但绝大部分都是男人的作品。有才华而且能以文艺显要的妇女应该也不可胜计，然而真正被传统史家立传或掇选表扬者，却是微乎其微！明代的人口，估计在一四四〇年代有六千万人，到了明末，则已达八千万人之谱。以常理推之，在整个两百七十六年朱氏统治中国的期间，应该有数十亿的妇女生于斯，长于斯。可惜的是，却找不出极端耀眼出色的女戏剧作曲家、女传奇小说家，遑论女历史家或女学者。当然，在士大夫闺房长大的才女作出的诗画文章，也有很多是风流儒雅、不让须眉的佳作。虽然明朝巡方督学或翰林学士记载这些才女字画时，经常（或故意）湮灭她们的姓名与创作的年代，因此很难在丹青上留下芳名，不过民间稗乘，还是多少有所载录。

黄娥的散曲

明代最有才华的女诗人，一般认为是四川的黄娥（号秀眉），一四九八年生于成都东边三百里的遂宁。黄娥的父亲黄珂，官做到工部尚书，因此黄娥小时跟随着父亲在北京、南京两地居住，而且开始读古典文学、写作文章。父亲退隐后，黄娥搬回遂宁，等到二十岁时，才嫁给大学士杨廷和的儿子杨慎（号升庵，一四八八——一五五九）。当时杨慎的元配经已去世，而杨慎又比黄娥大了十岁。婚后，黄娥又住到北京，陪伴任职翰林学士的丈夫。朱厚照正德皇帝在世时，相当信任杨慎，一五二二年时，便曾经派他当宣慰使，代替皇帝祭祀长江。

前文提到朱厚照死时没有儿子，因此皇位由他的堂弟朱厚熜继承。可是在所谓"大礼议"的争论中，杨慎对朱厚熜抱持反对的态度，因此不久就被流放到云南，这是发生在一五二四年的事情。黄娥跟丈夫在云南住了不到四年，杨慎就叫她回四川的新都（杨廷和的老家）去处理家产。才三十岁的黄娥跟丈夫分离后，忍受着寂寞的痛苦，可是却有充裕的时间攻研乐府诗词。杨慎后来又娶妾周氏，再娶另外一妾曹氏。周妾跟曹妾都替杨慎生下了孩子。一五五九年杨慎死后，黄娥不仅一方面要料理杨家的家产，另一方面还得教育两个非亲生的儿子。在这种情形下，黄娥以散曲的体裁，写出数量相当多，并极为出名的诗词。这些作品在一六〇八年汇集为五卷的《杨升庵夫人乐府词余》，下面捡拾的是黄娥的六套散曲：

芳草

芳草绿参差，恨寻春去较迟，兰苕翡翠情难系。

东风一枝，开残几时，落花风起红堆地。

负佳期，黄金矿里，千里铸相思。

黄莺儿

翠被峭寒生，诉离情，天未明，泪花落枕红绵冷。

邻鸡一声，谯楼五更，纱窗残月愁分影。

谩留情，佳人薄命，飞絮逐浮萍。

弦管动离声，是旁人，也动情，东桥烟柳和愁暝。

摇装且停，行杯且倾，樽前重唱西河令。

泪偷零，银瓶坠井，肠断短长亭。

红绣鞋

望天台花当洞口，梦阳台人在峰头，云天花地两悠悠。

把眼前闲愁付酒，叹别后光阴似流，借问刘郎记否？

清江引

钟馗卧床扶不起，鬼病难医治，砚瓦害相思。

想必无他意，屈原投江沉到底。

巫山一段云

巫女朝朝艳，杨妃夜夜娇。行云无力困纤腰，媚眼晕红潮。

阿母梳云髻，檀郎整翠翘。起来罗袜步兰苕，一见又魂销。

梧叶儿四首

云和雨，雨和雪，雪儿雨儿无休歇。

陇驿传梅隔，池塘梦花怯。

窗案灯花谢，难打熬无如今夜。

衾如铁，信似金，玉漏静沉沉。

万水千山梦，三更半夜心。

独枕孤眠分，这愁怀那人争信。

元宵近，灯火稀，冷落似寒食。

岁月淹归计，干戈有是非。

烽火无消息，晓来时带减征衣。

金炉畔，玉案前，记得当年鹄立通明殿。

剪彩宫梅片，青烟御柳篇。

明月传柑宴，几曾经瘴雨蛮烟。

香奁中的女诗人

　　明末钱谦益（号牧斋，一五八二—一六六四）和爱妾柳如是（一六一八—一六六四）所收编的《列朝诗集小传》以及清初王玉映（字淑端）搜集的四十二卷《名媛诗纬初编》包括不少明代女诗人写的诗词。可惜王淑端没将每一位作者的年代历史背景详细交代，而且当时人写文章不用标点符号，又兼古文古籍在印刷字体方面产生的一些问题，所以现代读者解读这些诗文时，要花费相当的时间与精力，兹将一些富有文学与历史价值的介绍于下：

　　洪武初年，江南地方有位叫姜子奇的人，在兵荒马乱之中，跟妻子离散了，后来获知，姜氏夫人被南京的一个军团所俘获，姜子奇到南京找到妻子，两人再度团聚。虽然姜子奇不能再问妻子的瑕疵，但下面这首《寄夫》的诗，清楚地说出妻子被军队俘虏时的感受与无奈：

> 君留吴会妾江东，三载恩情一旦空。
>
> 葵叶有心终向日，杨花无力暂随风。
>
> 两行泪珠孤灯下，千里家山一梦中。
>
> 每恨当年分别后，相逢难把姓名通。

南宁伯毛舜臣留守南京期间，有一次在洒扫旧皇宫时，看到庭院墙壁留有不少旧宫女题咏的诗句。虽然绝大部分都因年久剥落，不可辨识，毛舜臣还是抄下了一位署名"媚兰仙子书"的最后两句："寒气逼人眠不得，钟声催月下斜廊。"

会稽人董玘（字文简）有位爱女，不想随便许配给人家，后来朋友介绍了鄞县青年陈束。董玘召见陈束时，看到这小伙子垂髫敞衣，肤神玉映，有问必答。之后又令陈束应试诗文，陈束果然挥笔如烟云，让董玘高兴不已，于是答应把女儿嫁给他。陈束在嘉靖年间中了进士，官做到河南提学副使，死在任期中。董氏年轻守寡，但还是吟咏诗词，教养儿子，以终天年。董氏下笔严整，典丽浑厚，非浅浮者可比。下面是董氏怀念她丈夫的一首诗：

> 十年生事半同君，万里伤心逐楚云。
>
> 远浦维舟船欲上，平林对酒月初分。
>
> 逢人牛马时堪应，到处凫鸥暂作群。
>
> 共是机情恩已尽，欲将通塞任斯文。

杨文俪是礼部尚书孙升（字志高，一五〇一一一五七〇）的继配，年幼时就很聪慧，开始读古文、学作诗。嫁进孙家宦门之后，杨文俪遵守母仪妇道，相夫教子。她的大儿子孙鑨（号立峰，一五二五一一五九四）当吏部尚书时，是东林党首领顾宪成（一五五〇一一六一二）

与明末文学家赵南星（一五五〇——一六二八）的上司。杨文俪其他的儿子、孙子、曾孙也都做了大官，如孙铤当过礼部尚书，孙矿当过兵部尚书，孙钧当了知府。她的孙子孙如法任光禄卿，孙如游升到大学士，孙如洵充任副使；她的曾孙孙有闻也当知府，她的玄孙孙延龄是中书舍人。在明朝奕奕妇女之中，没有人比杨文俪更贵、更隆、更丰。而且她写的诗文清古严正，没有卑庸之气。以下是明代最负声名的女性杨文俪的代表作：

关山月

汉官今夜月，万里照关山。

秋叶仍看落，征人尚不还。

寒光凝厚甲，孤影对愁颜。

欢宴高楼者，笙歌正未阑。

冬日钧儿应试北上

少年未惯入他州，从此扁舟千里浮。

羁旅时须抚童仆，严寒尝用厚衣裘。

倚门他日应频望，解缆今朝不暂留。

可是明光能献赋，太平天子正垂旒。

忆京华铖、铤、钧三子次韵

旅居抱病自踦蹰，荏苒流光逼岁除。

天畔双鱼无处觅，日边三凤竟何如。

文园司马应裁赋，汉阙孙弘待上书。

南上只今多寇盗，倚门焉得郁怀舒。

闻雁

带月穿云晚亦过，数声嘹呖近银河。

川源万里来何远，关塞千重度更多。

曾寄尺书归上苑，还拖秋影落寒波。

天涯旅客愁闻汝，唤起乡心奈若何。

黄字鸿是广东出身的女诗人,生长在万历后期,虽然她写诗的格调不朴、不茂、不清、不深,不过在她的"感怀"小序中,她说:"予以多病,小憩湖庄,青衣相扶,朱颜自媚,恋春光之不再,怆秋风之可悲,聊赋选体一章,敢拟秋兴之篇,用代郊居之作。"因此为了避免有遗珠之憾,兹将她《闺晚吟》中的两首五言律诗抄录于下:

饮春园作

今年花事早,芳燕对花开。
莺逐绛唇度,风随彩袖回。
中香如糁酒,醉色欲停杯。
浮空影零乱,更喜月华来。

看女郎行花间

妆成入芳径,娇艳自名家。
鬓绿隋堤柳,肌赪吴苑花。
回眸带秋水,启靥散朝霞。
敛黛穿深叶,舒莲印浅芽。
蝶翻金钏响,蜂掠玉鬟斜。
出峡疑行雨,凌波欲泛槎。
秦蛾辞凤阁,汉女降龙沙。
通国尽回首,倾城未可夸。

此外扬州人徐石钟的女儿徐尔勉也留有两首音调和谐、辞华英挺的诗句:

二姑邀往园看花

拂拂春风香入衣,园林此际尽芳菲。
盘桓竟日难言别,折得梅花伴我归。

病起戴僧帽观雪

恹恹病质坐危楼,幸有琼瑶可破愁。

对镜自怜同野衲，轻寒不到玉簪头。

有一位才女王虞凤（字仪卿），在万历年间著有《罢绣吟》一卷。王虞凤有天秉，虽然只活了不到十七年，但写的诗灵秀雅芳，如芙蓉映水。以下是她的两首诗：

春闺词
融和天气喜初晴，为爱簪花却放针。
玉枕梦回人寂寂，瑶琴挥罢院沉沉。
绿鸳戏水穿荷影，紫燕衔泥织柳阴。
昼静金炉香欲尽，推窗满地落红深。

春日闲居
浓阴草色罩窗纱，风送炉香一缕斜。
庭草黄昏随意绿，子规啼上木兰花。

明朝苏州府长洲才子文徵明不仅以书画留名千古，文徵明的妻子吴氏跟文徵明生在同年（一四七〇），但死于一五四二年，比文徵明早死了十七年。他们生了三个儿子跟一个女儿。大儿子文彭（号三桥，一四九八——一五七三），二儿子文嘉（号文水，一五〇一——一五八三），也都是多才多艺。还有一个女儿下嫁王子美为妻，也是好学能诗，还有一个很出色的曾孙女，名叫文淑（一五九五——一六三四，嫁给赵姓男子）。可惜，我们现在能找到的只有王子美妻子文氏所写的十四个字，题名《明妃曲》：当时只拟杀画工，谁诛娄敬黄泉道。

万历年间，王姪的父亲王雪窗本来是广东省番禺的典史，王姪出生后，父亲特别眷爱她，六岁时就教她读《孝经》。后来因职务调迁，搬到长安，王姪这时到了及笄之年，嫁给一名叫林初文的书生。林初文考中举人之后，王姪也跟着夫婿搬到南京居住。林初文因谏议忤旨，于是被关在牢狱。有一次林初文从监狱上书给万历皇帝，自告奋勇要去讨伐侵扰朝鲜的日本军队（应该是一五九七年前后），听了这个消息的王姪于是写出一首婉恻的诗：

闻关白信良人上书请讨之志喜

海寇无端欲弄兵，满廷文武策谁成。

儿夫自有终军志，未必中朝许请缨。

不幸的是，十年后，林初文病殁，这时恰是万历末年经济萧条、生计不好的年头。在此艰困期间，王姪以女红帮人家做衣服来养活两个孩子，无怨无尤地过生活，负起了教导儿子念书的责任，而且自己也常常写诗填词。不过王姪有个怪癖，她喜欢把写好的诗稿用火烧掉。好在等她又要把诗稿焚火时，她的儿子及时将诗稿存起来，后人才能欣赏王姪录下的两首诗，读起来，令人有畏慕之感：

白门感述

白门连岁值饥荒，十载良人旅朔方。

顾影自嗟还自笑，妾身赢得是糟糠。

凤仙花

凤鸟久不至，花枝空复名。

何时学葵蕊，开即向阳倾。

除了两个儿子之外，林初文跟王姪还生了一个女儿叫林玉衡，长大之后嫁给倪廷相为妻。聪敏的林玉衡从小就喜欢舞文弄墨，七岁时，她家的一个小楼房刚好落成，当时正值雪下完的时候，于是大人们叫她吟一首绝句作为纪念。小小的林玉衡果然语出惊人，咏出下列的一首诗：

小楼咏雪月诗

梅花雪月本三清，雪白梅香月更明。

夜半忽登楼上望，不知何处是瑶京。

潘碧天是山东副使潘应昌的女儿，嫁给贡士裘致中为妻。她下笔轻隽，运墨灵动，写的诗温柔敦厚。在嘉靖年间留下了下列的一首诗稿：

题画

屋傍青山下，人归苍莽中。

未开云外户，先听水边松。

华亭女诗人王凤娴是解元王献吉的姊姊，张本嘉的妻子。张本嘉中了进士以后，官拜宜春令，可是死在任内。王凤娴艰辛地抚养她的儿子张汝开长大，张汝开长大后中了乡试，官做到怀庆县县丞。王凤娴的大女儿张引元（字文姝）、二女儿张引庆（字媚姝）也深谙翰藻，母女经常自相唱和，用来解除寂寞。王凤娴写的诗苍劲有内涵，给后世留有《焚余草》与《双燕遗音》。以下是几首王凤娴的代表作品：

关山月

良宵三五露华沴，绝顶虬松映玉盘。

影炤长门千巷寂，光分五岳万峰寒。

深闺思妇添离恨，边塞征人想见难。

两地愁怀无处写，归鸦声里夜将阑。

走马灯

狼烽起处阵图旋，对垒无声互占先。

技巧不分谁胜负，却怜勋业上凌烟。

婕妤怨

辘轳声断井梧飘，隔院笙歌奈寂寥。

自向玉阶辞凤辇，谁怜血泪渍鲛绡。

月闲永巷衾余冷，云掩长门魂暗消。

委砌虫吟如助恨，那堪惊梦响芭蕉。

九日无菊

黄花竹叶两无缘，思人潇湘理旧弦。

一曲凄凄风雨急，满城重九尽萧然。

塞上曲

雕弓插血剑光铓，骁骑千群尽鹔鹴。

月焰铁衣秋正半，风催金柝夜初长。

哀鸿远度荒沙碛，倦马悲嘶古战场。

乡国征衣犹未到，惊看营外已飞霜。

美人换马

仗剑重知己，片言尊酒中。

霜蹄嘶夜月，红粉泪秋风。

矍跃添金勒，含嚬捧玉钟。

良媒真可羡，一掷等飘蓬。

武清有一位女孩子名叫田娟娟，她跟木生泾（字元经）有一段离奇的爱情故事。建文朝时，木生泾以乡荐入太学读书，有一次登秦观峰过夜时，梦见一老媪带着一位漂亮的姑娘，而且送给他一把扇子。来年木生泾要往南京途中，走上一座土桥，渡过溪水后，在一片草丛中，捡到一柄扇子，于是在树上刻了两首绝句。永乐当皇帝时，木生泾调升为工部营缮郎，在休假时间，偕同事再度走上土桥，偶然之间，来到一处姓田的人家中小憩。这时，田家的母亲看到木生泾手中的扇子，觉得很熟悉，于是说："这扇子上面写的字是我女儿娟娟的笔迹，她有一次路过溪桥时，遗失了她的扇子，不知被谁捡到。后来回到溪桥去寻找时，才看到桥旁树上刻有两首绝句。自此，我女儿娟娟早晚都勤练讽咏作诗，终于能够写出一首赠答的诗歌。"

下面是田娟娟写的风流悲感的诗句：

寄木元经

闻郎夜上木兰舟，不数归期只数愁。

半幅御罗题锦字，隔墙里赠玉搔头。

田妈妈叫女儿娟娟出来跟木生泾见面时，两人就好像正在做梦一般，木生泾手上拿的那把扇果然是田娟娟的，树上刻的诗，果然是木生泾写的。两人互相惊叹爱慕，就结为夫妻。木生泾后来因郎官职务，被调到别的地方，生活得相当艰苦。田娟娟一直留在武清终其一生。此外，田娟娟还留有另外一首诗：

寄别
楚天风雨绕阳台，百种名花次第开。

谁遣一番寒食信，合欢廊下长莓苔。

顺天府（北京）人李雄官职是锦衣卫千户，死时遗有女儿李玉英及幼子李承祖。这时继母焦氏为了让她的亲生儿子夺得锦衣卫荫职，毒杀了李承祖，赶走李玉英的妹妹李桂英，而且还诬陷李玉英奸淫不孝。李玉英因此被捕，关在锦衣卫的牢狱等着死刑。在生死关头，玉英写了一封奏疏，叫她的另一位妹妹李桃英呈给嘉靖皇帝。皇帝接到奏疏之后，命大理寺及有关单位详细调查才发现冤情，终于释放了李玉英，而将继母焦氏处以严法。以下是李玉英写的三首诗：

送春
柴扉寂寞锁残春，满地榆钱不疗贫。

云鬟衣裳半泥土，野花何事独撩人？

别燕
新巢泥落旧巢敧，尘半疏帘欲掩迟。

愁对呢喃终映水，哪知秋思属儿家。

晚思
翠黛宜颦不耐贫，病逢秋气转伤神。

空堂莫挂珠帘起，黄菊丹花恼杀人。

　　秀水人项兰贞（字孟畹）是黄卯锡的妻子，解元黄柔卿的侄妇。项兰贞嫁到黄家之后，开始学诗作词，总共有十几年，时常与叔公黄柔卿唱和。她的儿子黄元涛（字孟澜）长大之后，考上解元。项兰贞著有《裁云草》与《月露吟》两诗集。她临终时，写了一首诗给她的丈夫黄卯锡，而且对他诀别说："吾于尘世，他无所恋，唯《裁云》与《月露》小诗，得附名闺秀后，心就满足矣！"以下是项兰贞的三首音节清新的五言诗篇：

雒城闻雁

明月照苍苔，横空一雁来。

影翻飞叶堕，声带晚风回。

塞北征人思，闺中少妇哀。

江南别业在，丛桂几枝开。

慰寄寒山赵夫人

落月惊秋早，断鸿天际闻。

遥思鹿门侣，愁看岭头云。

秋夜忆家

一夕秋风至，天空雁忽来。

露浥阶下草，月落掌中杯。

故国书难到，他乡客未回。

坐怜砧杵急，寒柝亦相催。

沈宜修母女四人

　　吴江才女沈宜修（字宛君）是山东副使沈玒的女儿，还未满十六岁时便嫁给工部郎中叶绍袁（字仲韶）为妻。沈宜修生下来就是位奇慧的女孩，长大之后像琼枝玉树，春花艳冶，吴江的人都称赞羡慕她。沈宜修生了三个女儿，大女儿叫纨纨，二女儿叫蕙绸，三女儿叫小鸾，全都是兰心蕙质，天仙般的美女。沈宜修的丈夫叶绍袁仕途不很顺遂，但喜爱文史，因此经常跟妻子及三个女儿题花赋草，镂月裁云。此外，他们的亲人姑姨娣姒之辈，也时常把刺绣烹饪家事摆一边，参加沈宜修母女在松陵之上、汾湖之滨举办的笔墨吟咏活动。不幸的是，沈宜修的幼女叶小鸾十六岁时，在要嫁给昆山人张氏之前便骤然病逝。大女儿纨纨回家，也因过度哀悼而死。当母亲的沈宜修自此神伤心痛，幽忧憔悴，三年之后，也随着归阴。

叶小鸾，字琼章，四岁就能诵读《楚辞》，十岁时跟母亲初冬夜坐聊天，沈宜修吟一句"桂寒清露湿"，小鸾即回应"枫冷乱红凋"。这样的敏捷佳句，让母亲非常高兴。小鸾十二岁时，黑溜溜的头发已经覆盖额前，加上她的丹唇皓齿，端鼻媚靥，修眉玉颊，真是姣好如玉人。当小鸾十六岁时，看过她的人会说，叶小鸾与梅花相比时，会令人觉得梅花太瘦，与海棠相比时，会使人觉得海棠不够清秀。小鸾死后的第七天要入棺时，她母亲在她的右臂上写了"琼章"两个字。这时看到小鸾的手臂就像刚削断的莲藕，也好似是冰雕雪成，送葬的人都认为小鸾已经成仙。以下是母亲沈宜修悼小鸾的《重午悼女》诗句：

菰黍当年事，伤心万古留。
凄凄吴树月，寂寂楚江流。
肠断丝难续，闺空日尽愁。
惟余旧花草，荣落自春秋。

叶小鸾的姊姊叶纨纨也是个长得相貌端妍、金辉玉润的绝色美人。她才三岁时就能朗诵白居易的《长恨歌》，但是嫁给赵田人袁氏，却悒悒不得志。纨纨后来皈心佛门，但因哭妹过哀，死时才只有二十二岁。以下是纨纨写的二章《哭琼章妹》诗：

其一
妆台静锁向清晨，满架琴书日覆尘。
一自疏香人去后，可怜花鸟不知春。

其二

生别那知死别难，长眠长似夜漫漫。

春来燕子穿帘入，可认雕阑锁昼寒。

叶家的女主人、大女儿、小女儿相继荆花陨落，剩下的二女儿叶蕙绸就变成了雁序孤飞的叶家女诗人。蕙绸在悼丧之余，写成幽峭哀恸的挽歌七章。除此之外，叶蕙绸还著有《鸳鸯梦》杂剧。后来，所有这些叶家母女所写的隽词丽文，被汇集成为《午梦堂十集》，盛行于世。以下是女家长沈宜修另外的几首诗词：

题扇头山水

微茫远秀色，横碧锁秋光。

悬萝亘古木，叠嶂摩青苍。

林鸟啼不闻，复径自逶迤。

氤氲草如雾，翠影浮参差。

涧水何寂寂，松露凝香滴。

长风澄天高，清晖映层壁。

落叶堕盈壑，白云闲悠悠。

日晚无猿啸，空山千古幽。

似有桃源人，湮深久避秦。

山花待春发，谁复问渔津？

感怀

其一

明月炤古道，西风吹露草。

悠悠千里心，梦落寒鸡早。

其二

露浓不作雨，细草自留春。

昨夜庭花落，犹怜梦里身。

悲花落

湿云不飞花欲落，数枝憔悴胭脂薄。

怨白愁红香雾空，昼长无奈飘罗幕。

处处啼残杜宇声，青梅叶底送春行。

潇湘几阵桃花雨，绿树青山入望平。

袅袅垂杨拖翠线，碧岫霞流飞彩霰。

余霞散绮晚风前，芳草天涯蝶梦边。

公子金鞍嘶落日，佳人红袖泣啼鹃。

啼鹃落日春茫然，紫檀斜柱十三弦。

乍见云开秦树色，又看雪舞汉宫烟。

汉宫枝上更多情，千丈游丝绕树迎。

蔷薇架上迟新月，芍药阑前度晓莺。

晓莺啼不歇梦破，关山月风月暗消。

锦字不传红叶恨，燕衔春色入银钩。

春为多愁不忍看，何堪春去众芳残。

风前历乱吹肠断，落尽苍苔泪点丹。

寄语春光莫来去，免叫长恨倚栏杆。

清明

禁火家家寒食天，梨花吹雪柳吹烟。

支离已是春相负，萧瑟无劳病更缠。

新月有情还烙夜，落英谁解惜流年。

幽兰怨绝芳丛里，回首东风竟渺然。

茉莉花

如许闲宵似广寒，翠丛倒影浸冰团。

梅花宜冷君宜热，一样香魂两样看。

　　明代女诗人写的诗大多遵循五言或七言体裁，用四言妙语作诗的人很少。天启年间太仆少卿文翔凤（字太青）的元配武氏却喜欢用四言章句吟咏。武氏出身于陕西，擅用秦风北调，写出恬和婉约、幽而不激的诗章。以下是她的几首代表作：

四月维夏居

四月维夏，睿室闲居。户庭绿重，可目诗书。

四月维夏，百卉俱开。清风直入，语鸟不猜。

赠外

林端绿雪，水际红霞。诗香思酒，笔藻梦花。

此外，武氏还留有下列两首五言诗句：

春睡图

轻烟红玉重，惊鸟别湖桥。徐起说清梦，如风转绛桃。

秋

秋意入梧新，独居怅远人。芳尊吾负汝，清昼坐伤神。

太仆少卿文翔凤的继配夫人邓太妙也是女诗人。邓太妙研读六朝在南京建都的历史，用秋冬森肃、春夏妍丽等不同的笔法与诗句，作《金陵九思》，来描述金陵如何从繁华富贵到改朝换代，由绚烂归于平淡的沧桑变迁。

金陵九思

一思

我欲思兮在烈山，欲往从之往汉关。层云高锁二陵寒，

侧身南望涕泛澜。美人赠我落霞琴，何以报之黄缕金。

路远莫致倚喋吟，朱湖松浪海潮音，安得开襟啸蒋岑。

二思

我欲思兮在澄江，欲往从之往横襄。兼天彭泽接浔阳，

侧身南望涕淋浪。美人赠我虎魄燕，何以报之月鹊扇。

路远莫致倚凄断，天际绮霞连复散，安得扬帆挥净练。

三思

我欲思兮在飞叶，欲往从之无桂楫。黄河天下难为涉，
侧身南望涕厌浥。美人赠我一握兰，何以报之双弧环。
路远莫致倚辛酸，邀笛秦淮荡画船，安得清流采并莲。

四思

我欲思兮在雨花，欲往从之失贯查。秦云雪暗乱蓬麻，
侧身南望涕交加。美人赠我同心梅，何以报之夜明苔。
路远莫致倚徘徊，先王华表玉为台，安得乘鸾昼锦回。

五思

我欲思兮在石城，欲往从之哄渭泾。八川强半寇纵横，
侧身南望涕飘零。美人赠我闻退草，何以报之嗽金鸟。
路远莫致倚窈纠，莫愁香径菱歌绕，安得飞棹移凫藻。

六思

我欲思兮在元湖，欲往从之限孟诸。柳断隋堤失汴渠，
侧身南望涕连珠。美人赠我丽居香，何以报之明月珰。
路远莫致倚彷徨，芙蓉玉镜艳红妆，安得临风翠盖傍。

七思

我欲思兮在凤台，欲往从之烟雨霾。剑天秋气晚风哀，
侧身南望涕盈怀。美人赠我鸳鸯襦，何以报之上清珠。
路远莫致倚踌躇，盦冈茜草带香铺，安得高眺白云衢。

八思

我欲思兮在燕矶，欲往从之畏鼓鼙。愁看越鸟向风栖，
侧身南望涕挥衣。美人赠我绿桂膏，何以报之赤霜袍。
路远莫致倚忉劳，俯江春霁浪花高，安得片帆挂远涛。

九思

我欲思兮在鹭洲，欲往从之乏紫骝。鹿车双挽尚淹留，
侧身南望涕凝眸。美人赠我紫英裙，何以报之绿熊茵。
路远莫致倚呻誊，天外长波二水分，安得三山弄月轮。

长洲女子徐媛（字小淑），丈夫是范允临，髫年就展现慧性，博极群籍，举凡古文、碑铭、骚赋、歌词无所不读。她风格独创的诗，可从下列几首窥其一斑：

秋夜

扫石坐芳丛，临池夜色溶。

月高山影乱，天回暮烟空。

晓步

一片沧浪白，晨光上紫阑。

晓鸟啼不散，着意在轻寒。

春游

绿淡红稠日正妍，桃花渡口没鱼船。

一群娇鸟衔春色，万户氤氲起夕烟。

烟寺晓钟

香台结翠倚山椒，万树青松入紫霄。

野寺寂寥僧饭罢，钟声一点落寒潮。

黄淑德（字柔卿），是黄介弟的女儿，秀水人屠耀孙的妻子。从小就开始读文史之类的书籍，谙解诗词的音律。丈夫死了之后，发誓长斋礼佛，平常坐卧在一小楼，死时还不到三十四岁。下列的是她娟秀倩丽的《春晓》诗：

春风日日闭深闺，柳老花愁鸟自啼。

寂寞小窗天又暮，一钩新月挂楼西。

扬州妇人杜漪兰是吏部左侍郎熊文举的小妾，本人虽有才慧，可是因熊文举卷入政治斗争，在患难中，生活极为困顿。杜漪兰给丈夫生了五个女儿，她们都读书，而且有隽才，也都嫁给名阀人家。然而杜漪兰却因生不出儿子而忧伤，年轻时偶尔跟李元鼎夫人、朱远山夫人唱和，晚年就不再玩弄笔墨。杜漪兰写的诗秀雅浑厚，可惜诗篇零落不全。以下是她的《题麻姑介酒图寿朱远山夫人》五首：

其一

瑞云芳草绝纤埃，万绿轻红点翠苔。

为报麻姑将进酒，衔书青鸟昨飞来。

其二

酿得琼浆太液春，上元同寿李夫人。

蓬莱清浅何须问，应记前身侍玉宸。

其三

缤纷玉树旧天潢，秀出瑶林绝众芳。

近说名流遴国雅，分将珠采耀珪璋。

其四

河山欹岸世情疏，风雨难销万卷书。

怪得中朝企司马，画眉相对有名儒。

其五

画荻如丸姆教存，翩翩公子绍龙门。

金卢正好披宫锦，暂著斑衣庆石园。

万历年间有位四川女子袁九淑，嫁给通州人钱良胤为妻。钱家是文学世家，家中有绛雪楼供袁九淑晨夜研读古典史籍。袁九淑诗文精丽，著名的文学家屠隆（字长卿，一五四二——一六○五）还替她所著的《伽音集》作序。下面是袁九淑的代表作品：

春日斋居杂书

其一

妆成出幽阁，芳径寂无哗。

林润涵朝雨，窗明带曙霞。

鹤栖醒酒石，鸟啄睡香花。

长笑耶溪女，春风自浣纱。

其二

雨过小池绿，苔生白板扉。

玄言深玉麈，幽思托金徽。

远笛兼莺语，飞花赶燕归。

相看贫亦好，安用泣牛衣。

灯词

家家行乐管弦催，火树千枝向夜开。

见说南邻祀太乙，笑声一片踏歌来。

　　嘉兴女子桑贞白（号月姝），嫁给周履清当继室。从小就贞静聪慧的桑贞白留心典籍，先后唱和数百余首，经过删繁精选其中一小部分，编成《香奁吟草》一集。以下是其中的两首：

育蚕

四月桑郊绿，村村桑事忙。

一筐芳草露，两袖落花香。

不卧黄昏月，孤眠白玉郎。

丝成天地力，依旧入红妆。

和夏日过水亭

避暑寻幽境，临池小阁开。

游人玩流水，垂柳飏晴台。

水鸟来还去，渔舟钓未回。

天风俄顷至，一雨长蒿来。

　　姚青峨，秀水人，自号青峨居士，博通群书，才德两全，可惜未满二十六岁就去世。屠隆替她所著的《鸳阁集》写序。姚青峨下笔独别，下列是她的两首浑朴的作品：

秋思

木叶改烟光，芙蓉半秋浦。

枫色焖兰帏，萤飞绕幽户。

钿蝉慵薄妆，绿绮难为抚。

砌虫动夕哀，雁劲云边羽。

梧叶自关情，秋落庭前树。

强起理衣衾，不禁霜月苦。

俛首空忆君，泪点隔窗雨。

憔悴感悲深，秋来更缕缕。

村居

数椽竹屋占晴沙，展破烟容云径赊。

漫着水泥拈野月，虫声凄老白苹花。

嘉靖年间，奉新妇女萧凤质，因她的丈夫在外游学生病，便写了一首诗鼓励安慰他。这首诗虽短，但它有格调，又具感情，不是一般庸浅之辈写得出来的。

慰夫

欲把相思遥寄君，空教牵动读书心。

闲花野草休关念，养取葵心向紫宸。

会稽女子李秀，从小读书、读史，长大之后跟一位北方人订了亲。有一次途经新嘉驿站时，有闭月之姿的李秀心血来潮，在所歇的旅舍墙壁上，写出下面三首自怜、自惜、自怨的诗句：

题新嘉驿壁
其一

银红衫子半蒙尘，一盏孤灯伴此身。

却似梨花经雨后，可怜零落旧时春。

其二

终日如同虎豹游，含情默坐恨悠悠。

老天生妾非无意，留与风流作话头。

其三

万种忧愁诉与谁，对人强笑背人悲。

此诗莫把寻常看，一句诗成千泪垂。

文学家纪映钟（上元人）的胞妹纪映淮也是爱好吟诗弄墨的女子，纪映淮的诗清英流丽，喜欢绕涧疏竹，请欣赏以下的两首诗：

摘花

摘花插小瓶，花气夜深馥。

外边风雨多，聊以媚幽独。

春日幽居

细竹深幽覆碧纱，石床书帙尽抛斜。

半帘细润侵寒月，一衲孤馨染落花。

流水穿林寻野鹤，夕阳归树护栖鸦。

春山淡漠无人共，遥倩诗囊贮乱霞。

钱塘女子陆么凤十四岁就很会吟诗作对。她嫁人之后，随丈夫在外游学，吃了不少苦头，深知容颜似草，很容易枯老，陆么凤的诗因此充满了愁情。

愁思

晚来疏雨过人头，风静罗衣飏不休。

漫拾乱红题小字，暗惊新句又悲秋。

愁闺

湖烟漠漠晚啼鸦，自扫枫香自煮茶。

一带芙蓉寒映水，哪知愁思属儿家。

福建女子陈小蕴喜爱古文古诗，她落笔幽致，温婉而静，以下所录的是她三首没有伤怨的诗章：

采莲

轻舟忽逢三四女，手拨琵琶隔舟语。

片片花英随波流，隔水争抛青莲子。

捣衣

须臾月落青天晓，空庭惟集双啼鸟。

织将锦字寄秦川，曾奈深居行人少。

玩月

月容何事带云红，却被风来云已东。

为爱入帘分碎壁，忽看掬水若浮空。

将过三五俱堪玩，半失圆明自不同。

信死信生谁会得，好将底事问天工。

其他有文才的妇女

查继佐（字三秀，一六〇一—一六七六，浙江海宁人）在《罪惟录》书中列出明代七十四位有文才的妇女，其中包括洪武初年一位叫媚兰的宫女遗留下的一首词："寒气逼人眠不得，钟声催月下斜廊。"再者，是潮州周伯玉妻子郭贞顺的笔墨。郭贞顺从小受父亲的教谕，因此博通经史诸家，能写诗作文，尤其精通数学。郭贞顺作一首诗形容朱元璋派到岭南的指挥官俞良辅，其中有一句："黄犊春耕万亩云，黎龙夜卧千秋月。"麻城人刘大和有位孙女，从小就喜欢唐诗，刘氏的丈夫邱长儒短命过世，年纪轻轻的寡妇刘氏便撰写了下录的悼文："明月不知人世变，夜来依旧下西厢。"

永乐初年，元朝遗臣高若凤的女儿高妙莹（字淑琬），读遍经史书传，通晓音律算数，而且还能写一手好小楷。高妙莹嫁给江西吉水人解开（一三一二—一三九八）为妻，生了两位才气纵横、名留史册的儿子，一位是解纶，另一位是解缙。高妙莹用手抄写《孝经》古文和杜甫的诗来教导她的儿子解纶和解缙。解缙（一三六九——一四一五）才十八岁时（一三八七年），便举乡试第一名，十九岁中进士任翰林院庶吉士，三十四岁被永乐延揽入内阁当皇帝"智囊团"的成员。永乐初年，当时任职大学士的解缙编写《天潢玉牒》，一方面美化朱元璋的元配马皇后，一方面澄清、证实永乐帝（朱棣）确实是马皇后的亲生儿子。解缙还替永乐的妻子文皇后编写《古今列女传》（见前文）。解缙的成就在很多地方要归功于他母亲的教导以及高妙莹遗传给他的DNA，因为高妙莹生前也著有《酒议》、《女德议》和《高文海死节》等作品。高文海是高妙莹的哥哥，元朝末年举义兵抗贼而死。

解缙任事直前，词笔敏捷，可是个性刚强，得罪了永乐的次子朱高煦。朱高煦为了报复解缙没支持他当皇帝的继承人，便找到解缙的把柄，指控解缙违反保密与公正的神圣传统，在科举考试期间偏袒与他同乡的江西子弟。一四〇七年初春，解缙被贬到广西和交趾（今越南北部）担任布政司右参议。解缙的妻子徐爱玉亲手缝制了一件衣服，连同一首凄怨感人的诗一起寄给远在天边的丈夫。这首题名"寄衣"的诗，语浅怨深，说出女人的真情，令人读了怆然欲断：

> 未知何日是归期，咫尺无由一见之。
> 捻泪织成机上锦，连愁不断手中丝。
> 剪声断处丝难断，线路稀时路不稀。
> 闺阁知君寒已到，灯前把笔寄征衣。

一四一〇年解缙回南京时，恰好永乐带兵远征蒙古。这时解缙私下会见皇太子朱高炽（朱高煦的政敌），解缙因此被捕下狱。五年后（一四一五年）锦衣卫指挥官纪纲依照永乐指示，邀解缙喝酒，等解缙酒醉时，把他埋入积雪中，活活冻死。

山东莒县有位才女，名叫夏云英，当过周宪王的宫人。她能作诗，也兼通内典。二十一岁时，因生病而要求出家为尼。一四一八年，她写了一些佛家偈语给寺庵里的尼姑，念完之后，就圆寂去世了。死后遗留一卷共六百六十九首的诗集，书名《端清阁集》。在成化与弘治之间（大约是一四八八年），海宁地方有一位女孩子名叫朱静庵（字仲娴），从小聪颖，博览群书，喜爱吟诗作对，嫁给周济为妻，活到快八十岁才过世。她写的《静庵集》，辞气和平，笔力雄健，可从她的《篱落见梅》"可怜不遇知音赏，零落残香对野人"看出，而《咏虞姬》"贞魂化作原头草，不逐东风入汉郊"却显得有义烈的味道。还有她的《鹤赋》写得让人知道她在怨而不是在怒：

> 何虞人之见获，遂羁络于轩墀。
> 蒙主人之遇爱，聊隐迹而栖迟。

万历年间，潮州有位风怀放诞的女子叫谢五娘，著有一卷《读月居集》。其中有一首劝她父亲辞退二度婚聘的调皮诗：

> 卓荦黎生先有聘，风流钟子后相亲。
> 桃花已入刘郎手，不许渔人再问津。

此外，吴家有妻子李氏，很会吟诗与对句。有一天，李氏捡到一枚唐朝铸的开元钱币，竟随口念出一首耐人寻味的慨世诗：

> 半轮残月掩尘埃，依稀犹有开元字。
> 想得清光未破时，买尽人间不平事。

董湄的妻子虞氏，海宁人，知书娴礼，很喜爱吟诗，还不到十六岁时就出嫁。董湄死后，虞氏作菊竹诗来表达她的志节，后来活到五十岁才过世。其中有菊句写道：

移得春苗爱护周，柴桑无主孰为秋。

寒芳甘为枯枝萎，羞堕西风逐水流。

另外有竹句写道：

一片贞心古井泉，清寒彻骨自傲怜。

相看岁暮青青色，历尽冰霜戴一天。

十六世纪末、十七世纪初在浙江鄞县（今宁波），有一屠姓宗族，于隆庆年间出了一位著名的诗人和戏曲家叫屠隆。屠隆在一五七七年中进士，但做了六年官之后，就退隐回江南，与僧道交游，过着无官一身轻的自由自在生活。屠隆作有三十一卷的《栖真馆集》（一五九〇年刻印），两卷五十五幕的剧本《昙花记》（一五九八年）；还有《白榆集》（一六〇〇年）诗稿以及四十九卷的《鸿苞集》等等。他有两个儿子屠大谆与屠金枢，以及一个女儿屠瑶瑟（字湘灵）。屠瑶瑟嫁给黄振古为妻，但很早便守寡。之后，屠瑶瑟经常回娘家，跟明惠好学的嫂嫂沈天孙征事细书，搬文弄墨，纸墨横飞。因屠瑶瑟的母亲也懂篇章，因此每当她的女儿与媳妇写诗之后，就想要编订成集。屠隆描述他家里的文艺气氛情景如下："封胡与遏末，妇总爱篇章。但有图书箧，都无针线箱。"又说："姑妇骦相得，西园结伴行。分题花共笑，夺锦句先成。"

屠瑶瑟写的诗，没有用词太重的毛病，评论家甚至说，她的韵格高过她的父亲屠隆。瑶瑟有一首浣花诗这样写道：

日暖银塘绿，溪边出浣纱。

若耶烟似雨，步步入荷花。

很可惜，屠瑶瑟的大哥屠大谆二十一岁就去世，屠瑶瑟本人也只活了二十七年。瑶瑟死前跟嫂子沈天孙合写了一部《留春草》的诗集。

沈天孙死于万历庚子冬天，当父亲的屠隆伤心之余，将《留春草》刻印成书，藉以表达对亡女、媳妇的慰悼情意。除此之外，屠隆还替好友的女儿袁九淑所著的《伽音集》作序。

明代藩王府第有不少宫人懂得写五言诗以及近体诗。据说，辽王府有位荆州籍的女孩子，在沙桥门外的素香亭，穿着霓裳练裙，倚栏诵念自己写的诗歌：

> 明月满空阶，梧桐落如雨。
> 凉飔袭人衣，不知愁几许？

在兵荒马乱、流离失所之际，偶尔会出现匿名妇女的寄情诗。譬如说，位于广州北方一个叫北邙的地方，存有一块写有诗句的大木板，这是一位被北军俘虏的妇人，为了表示贞洁，不愿随便"逢人桃李"，并且期待死后在阴间跟死去的丈夫相见，于是在木板上写下八首绝句。因为该女只题个"槟"字，后人便称她为"槟板女子"，兹抄录其中两首于下：

> 晓对东风只自嗟，肯将眉黛误铅华。
> 山间红艳不知事，一任桃花与李花。

> 盘阑山鹤路悠悠，苒苒旌旗动地愁。
> 汉将计程应到未？良人别后尚存否？

崇祯年间，有一位广陵（扬州）女子，被贼寇掠擒，到了第二年的夏天，她乘机逃走，可是已经无家可归。在颠沛流离的苦难日子里，有一次她住在一家客栈中向人抱怨说："一个女孩子的遭遇有什么可惋惜的呢？朝廷的大官僚、边塞的大将军，他们高官厚禄，但到底都在做些什么事情？"这位广陵女子气恼之余，在客栈的墙壁上题下了下面的打油诗：

将军空自拥旌旗，万里中原胡马嘶。

总使终生能系颈，不教千载泣明妃。

宝应地方有位戚姓少妇，才刚刚合卺洞房花烛后不久，丈夫就暴死。戚妇悲悼之余，写了一首哀怨的诗，然后跳入门外江中溺死，诗云：

画虎虽成未点睛，百年夫妇一宵情。

欢声方举哀声动，贺者才临吊者并。

孔雀屏前灯隐隐，鸳鸯枕上泪盈盈。

从来不识儿郎面，独抱冰心照水心。

宝应地方的人士，为了纪念这位不寻常的戚家妇，此后便将戚妇门前这条河命名为"戚家江"。

明代的江南真是人文荟萃，不少南京的女性在不同的时代环境，留下了很多清婉绝伦的诗句。沈德符的《万历野获编》载录了一位姓徐的名妓所写的诗句："杨花厚处春衫薄，清冷不胜单夹衣。"另一位徐家闺秀写出下面沉秀深厚，而且风雅可诵的五言古诗：

妾怨芳杨柳，横枝在吹楼。

折来欲有寄，游子在黄州。

叶互参差影，花飞历乱愁。

林梢窥破镜，何日大刀头？

文牍书信

嘉靖皇帝沉迷于道教，因此鼓励朝臣撰写道教仪典之类的祭文，叫做"青词"。当时擅长写青词的严嵩因此受到嘉靖的赏识而掌握了政权。可是很多刚正不阿的文武大臣，深深厌恶严嵩的贪污专断，其中之一就是兵部郎中杨继盛（一五一六——一五五五）。杨继盛字椒山，是保定府容城人，一五四○年中进士，娶张氏为妻。个性耿直的杨继盛因弹劾严嵩的擅权渎职，在一五五五年十月十五日被判死罪。获此当头霹雳的噩耗之后，张氏立即写了下面的《代夫罪疏》：

> 张氏跪奏　皇帝陛下。窃臣夫以诬蔑相臣，发交锦衣卫待罪，此实臣夫溺职辜恩，无法可道。臣妾何敢冒渎宸严，自取咎戾。然仰维圣德，昆虫草木皆欲得所，岂惜一回天听，下垂覆盆。傥以罪重不可赦，愿即斩臣妾以代夫诛。臣夫感皇上再造之恩，必能执戈矛卫社稷，以效一日之力也。

曾经有人怀疑杨继盛妻子张氏的《代夫罪疏》，是出自于一落笔就能写数千字的王世贞。这种怀疑不是空穴来风的，因为王世贞（一五四七年尚未满二十岁时，就中了进士）是杨继盛的好朋友，而且跟李攀龙、徐中行等辈相唱和，拒绝加入以严嵩为首的贪污集团。更有甚者，当杨继盛坐狱时，王世贞一方面帮好友奔走申辩，一方面送汤送药到监狱。杨继盛死后，王世贞还协助杨妻张氏将他好好埋葬一番。可是得罪了严嵩的王世贞不仅自己丢掉了乌纱帽，甚至还连累到他的父亲王忬。王忬当时任冀辽（河北与辽东）统帅，抵御蒙古军队入侵。可是在一五五九年四月，王忬在喜峰口与滦河失守，因此被系狱身亡。倒霉的王世贞要等到一五六七年新皇帝隆庆坐上龙椅后，方才转运！

不过，虽然有上述历史人物与时间的巧合，我们还是无法下断论说，《代夫罪疏》不是杨继盛妻子张氏自己写的，因为能嫁给像杨继盛这般才子当妻子的，本身大概也是满腹经纶、家教相当好的女人。话又说回来，女人自己的心思、想法，即使是经过男人在文字上加以饰润而成的文牍，依旧拥有它自身的历史价值，并且是值得保留的。这里请读者注意，美国总统所发表的文告，大部分是由文胆捉刀代稿，而不是总统自己亲自作文的（但威尔逊总统〔Woodrow Wilson，1913—1921〕例外）。可是我们不能因此说，这类文告就失去了历史的价值。反之，因为它们代表总统的思想、政策、愿景，所以历史家还是要珍惜、采用这些文牍。因是之故，如果读者怀疑下列的几篇文章，在文字或风格方面，似乎有坊间男人代写的可能性，笔者咸认，它们依然是值得抄录的呢！

顾炎武母亲的信

明末清初的大学者顾炎武（号亭林，一六一三——一六八二），主要是研究朱熹的理学，擅长于考证，著有《日知录》等书。不过他成名的背后，除了充满坎坷的遭遇，更得力于养母王氏（一五八六——一六四五）的苦心教诲。顾炎武在五位兄弟之中，排行第二，在尚未出世前，他父亲就答应要将第二子过继给族人顾同吉当养子。一六〇二年顾同吉刚满十七岁，便不幸病逝，他的未婚妻王氏当时才十六岁，仍然坚持要到顾家守节当寡妇。十一年后（一六一三年七月十五日）顾炎武出生，不久就过继到顾同吉家，当时他的养母王氏才二十七岁。顾炎武的启蒙、人格的培养以及后来的成就，都要归功于王氏的教导有方。一六四五年顾家逃到江苏昆山，王氏不愿在异族的统治下生活，绝食数天后，饿死于一六四五年九月十九日。在弥留时，王氏写下了一封信，要她的儿子顾炎武终生不得为清廷效劳：

> 呜呼武儿，余与尔将永诀矣，不得不临别赠言。昨梦尔父同吉，携余行于沙漠之地，此大不祥也。然国事至此，死且嫌迟，死又何惜。惟余惓惓于尔者，不在言而在行，不在学而在品。尔故明之遗民也，则亦心乎明而已矣。余尝苛论古人，谓夷齐扣马而谏是也。谏既不从，胡弗殉国？乃登首阳采薇蕨，何为乎？噫嘻，夷齐误矣。甲子以后，首阳尚得为商之山乎？薇蕨尚得为商之食乎？噫嘻，夷齐误矣。一时侪辈莫不訾余持论之偏，独梨洲（黄宗羲）心韪之，则其怀抱可想。且余观尔友中，亦惟梨洲品诣敦笃。尔虽师事之可也。惟尔之子若孙，嘱其为耕读中人，勿为

科名中人，则尔方不愧余家肖子也。武儿，余与尔永诀矣！（无月
日时，母氏嘱。）

"月"和"日"加在一起是"明"，所以"无月日时"，表示没有明
朝的日子。王氏死后，顾炎武为母亲写了一篇辛酸动人的《先妣王硕
人行状》。

秦良玉的"石硅檄文"

明末最出名的女将军莫过于身经百战，活到七十五岁（死于一六
四八年）的秦良玉（号贞素）。秦良玉的先世是苗族，从小受教于父亲
秦葵，与两位哥哥秦邦屏和秦民屏一起读书练武。长大之后，嫁给四
川省石硅县名叫马千乘的土司。马千乘的母亲覃氏是智略双全的女土
官，因为她宠爱的次子马千驷造反事败伏诛，所以从小失爱的长子马
千乘，才能继承宣抚使的职位。一六〇〇年秦良玉用自己训练的数千
兵，削木为梃（当时人称白杆兵），保护数州郡，平定地方的叛乱。十
五年后，四十岁的马千乘因被诬告，死于狱中，自此守寡的秦良玉循
着世袭的制度，当上石硅的宣抚使。

一六二〇年辽东情势吃紧，皇帝派秦良玉带兵到东北救援。良玉
与两位哥哥带领数千名新兵赶赴战场，结果一六二一年五月四日在沈
阳吃了一场败仗。她的大哥秦邦屏战死沙场，二哥秦民屏受伤突围，
秦良玉率领精卒三千抵榆关前线。因为要追加募兵两千，秦良玉与二
哥民屏驰奔回四川，平定了奢崇明的叛乱，因功晋升为总兵官，而她
的儿子马翔麟也当上宣慰使（官位比宣抚使高一阶）。马翔麟的妻子张
凤仪也是位铁娘子，也会带兵打仗，一六三三年五月帮秦良玉在河南
剿匪，可是两个月后战死。秦良玉后来率师北上，收复滦州，占领永
平等三个城镇，终于解救了京师的危机。崇祯皇帝在金殿亲自召见这
位美丽的英雄，并赠她四首奖赏诗，其中一首如下：

凭将箕帚扫匈奴，一派欢声动地呼。

从此麒麟添韵事，丹青先画美人图。

一六四〇年秦良玉在四川败给了张献忠，但是保住了家乡石砫。南明桂王封她为忠贞侯，而且将她发布的"石砫檄文"刻在她的墓碑上：

为传檄布告我父老军士，同心御侮事。窃自献贼犯蜀，石砫震动，有议降者，有议迁者。呜呼，普天之下，莫非王土；率土之滨，莫非王臣。……今皇上神圣英武，宸谟独运，献逆虽狡，指顾成禽，我父老军士，奈何不察虚实，妄听谣诼，滋长寇盗之威，挫馁军旅之气耶！本（宣抚）使以一弱女子，而蒙甲胄垂二十年，上感朝廷知遇之恩，涓埃未报；下赖将士推戴之力，思共功名。……然有谓献贼善于将兵，所攻无弗克，所战无弗胜者，噫嘻，此实虎之伥，雉之媒也……今者贼之前锋已逾荆关，距石砫仅三日程耳，乃忽盘旋如蚁，游疑若狐，欲前复却，欲进又退，本使不知其何所顾忌而若此。虽然，临事而惧、好谋乃成，圣人之格言，兵家之要著也。本使国愤家仇，痛心交并，汉贼不两立，其势直不可以终日。然亦不敢恃血气之勇，昧壮老之义，而学匹夫抚剑之态，其有……奇谋……雄略，足以制贼死命而贡诸本使前者，固当虚衷翕受，拱听明诲。即降至舆台走卒，或有一策可师、片言足采，本使亦无不乐与周旋，崇以礼貌。

惟本使鳃鳃过虑，不得不与我父老军士约者，则以全蜀沦陷，群贼猬毛，其侦骑之密布，逻卒之四出，禁无可禁，防不胜防，是在各奋报国之心，共作同袍之气，毋许妄论诬听，毋许私徙，临阵身必先，杀敌志必果，勿欺淫，勿劫掳，勿嚣张，勿浮动。遵所约则赏有差，悖所约则杀毋赦。本使令出法随，虽亲不贷，檄至之日，其各咸知。

一七五一年董榕（号念青）写了一个剧本叫《芝龛记传奇》，其中谈到秦良玉的事迹，以及另一位明末巾帼英雄沈云英（一六二四——一六六一）。沈云英的父亲沈至绪，一六四三年在湖南死于叛军之手。云英承继父志，继续保卫城堡。

郑芝龙妻田川氏、郑成功妻董氏

十七世纪中叶，荷兰传教士 George Candidius, Ertus Junius, Aniel Gravius 等，用"新港语"对台湾的原住民传达《圣经》福音，也因此把台湾带进了历史时期；就在这个时候，三位支持南明的福建南安人，郑芝龙、郑成功、郑经也活跃于历史的舞台，并且留下了不少让后人争论的事迹。原本是海盗出身的郑芝龙，曾经受洗为基督徒，他的圣名是 Nicholas Iquan，早期在日本的平户经商，因此娶日本女子田川氏为妻，并生下儿子郑成功（原名森，字大木）。一六三〇年代，郑芝龙纵横于台湾海峡，他号令下的上千船只，垄断中国、东南亚与日本之间的丝绸海上交易。一六三六年五月，当郑芝龙被朝廷招降，任福州水军提督时，他每年的收入已经超过十万银两。

一六四〇年，郑芝龙晋升为"福建将军"，统辖中国东南三省。一六四一年到一六四三年间，是他的巅峰时期，因为除了统辖明末最大的海军之外，他的船只支配百分之六十二到百分之七十九中国出产的生丝以及百分之三十到百分之八十的各种绢、锦、绸、缎等丝织品。一六四五年夏天，南明隆武皇帝逃到福州成立临时政府时，几乎是郑芝龙、郑芝虎在幕后操纵。下面所录的是郑芝龙派人拿他的画像（穿着戎装甲胄，身旁站有军士作听令状的英武雄伟绘像），要日本当局遣使护送他的妻子和儿子郑成功到福建时，他的妻子田川氏的复函：

> 国主接将军手札，画图威仪，颇甚惮慑，召予父翌皇于偏殿，议应如何答复。宰相三水吉雄，谓吾国向无以妇女适中国者，芝龙已生子，不若遣子留妇，策可两全。国主如议行，噫吁乎哀哉，

曩悲失予夫，今复失予子，云海万里，寸心割裂，未知何日予夫妻母子，再图聚首也。望风呜咽，泣下沾裳，想芝虎叔能为予曲诉之。

一六四六年十二月二十一日，清军统帅端重亲王博洛占领福州时，郑芝龙见大势已去，向博洛投降，被封为同安伯。可是清人不信任他，郑芝龙全家在一六六一年十一月二十四日被诛于北京。这事发生的同时，郑成功继续在东南沿海跟清军作战，寻找生路。一六六二年二月一日，郑成功的两万五千军兵与九百只船队，逼着荷兰在台湾的末代长官 Frederich Coyett（一六二〇—一六八一）签下降书。可是接收了安平的热兰遮城（Fort Zeelandia）不久，郑成功便接到一件从福建传来的消息，说他的长子郑经（字式天）跟家里的乳母陈氏私通，而且已经生了一位小男婴叫郑克臧。郑成功获悉了这件家庭丑闻之时，非常震怒，立刻命手下封了一只剑，两个准备装人头的红漆桶，扬言要斩他的妻子董氏（怪她没把自己的儿子管教好）和不知礼法的儿子郑经。这时，郑成功的部将都认为不能这样做，于是大家商议，劝郑成功先杀掉乳妇陈氏以及她私生的小孩。可是国姓爷听到这种谏议后，反而更加气恼，于是又遣使到金门和厦门，要照他原先的旨意行事。不过，或许天意，在这议论纷纷、海峡两边你来我往的时刻，郑成功突然得病去世，时为一六六二年六月二十三日，享年三十九岁。下面抄录的是郑成功妻董氏训斥儿子郑经的书信：

台使来，封剑一，金龙红漆桶二，予骇怪无似，既宣藩主谕，始悉妖婢陈氏为汝祟，并祸予矣。闻汝聚集金、厦部曲，谋拒父命，噫！此大不可也。无论汝父非蒯瞆，汝非卫辄，诸将安肯唯汝命是听，即令无异言，而以逆拒顺，汝将来，何以率众？其与来使商善处之道，俟予命施行。母董氏谕。

郑经生于一六四二年，据此，这事件发生时，郑经应该是二十岁左右。郑成功猝逝后，郑经仍遵奉南明永历皇帝（朱由榔）的流亡政府，并自封为"东宁王"，承继郑氏在台湾的统治。郑经死于一六八一年三月十七日；不久，郑克臧被逼自杀，其同父异母弟弟郑克塽（号晦堂，一六七〇——一七〇七）继承在台湾的郑氏王朝。两年半之后（一六八三年九月八日），郑克塽向清将施琅投降。尽管台湾历史学者把郑成功尊称为"民族英雄"，一般的西洋历史学家，特别是荷兰学者，咸认为郑氏三代（芝龙、成功、郑经）无非是明朝社会解体后所产生的一群海盗首领。

瞿式耜的妻子、媳妇

郑氏父子在台湾继续支持当时在桂、滇、缅甸逃亡的南明政府时，拥立朱由榔在肇庆当监国最积极的是瞿式耜（常熟人，字稼轩，一五九〇——一六五一）。瞿式耜在一六一七年中进士，受天主教洗礼之后的圣名叫 Thomas。一六四七年四月十八日，清兵围攻桂林，而且有数十骑兵已突入文昌门，登上城楼，可以直接看到当时担任兵部尚书的瞿式耜的办公室。在这千钧一发的时刻，瞿式耜的妻子邵氏不仅捐出自己的簪珥当军费，而且还给丈夫献上下录的"兵机书"：

> 粤西形胜在桂林，桂林险要在文昌（文昌门就是桂林府城的东门），贼与我必争者也。乃闻敌之大队，转趋而西，此必声东击西之计，稍知兵者即能辨之，而欲愚我耳目，岂非可笑！但相公（指她的丈夫）为国守土，昕夕焦劳，筹饷筹兵，置己躬于弗恤，此固臣子义所应然，惟亦须稍惜精神，从而调摄之。昔诸葛忠武食少事繁，自知不久，而五丈原之星遂殒。妾为此言，非劝相公自爱，实欲相公爱此身以报国也。家事一切，皆遵相公指嘱，已部署清晰矣，此一条肠可割断。军旅之事，未尝问学，妾何敢妄肆喋喋？然有一得之见，贡诸相公之前，尚乞俯察。
>
> 敌之擅长在骑射，而孔有德又百战之劲，自岳长驱而下，其

势虽盛，其志已骄，若我与之交绥，俟其结阵已定，然后搏战，则兵士或亘一强弱寡众之形于胸中，难免不先气馁。以妾愚论，南宁（即焦琏）矫健，无论冲锋陷阵，实足令万人辟易。不若于敌阵未结之先，令率锐骑先陷其中坚，而以胡一清（南明勇将，绰号胡铁头）殿南宁之后，相公再以正兵分为二大翼，左右包抄，使敌人入我算中，必无噍类。乘胜逐北，连州诸郡不难恢复矣！乞相公裁酌行之。

一六四七年桂林之役，瞿式耜采用妻子邵氏的策略战术，命焦琏攀上东昌城门，再破城而出。之后焦琏又负背着永历帝逃出险境。在战守的三个月中，瞿式耜身立矢石炮火中，与士卒同甘苦，终于守住了桂林，而且杀死了清兵将领孔定南。焦琏甚至收复了阳朔与平乐。不过三年半之后（一六五〇年十一月二十七日），桂林还是失守。当清兵入桂林时，城中无一兵，瞿式耜踞坐于地，一直到就刑时，还口唱诗赋，坚不投降。被孔有德关了四十一天之后，瞿式耜在一六五一年一月十八日从容就义。明朝文献并没记载瞿妻邵氏的下场，但如果以她的宗教信仰和坚贞节义的个性来判断，应该也是殉难无疑了！

瞿式耜的儿子瞿伯申娶才女陈结璘（字宝月）为妻。宝月有兰心蕙质的天禀，又会画山水，她著有《藕华庄集》，其中较有风味的五首如下：

卷帘

柳色侵帘幕，风光黯画楼。
月分千片雪，雨隔一重秋。
点豆教鹦语，通巢破燕愁。
鬟钗依约处，恐被玉钩钩。

春日村居

栽花日日问花期，陡觉褰帘报晚曦。
曲巷鼓喧催社早，幽窗香满怯诗迟。

评茶客响春泥屐，索酒邻开腊雪卮。
珍重月明梨梦醒，海棠消息又宜时。

雨过

雨过深庭草压扉，霜苞初析翠梢肥。
莺喉咽晓圆犹滑，蝶翅翻晴堕又飞。
应怯露凉添素谷，最宜花气润金徽。
朝来麦陇看新浪，小妇溪头叫浣衣。

秋怀

西风飒飒雨初收，络纬寒螀四壁幽。
梦里不知身是鹤，望中何处桂为舟。
凉侵扇影埋秋箧，润逼衣香熨夕篝。
惆怅露华今夜月，婵娟两地炤离愁。

冰花

化工着意点衰丛，开落寒山万木中。
谢豹断魂啼夜月，春驹无梦采深红。
璘珑巧结愁朝旭，皓白轻妆簇晓风。
未比堕官劳剪刻，依稀几朵玉池东。

第五章　一般妇女的生活状况

明代一般家庭主妇，在礼教严格规范下，通常是"言不出闺阃，足不出厅屏，目不观优舞，身不近巫尼"（钱谦益著《牧斋初学集》卷五十八）。当时社会女性的行为准则是：痴人畏妇，贤女畏夫，三从四德，乃妇道之常。男人所做的事，女人不要去管他、拦他。钱谦益自己的母亲一生都"择辞而说，择地而蹈，浃月不出闺阃，经年不识听屏，不接游闲之女，不近祢冶之尼，耳不听瞽词吴歌，目不识优舞童索。戚属族出邀嬉，必辟太淑人，有出闺之言，相戒勿令太淑人知也"（录自钱谦益《牧斋初学集》卷七十四《先太淑人述》）。

钱谦益出自书香门第，家有恒产，奴仆成群，属于宦门地主的上等社会阶级，因此他的母亲不能算是一般家庭主妇的代表。芸芸众生，只求温饱家庭中的主妇，不仅要常出闺门，还需要做其他粗重的户外工作。当然，钱太淑人不屑一顾的巫妇女尼，也是有她们的生活规范，还有靠歌舞演戏谋生的优伶也不能跟钱家大奶奶相比拟。不过，如果换到一种做生意的或者是自耕农的家庭，那么家里女主人跟外界的接触又是如何？明朝正德《江宁县志》列有一百零四种做生意的"铺户"。我们首先看看一个比较典型的中等家庭主妇的日常生活，然后再比较两三位管理庞大事业的"女强人"，再谈一下《金瓶梅》中虚构的另一种"不正常"（abnormal）的女人世界。下面是中上产阶级归有光母亲的日常生活。

归有光的母亲

昆山（明时属江浙省，今属江苏）人归有光（一五〇六——五七一）所写的《先妣事略》，虽然不到一千字，却足可充当明代女人家居以及社会活动的缩影。归有光的母亲周桂，一四八八年生于昆山县城东南三十里的吴家桥。父亲周行是位敦厚殷实的太学生，母亲何氏是位和蔼的乡下人。归有光的母亲还不到十六岁时就嫁到归家，过了一年生下归有光的姊姊归淑静；一年后，生归有光；再过一年，生了一对双胞胎（可是在满周岁以前都夭殇）；又过一年多，生下归有功。从这个家谱看来，归有光的母亲从十七岁（虚岁）开始，一直到二十二岁时，每年都在生孩子，前后总共生了七个，其中两个夭折，但有五个长大成人。在还没有有效避孕药品的十六世纪，归有光的母亲不堪负荷，于是想办法节育。有一天，一位老婆妈拿来一杯水，泡了两只田螺，告诉周桂说，喝下那碗水，以后就不会怀孕了。归有光的母亲举杯一饮而尽，可是却中了病毒，声带喉咙受到感染破坏，从此就不能讲话！

明代社会对女人的要求很苛刻，很严厉。像归有光这种家庭，男孩子跟女孩子在七岁（虚岁）后就不能同席，女孩子十岁时就要开始闺房训练，要"内言不出，外言不入"，而且要穿耳，要学习施用脂粉、戴首饰、整梳头发等内规。当然大部分的女孩子在这种年龄已经缠了足，而且知道如何处理绣鞋和鞋布的事宜。归有光的家庭算是小康以上的人家，家里雇有婢女、仆人。他母亲不愁吃、不愁穿，可是每天从早到晚还是忙得不可开交，无法偷闲。想想看，她的大孩子在身后牵着她的衣襟，地上还有学爬、学走的小孩，怀里还要抱着吃奶水的婴儿。忙到这种地步，她白天仍然得抽空纺棉花、绩麻线、做针线活；晚上督促儿子背《孝经》、写毛笔字（归有光五岁时进学堂）。

生了那么多孩子，又要日夜操劳，又兼上呼吸器官有问题的周桂在正德八年（一五一四年）阴历五月二十三日溘然长逝，仅仅活了二十六年三个月。归有光的母亲死后不久，吴家桥发生瘟疫，周行全家得急性传染病，先是归有光的外祖母去世，接着他的舅妈、姨妈也相继死亡，整个周家大家族先后死去三十口，只有他的外祖父周行与二舅幸免于难。归有光母亲过世后的十一年，他的姊姊归淑静嫁给王三接，这是他母亲生前亲自许聘的。十六年后（即一五三〇年），二十四岁的归有光娶妻，也是他母亲在世时合八字订的亲。归有光在一五六五年中进士，官做到南京太仆丞。

商贾、地主女管家

明朝到了正德、嘉靖年间，家饶资财的商贾、地主、乡绅愈来愈多。一般说来，明朝政府并不压制商人，而且商人所缴的税并不多。经营盐、茶、铜、铁、矾、墨、染、漆、布、棉、扇、竹的商人致富者此起彼落，为数不少。譬如说，无锡三大富家：安国、邹望与华麟祥，传说每天可进斗量的金银。除了苏州、松江、嘉兴、湖州、杭州经济比较发达的地区之外，山西的茶商、广东福建的船主、江淮的盐商等，都因做生意赚钱变成拥有土地、生产工具以及充裕资金的雇主。当老板的男主人因商务、宦游或其他原因离家时，留在家里的元配妻子就要当起女主人。她们经常雇用自己的仆奴从事各式各样的生产活动。

王世贞在他的《弇州山人四部稿》中，写下他伯母龚孺人的小传：

"孺人质明坐寝堂，男女大小数千指，旅见各报所业。……畜悖蹄角以百计，水挐鱼鳖以石计，圃人治果蓏芥蔬以顷计，诸水陆之饶，计口程其羡时赢缩而息之。"从龚孺人所经营的畜牧、鱼盐、果园、农地来推敲，她每个季节需要数百人的劳工参与生产工作。在此情形之下，王家一般需要几位处事老成的老管家，明人叫"大家人"来当工头。这些"大家人"自幼在王家长大，受到龚孺人的信任，所以她会买身家清白的女孩子，配嫁给她家的"大家人"。这些妇女进了王家之后，就得按日轮流煮饭、洗衣，帮忙喜庆节宴等家务琐细工作。除了这些工头"大家人"及"大家人"的媳妇之外，龚孺人还需要雇佣一批大小丫头当女婢。大丫头的职务是铺床叠被、打扇端茶，小丫头担任提水扫地，做一般较粗贱的工作。有些富农的大家庭，甚至还需要少数的养娘（乳母），俾能负起哺育幼主的工作；或者是陪嫁的老妈子浣洗少奶奶衣服，尤其是少奶奶在月经来潮以及少奶奶在坐月子的时候，最需要老妈子的贴身帮忙。

王世贞在《弇州山人四部稿》也提到一位有经营才能的女主人叫郭太宜人。"太宜人者，盖尝事封吏部公矣。……吏部公读书，长而多游侠，委家政太宜人……诸臧获百指，畴技工作，畴行贾，畴女红，纤巨一切，以材受署。"可以想象，这位郭家太宜人不仅要管农耕，管

明代妇女各式首饰衣着（出自《金瓶梅的丽美图》）

技艺，管妇女纺绩手艺，还得管行贾买办，经手金钱等大小事务，她绝对不会逊色于现代拥有 MBA 学位的商管专业人才。

　　明代的江南相当富庶，尤其是苏、松、嘉、湖、杭等地所产的各种丝织品，带给商人无穷尽的财富。可是要将生丝纺绩成诸色的纱布、锦缎、绸绢，需用相当多的劳动人力。经营纺织手工业的富家人因此大量蓄买女婢，供给她们吃和住，同时教她们纺绩的手艺。王世贞同时也记载一位顾安人说，她"课耕纺，率劳食，兴臧获……"，终于使她们家的经济情形，稍稍富饶起来。

　　明代末期由于商业的加速发达，城市手工业人口的持续增加，有经营头脑的大地主、大商贾更是大量地利用他（她）们的"大家人"当买办，当经理，而且更放胆地利用家里女婢当生产工具。这种现象可从庞尚鹏在万历年间出刊的《庞氏家训》一书看出端倪。庞尚鹏写

明代员外与他的妻妾（出自《画中人传奇》）

说："民家常业，不出农商。通察男妇仆几人，某堪稼穑，某堪商贾，各考其勤果否相称。"此外，冯梦龙（一五七四——一六四六）在《醒世恒言》第十八卷《施润泽滩阙遇友》的故事中，述说当施复夫妇生意开始兴旺之后，他（她）们就买了三四十张绸机，同时邀了几房家人来一起工作。

上述这几位女主人在家里显然掌握了相当的权力，可是如果看一看《金瓶梅》小说中虚构的西门庆家族，那么女人充其量只是男人的玩具与商贾大房子的装饰品而已。贪财好色的西门庆拥有众多妻妾女人：包括重视自己是元配地位的吴月娘，懂得描眉画脸奉承主子的潘金莲，风月比不上潘金莲、也不受宠的李娇儿，孝服未满便再嫁给西门庆的李瓶儿，后悔嫁入西门庆家、把握机会改嫁他人的孟玉楼，被吴月娘视为奴婢的四房孙雪娥，懂得逆向操作手腕的郑爱月，性格伶巧但多狡诈的李桂姐，以及识大体的吴银儿等。《金瓶梅》作者笑笑生利用李桂姐道出当妓女的悲苦辛酸，也借西门庆的淫乱早死，来突显未亡人吴月娘的权力与责任。吴月娘终于看见了自己的命运，而且开始行使女主人的权威来管理家产以及众多奴婢，包括把潘金莲发卖（最后由武松出价买下）等等。

四大职业类别

明朝开国皇帝朱元璋在位三十年，一三九八年六月二十四日死时，遗有五十八名子孙。可是到了一五四九年时，朱氏皇族增加到一万人以上；此后再以几何级数的递增，在一六〇四年时，拥有朱元璋 DNA 的直系亲族已经超过八万人。不过如以当时中国的八千万人口来计算，皇室子孙贵戚的人数也不过才占全国人口的千分之一而已。第一章到第三章所讨论的宫闱女人、亲王勋臣的女眷，实在不能代表明代女人的真正生活。为了努力将具有代表性与特殊性的明代女性让读者参考，首先要提纲挈领地介绍明代的社会秩序、经济结构与职业分户。朱元璋因为要有效控制人口，所以在一三八一年颁布"黄册"于天下，当作政府课赋税、征差役的依据。"黄册"的基本原则是"在籍永业，役皆永充"，要将人民永远束缚于固定的租赋力役。为了实施这个政策，明朝政府把当时人口编为"民户"、"军户"、"匠户"与"盐户"四大职业类别，同时制定"鱼鳞图册"、"军册"来相辅相成。

在此四大职业类别中，世代都要承袭的军户几乎占了人口的三分之一（在不同的朝代也许只有五分之一或六分之一）。在一四〇四年（永乐二年），永远隶属于军籍的就有两百万家，他们大致来自从征、投降、归附、谪发、垛集和抽籍。虽然军户可领月粮，出差有口粮，也有军房田地供妻子居住，可是军役繁重，除了守城之外，还要屯耕，而且上司私役军差，不胜繁重，又兼之编制到远离家乡的卫所单位，当军人这行职业逐渐不被社会尊重。明代中叶以后，连民户的人家都不愿跟军户通婚结亲，致使政府要强制将抄家没籍的妇女配给军人当老婆。更糟的是，到了明朝晚期，有大量的军户人家，不安于军征的生活，集体逃亡。

匠户有民匠和军匠两种，军匠隶属兵部，直接由分布于全国各地的卫所管辖；民匠则隶属工部，提供政府各单位作无偿的劳役与服务。民匠户的职业分类很多，主要的分有轮班工匠与住坐工匠，也是要世代相袭，不得转业。属于住坐的匠户是因为永乐帝在一四二一年国都北迁，于是把应天府的两万七千户建筑业、营造业、制造业家庭附籍于顺天府（包括北京、大兴、宛平）。住坐工匠可领月粮和值米，也可免除杂役，规定通常每个月服役十天。至于轮班的匠户有些是一年轮班一次，有些是三年一轮，有些是五年一轮不等。

依据《大明会典》卷一百八十九，明代初期轮班的各色工匠共有将近十三万人，其中五年一班的包括木匠、裁缝匠；四年一班的包括锯匠、瓦匠、油漆匠、竹匠、五墨匠、妆銮匠、雕銮匠、铁匠、双线匠；三年一班的有土木匠、熟铜匠、穿甲匠、搭材匠、笔匠、织匠、络丝匠、挽花匠、染匠；两年一班的有石匠、舱匠、船木匠、箸篷匠、橹匠、芦篷匠、戗金匠、绦匠、刊字匠、熟皮匠、扇匠、鱿炷匠、毡匠、毯匠、卷胎匠、鼓匠、削藤匠、木桶匠、鞍匠、银匠、销金匠、索匠、穿珠匠；还有一年轮一班的，包括表背匠、黑窑匠、铸匠、绣匠、蒸笼匠、箭匠、银朱匠、刀匠、琉璃匠、锉磨匠、弩匠、黄丹匠、藤枕匠、印刷匠、弓匠、镟匠、缸窑匠、洗白匠和罗帛花匠。

　　轮班的工匠一般是按照朝廷和地方政府的需要，自己筹措往返旅费，到各地服役。如果说，每一个匠户都有老母、妻子、女儿的话，这位应征的匠工就得抛妻离家，到所指派的地方服无偿的劳役。其中所衍生的问题，尤其是留在家中的妻女，如何维持生计，如何应付日常生活的挑战，的确值得学者再进一步的研究。明朝《英宗实录》卷一百五十三有一条记载，明确地道出当匠户的处境："然路程窎（遥）远者，往返动经三四余月，则是每应一班，六七月方得宁家。其三年一班者，常得二年休息；二年一班者，亦得一年休息；惟一年一班者，

明代职业户图像（出自明崇祯刻本《天工开物》）

奔走道路，盘费罄竭。"

一四五四年之后（当时全国轮班工匠大约有二十四万人），政府规定每四年轮班一次，可是因为受到经济商业化的影响，有才能、有野心的工匠多流入市场去找较好的工作，去赚更多的钱。那些留在政府官员监督之下、继续工作的匠户因此开始怠工、隐冒和逃职。

明代的社会，除了皇亲国戚、勋臣职官，"军户"、"匠户"与"盐户"，僧尼道士，以及贱民之外，其他所有的人口都笼统地归于"民户"的职业类属。一般所谓的贱民包括在丧葬过程中帮助号哭助哀的"嚎丧户"，以乞食向人讨饭过活的"丐户"，以演戏歌舞或者包办礼仪为职业的"乐户"，以及靠伎乐、声色或者卖淫讨生活的"妓户"（详看第九章和第十章）。如果不是贱民，则全部归属于良民的"民户"，所以民户的范围相当的广泛。除了大多数从事耕种、而且有田地的人户之外，民户还包括儒户、佃户、茶户、渔户、马户、矿户、船户、商户、车户、陵户、果户、坛户、库户等等。很显然地，属于民户的人口是明代粮食、布帛、棉花的主要生产者，更是国家最重要的纳税人和差役人力。

为了管理这些纳税人和差役人力，明朝政府颁订了下载的法规（见《明太祖实录》卷一百三十五）：

> 其法以一百一十户为里，一里中推丁粮多者十人为之长；于百户为十甲，甲凡十人，岁役里长一人，甲首十人，管摄一里之事。城中曰坊，乡都曰里。凡十年一周，先后则各以丁粮多寡为次，每里编为一册，册之首总为一图。其中鳏寡孤独不任役者，则带管于百一十户之外，而列于图后，名曰畸零。成为四本，一进户部，其三则布政司、府、县各留一焉。

明代初叶跟中叶，在地方上能当上甲长或里长的耆老人家，大概都会受到邻里相当地敬畏，问题是他们背后的妻子如里长夫人，都很少有纪录。当然她们的女儿如何教养，跟一般宦门家庭有何差异，也是让人有想象的空间。上面一章提到的几十位女诗人当中，有几位是出自这类社会背景。第七章、第八章介绍的贞女、节妇，不少都是来自这种家庭。不过下面所谈的"马户"、"茶户"、"盐户"、"渔户"与"船户"人家的妇女，要接受教育的机会大概是相当地困难。

马户、茶户、盐户

明朝开国之初，为了驭守边陲并控制资源，在东边、北边设有马市、马场，在西边几个地方设有茶市、茶场。一四〇六年，永乐皇帝在北京北方、辽东、陕西和甘肃开办了四个"苑马司"的畜牧养马专区。指派到这些地方的"马户"饲养人家，每年要交给政府好几万匹的战马，譬如说辽东地区大概两千匹马，而陕西则是一万三千匹到一万四千匹。可是到了明代中期以后，牧地草场愈来愈少，官吏需索严苛，一般的马户不堪征剥，负担过重，造成很多孤儿寡母的贫穷马户。

明代时期，中国产茶的地方很多，包括南直隶、浙江、江西、湖

明代"马户"妇女（出自《三遂平妖传》）

广、四川、陕西等地。在产茶的地方设有茶课司，定税课额。因为边疆民俗爱吃奶酪，要用茶当佐助饮料，明朝因此以茶换马，严禁没有执照的一般茶户直接跟少数民族买卖茶叶。种茶人的辛苦可由杭州府富阳县（东临钱塘江）的一首民谣窥其一斑："富阳山之茶，富阳江之鱼，茶香破我家，鱼肥卖我儿。采茶妇，捕鱼夫，官府考掠无完肤。"久而久之，茶法跟马政一样，最后也是败坏变成具文。

盐是明朝政府税收的主要来源，因此盐的生产和买卖都由政府垄断，官方在全国各地派有专人管理海盐、井盐、池盐、岩盐和土盐的煮晒生产。一四〇二年当朱棣登上皇位时，中国每年从六个产盐地区——两淮、两浙、长芦（顺天府）、河东（山西）、山东以及福建——提炼超过两百五十万引（大约六十万公吨）的食盐。如果再加上广东、四川、陕西和云南的池盐、井盐和土盐，那么盐的总产量数字还要更高。明朝政府分配盐丁到盐田工作，在支付工本费给这些"盐户"之后，便把盐贩卖给得到许可证的商人。一个"引"的执照，容许盐商购买大约两百四十二公斤的盐，盐商支付的税款大概是他购买食盐价格的二十分之一。十五世纪前半，政府每年收入的盐税最少有一百万两银，可是盐丁或灶丁的生活却是相当辛苦，收入又微薄，一般老百姓都不愿意充任。到了正统朝，"盐户贫困，逋逃者多"，造成社会不安宁。盐户每丁（男性）每年要缴纳二十引（大约四千八百四十公斤）的税，而且如果私卖盐被捉到的话，要打一百杖，还要到边远徒役三年。

现在的问题仍然是，盐户的女眷参加取卤、淋卤、晒盐和收盐的生产过程是如何？譬如说，一口盐户人家只生一个男孩，但却有五六个女孩，免除杂役的这家盐户每年就规定要付九千六百八十公斤（因为父子加起来两丁）的税，可是五六位姊妹是否每天都可以帮忙父兄工作呢？明朝官方的文献记载，到了中叶以后，很多盐户都因欠政府盐税而逃窜；有的潜逃到别的地方当佣工，有的出赘当人家的女婿，有的改名改姓去当兵，甚至还有的剃掉头发当起和尚。正统年间（一四三六——一四五〇）仅仅在松江一带，欠负盐税的人就达到六十多万。

此中最大的原因是政府的压榨与苛法，依据《大明律集解附例》卷八"人户亏兑课程"条规定：

> 凡民间周岁额办茶、盐、商税诸色课税，年终不纳齐足者，计不足之数，以十分为率，一分笞四十，每一分加一等，罪止杖八十，追课纳官。

此外，有可能是受到不良天气（如水灾、风灾）或物价的影响；当然假如米价上涨、盐价下降的话，盐丁的收入支出也一定会受到某种程度的损失。可是当盐户因贫困负税而逃亡时，他们的母亲、妻子、女儿又要怎么安置呢？或许这个时候，当尼姑、或妓女、或婢女、或老妈子，以及弃婴的人数，也自然要相对地增高吧！

船女、渔女

明代中叶以后。那么多"盐户"消籍逃亡的另外一个重要原因是走私。虽然食盐是管制品，禁止制盐的人私自贩卖，可是两淮及江南产盐地带都是水运相当便利的地方。在有利可图的诱惑之下，不少"盐户"就勾结善于操舟、谙习水路的"船户"铤而走险，走私卖盐。如果遇官军缉私，或者以贿赂过关，或者被逼上梁山就加入了海盗。至于被编佥为"船户"这类的职业户，他们虽都是靠船为生的民夫，但是其间的细分称呼繁多，诸如棹卒、艇子、楫师、舫子、水手、舟师、水夫、俏家、船工等不一而足。宋应星（字长庚，大概生于一六〇〇年）在《天工开物》（一六三七年初版）书中，将航驶于明代江河的船分成主要的五种：包括（一）往来于大江，专门负责运库银的江船；（二）穿梭于连绵湖泊的湖汭船，诸如哨船、渡船、画舫；（三）航行于各大支流内河水域的河船；（四）专门载贡粮走大运河的平底船（又称漕船或粮船）；以及（五）以捕鱼维生的各类渔船。船户渔民因为汇聚在无定所的江河湖泊，四处浮荡，他们人口众多，但较难统计；

而且他们之间收入差距很大，也不好掌握。

除了帮政府及雇主服务，载运各种物品之外，一般船户鲜少跟陆上的人家来往。他们的社交圈子几乎都围限在湖、河、海的范围。俗语说，物以类聚，所以他们婚姻的对象大多数都在同业之间做选择。长此以往，处处无家处处家的船户，简直就是生活在另一个真正名副其实的"水乡泽国"世界。属于社会低层阶级的船户，他们的子女受教育的机会应该相当有限，他们的子孙能中解元、中进士的也是寥若晨星。如果要进一步了解他们以及他们女眷的日常生活，也只好靠有学问的文人留下的零星记载。譬如说，吴敬梓在《儒林外史》提到一件船妇骗钱的事：凤四老爹（凤鸣岐）与万中书等五人乘船过苏州，船上遇到一个收丝的客人，被船妇以一度风月的方式，骗去两百两银子。凤四老爹将江船妇骗上船，取其衣裳，向其汉子取回两百两银子。

祝允明在《前闻记》的"片言折狱"叙说，某县有位商人外出做生意，雇用一只船装载货物。这商人在船上等待他的仆人，却看不见仆人的踪影。这时船户看到船上装满了那么多昂贵的货物，忽然起了贪念，又看到商人孑然一身，没人作伴，又是僻寂、无人所在的地点，于是便把那位商人推挤到水里，自己载着赀货回家。事后仆人找到商人的尸体，告上官厅，把船户捉起来，坐抵处刑。

同样是依水而居的渔户，他们捕鱼用的船从六桅到两桅不等，也是属于四业之外的低层社会阶级。不过聚集在渔村（陆地）的渔民，他们的生活方式比较接近农民，而且因生于斯，长于斯，他们的社会关系比较稳定，大部分均放任生育多子多孙。明代法令并没有明确征课渔户税役，但是他们按规定要到河泊所登记设户籍，并且岁纳若干钱、钞、米、鱼。万历年间，全国大约有一百零二所湖泊所，分别由布政司、府、州、县管辖。有些县，诸如湖广的沅江县，因几乎每家都是渔户，县里主要的财政收入就是对渔户课税。沅江是洞庭湖的西流，又是五河汇流之地，所以沅江县没筑城廓，除了寒冬之外，家家户户都备有各式各样的渔船捕鱼过活。当然每种行业都有一本难念的经，渔户捕不到鱼时，或者鱼价不好时，卖子典妻来支付家庭费用及缴纳官府课赋的，还是时有所闻。反过来说，一般明代画家、诗人、名士非常向往渔人的质朴生涯，以及渔家女人"见郎娇不避"的习性。然而他们诗情画意所描绘的渔家生活，到底跟实际的苦乐情形还是多少有所出入。譬如说，唐寅的《渔村夕照》（见《明诗纪事》卷十一）咏说：

> 鸥鹚唬断雨初晴，渡口风来水气腥。
> 溪北村南齐晒网，钓船闲在夕阳汀。

现代的医学常识告诉我们多吃鱼可降低人体的胆固醇；不仅如此，鱼肉所含的 Omega-3 有助消除关节炎等毛病。另外的好处，应该是可以保持皮肤的净白健康。郑敷教在《郑桐庵笔记补遗》（收集在《丛书集成三编》之十），记载了一位明代渔户邵白以及他美貌白皙女儿的遭遇：

> 邵白有渔船，生一女，国色，好食淡嗜洁，日尝瞑目无事，惟向净湖盥漱十余次，而已年十五六，父母为求匹，不许。富贵家多重赀求之者，益不许。至十八岁，忽自沐浴端坐，从手掌中放三昧火焚而逝，而肉身不坏。

以渔家当主题作画写诗最用心的是无锡人王问（字子裕，号仲山，一四九七——一五七六）。王问不喜爱大都会，选择太湖湖岸的宝界山（无锡南方十六里处）建筑一座有竹、有树、有花、有石、有水的别墅。他别出心裁所绘的八幅风景图都是以宝界山当背景，而其中最有名的是一幅《渔乐图》（为日本人岩崎伯爵家所收藏）。这幅画以低洼的湖泽及一条贯穿其中的河流为背景。前景主要是茂郁苍绿的竹跟树，参夹着两条小船跟船上的捕鱼人，而远处的水平堤正是卧在烟雨中的渔村住户，加上另外几只渔船正漂流在浅灰色的河水上出航。这幅画令人一看，就是人间天堂呢！另外王问在《王仲山先生诗选》卷八

《鱼隈》也写了一首描述渔村风光的小诗：

> 日暝得鱼归，妻子欢自足。
>
> 系船湖水边，上山伐黄竹。

职业户制度的崩溃

除此之外，还有少许特别的职业户，包括占卜相命的阴阳户，在驿站传递消息文件的站户，当富人雇工的营生户，以及诊治病人的医户。从一五二六年开始，明朝政府规定考取医生的制度分为三等：考上一等者可充当皇帝的御医，二等跟三等者可在太医院行医看病，或者到各王府去当"良医大使"。编写《本草纲目》的李时珍（一五一八——五九三，湖广蕲州人）当时考中了二等，之后在北京太医院行医济世，采用所谓的"四诊"方法（望、闻、问、切）来诊断治疗病患。现在的女孩子，喜欢嫁给医生，不知明朝社会也有同样的现象吗？

上面介绍了这么多职业户，主要是想帮助读者能更进一步了解明代女人所处的客观环境。除了跟现代人有截然不同的律规习俗之外，读者还必须注意明人在称呼、观念以及时空上的差异。以时空为例，从一三八一——一六四二年的两百六十年间，"黄册"总共编修过二十次之多，可是依然无法应付明代社会与经济结构的改变。原因是人口的增加和流动，加上经济的商业化以及钱币的改制，逐渐地、不可避免地冲破了以世袭制度为基础的"职业户"藩篱。明代中叶以来，卫所屯田制度崩溃，皇亲富豪侵占民户田地，致使屯军、农民大量逃亡，工匠、盐户流入市场。后来每逢大荒大灾，大批无家可归的难民就涌向南方，造成北方空虚无人耕田纳税，南方社会动乱不安，这时"黄册"已经慢慢地失去了它的公信力与公权力。早先，"黄册"所规定的赋税劳役是"以田为母，以人为子"，可是人口有去有来，而田无法交易。百年之后，户口的出入，田产的细分与买卖，使得官方在按籍执行征税、编徭、收租的效益就显得不彰。

　　等到明代末叶，除了人口的量变跟质变之外，再加上政治的腐化以及银币的运作不当，赋役繁杂，矿税四出，人民就相率逃移隐匿，或者四处舟居、山居，或者冒属、冒报、漏报。明朝在万历当皇帝之后，到外地谋生当营生户或临时雇工的人数节节上升，可以说整个职业户的原先架构已经分崩离析。从十七世纪开始，家道贫困的军户、农民受官府棰楚囚牢之苦，常常逼得支应无从措办，有的全家逃窜，有的挑担过河越岭去做买卖，有的要抛弃老弱，有的要典卖子女。不要说明初所设的职业户制度已经破产，就连整个社会秩序也是荡然无存。在此情形下，妇女的负担更加沉重，生活更加艰苦。农村的妇女要学做糖食、染布来补贴家计，要抛头露面跟贩客打交道。在客栈男女同席而饮已经是司空见惯的现象。当然被富人买为佣仆女婢的数量，或是堕落到烟花卖淫的女人，也增加到史无前例的状况。

第六章 女尼与少数民族妇女

朱元璋刚刚平定天下时，帮他立功拼命的将帅很多有红巾军背景，而且这些军人当中，很多人相信真的会有"弥勒"转世来救治世人，所以当上皇帝的朱元璋就反对、并严加禁止白莲教的活动，不准人民祈祷圣书，或者迷信画符、神咒。因此当湖广罗田县（妖人）王佛儿自称他是弥勒佛降生，并且传写佛经惑人时，就被官军捕斩。湖广蕲州广济县男女聚集，创立白莲社不久，也通通被官军捉捕。如此一直到洪武五年（一三七三），朝廷才同意发度牒给僧人和道人；再十年后（一三八三），才决定设立管理佛、道教徒的僧录司和道录司。

等到一三九二年时，明朝政府又再一次清理佛、道的宗教事宜，限制每三年才给和尚一次官牒，而且把各府州县的寺观庙宇重新合并。在府设立的寺观不得超过四十人，州不得超过三十人，而县最大者只准容纳二十人。不但如此，男性一定要四十岁以上才能当道士或和尚，女性则一定要五十岁以上才能出家当尼姑或女道士。一三九六年时，礼部下令全国僧道需要到京师考试才能拿牒，不懂经典或考不及格者，全部都罢黜、取消他们当僧道的资格。自此以后，皇帝可赐高僧"法王"、"佛子"、"大国师"等封号；道士则有"大真人"、"高士"等封号。

"佛母"唐赛儿

永乐统治中国期间，弥勒显世、普度众生的谣传还是持续不断。先是江西人李法良在湘潭聚众，信徒蔓延至安福。李法良后来在江西吉水县被擒拿，交给丰城侯李彬，送到京师处死。不久山西的刘子进也因利用白莲教作乱，在一四一六年被杀。四年后，明朝规模最大的教乱在山东发生，株连受影响的近万人，而且领导者是一位名叫唐赛儿的女尼。

唐赛儿是山东蒲台人，原先嫁给同乡人林三为妻，丈夫死后信奉佛教，自称"佛母"。唐赛儿说，有一天她从丈夫的坟墓回家途中，经过一个山崖，看到山崖底下有一具石函。她打开石函一看，竟发现一本宝书和一把神剑。读完宝书之后，唐赛儿宣称她能卜神，能知道过去，也能预卜未来。自此，唐赛儿就开始剪纸做人、做马，而且用符咒将它们变成有生命的军队来替她打仗。这种能驾役鬼神的魔术就是白莲教吸引无知农民的有效手段；不多久，她就拥有数千男女信徒，而且攻占了益都地方的卸石栅寨。当时明朝指挥官高凤败死，使唐赛儿的气势更加炽盛。一四二〇年三月二十四日永乐皇帝接到这消息时，唐赛儿的"佛母"子弟正在围攻安邱，而且乱军快速地向南、向东方向挺进。

当朝廷最初接到这消息时，曾发布招降令，保证投降者免受处罚，可是无效。一四二〇年四月十日，永乐任命安远侯柳升带官兵到山东追剿。唐赛儿的"佛母"子弟兵依然继续攻打安邱跟莒州，一直到四月底，柳升的数千骑兵才平定了这次的宗教乱事。《明史》卷一百七十五载说，官军杀贼两千人，生擒四千余人，最后带到北京——诛杀，可是唐赛儿却逃之夭夭，不见踪影。永乐生气懊恼之余，下令逮捕山东及北京地区的所有女尼及女道士，甚至全中国出家的妇女，先后几万人都受了灾殃！

找不到唐赛儿的下落，反而致使民间的传说更加绘声绘影，说唐赛儿真的是佛法无边。明代历史学家徐学聚在他的《国朝典汇》（共两百卷）称，唐赛儿其实是被捉到的，可是在刑场时，刽子手的刀剑伤害不了她的身体，而且所有加在她手脚的刑具也都松掉脱落，因此她才可以从容地隐身遁走。徐学聚的说法不仅记载在《明实录》中，就连谷应泰（死于一六八九）的《明史纪事本末》（共八十卷）也证实此事。到了十八世纪初期，吕熊著《女仙外史》一书，居然把唐赛儿从叛逆乱贼的身分晋升为救世神仙！至于以佛门煽惑民众谋乱的事情，一四五五年在淮南出现过一次，一四六五年在山东跟京畿之间又发生一次，两次的领导人都被擒获，并被枭首于市。可是明代女尼的信仰及她们的生活又是如何呢？

观世音菩萨

明代信仰佛教的女人，不管是出世或入世，当尼姑的或是在家吃斋修行的，都把观世音当作她们的救世主。明代的妇女，上自尊贵的皇后，下至贱女乞妇，她们随时随地都可以和大慈大悲的观世音做精神上的沟通，特别是当她们面临生病、痛苦或无法解决困难时，她们会祷告祈求观音帮忙救赎。早在一四○三年，永乐皇后徐氏就已经出版了一部有关佛教大功德的小册子，描写她跟观世音之间的微妙关系。徐皇后说，一三九八年的农历新年（当南京当局考虑要削弱燕王的势力时），她在房间念经叩头，请求观音怜悯救济。果然观音应验出现在她面前，对她透露说，她的丈夫将成为下一任的皇帝；因为这是因果和几世累积的"业"绩，她将成为皇后。小册子还说，观音同时指示她怎样每天朗诵大功德经，包括如何善待众生，如何培养内心的纯洁、诚信、忠孝等美德。徐皇后又说，正因为她持续不断地朗读这部佛经，她才有办法度过靖难内战的最黑暗岁月。最后，徐皇后以真人的口吻证实，观音答应她，十年以后还会跟她再见面一次。徐皇后朗诵的《观音梦授经》总共有七十八个字如下：

> 南无观世音菩萨，南无佛，南无法，南无僧。与佛有因，与佛有缘，佛法相因，常乐我静。朝念观世音，暮念观世音，念念从心起，念佛不离心。天罗神，地罗神，人离难，难离身。一切灾殃化为尘，南无摩诃般若波罗蜜。

一四〇七年八月徐皇后过世之后，她的三位儿子——皇太子朱高炽、汉王朱高煦和赵王朱高燧——都为母亲的小册子写后记。而在一四一三年，为了遵守传统的孝道，这三个儿子在南京聚宝门外的报恩寺，建造了一座金碧辉煌的九层琉璃瓷砖宝塔。六年之后（一四一九），永乐命令内府刊刻十六卷的佛教歌曲《感应歌》，用来教导匹夫匹妇，使他们容易了解佛教经文。

其实观世音本来是一位男性的菩萨，梵文名叫 Avalokitesvara，跟释迦牟尼和其他的菩萨一样，是位长得英俊潇洒的王子。在印度、西藏跟东南亚一些国家，Avalokitesvara 是宇宙的统治者。在敦煌的洞窟壁画中，观音是以肌肉结实，而且留有短髭的男性面貌出现。不过到了晚唐和宋朝，观音逐渐地女性化，慢慢演变成好几种不同角色的女性偶像，包括在河南一带盛传的妙善公主、陕西的鱼篮观音（或称马郎妇）、杭州的白衣观音以及普陀山的南海观音。这些女性观音的背后，都掺杂一些令人津津乐道的传奇故事。譬如说，相传在九世纪初的唐朝，陕西东部一带的人大多不信奉佛教，观世音菩萨于是转世为一位年轻美丽的卖鱼姑娘，并且对二十位求婚的男人说，谁能记熟《金刚经》，她就嫁给谁。其中有十几位求婚者通过这个考验，不过只有男子"马郎"也同时能熟读《法华经》。婚期接近时，这位女子突然病死了，在她的坟墓里，只剩下一身骨头串着一条金链。最后，来了一位和尚将女子的骨头系在他的神杖上，骤时，和尚便腾空消失，从此不见踪迹。当时围在墓旁的匹夫匹妇都看傻了眼，慢慢地，便将"鱼篮观音"显灵的故事传到全中国。

浙江南海的普陀山，就传说曾有大士显灵现身过，才成为佛家圣地。一位称为"广野山人"的密宗人物，说他有一天往普陀山途中，因遇到狂风暴雨，于是将船停泊在海岸旁，躲到一山壁时，无意中看到一个石门，镌刻有"朝元洞"三个字。广野山人在石洞里头，捡拾到一本《观音济度本愿真经》，在"真经"的卷首，有一幅观音像，而且上面还印有四句七言诗：

> 无上甚深微妙法，百千万劫难遭遇。
> 我今见闻得受持，愿解如来真实意。

万历年间，普陀山的佛寺被大火烧毁，万历的母亲李太后因此发愿修复，捐了万两银子，把佛寺在原地址盖造完成。完工之后，皇帝请有学问的大臣撰文造匾，颂赞李太后的无量功德。除此之外，万历还诏令宫廷匠工临摹复制一千份吴道子画的大观音图像，捐赠给全国每座大的梵刹寺观，使佛教徒有机会看到观音的慈悲貌像。

观世音菩萨女性化，最完整的记载是妙善公主立志修行，不要嫁人，抗拒暴虐父亲妙庄王的故事。妙庄王为了惩罚抗命的女儿，把妙善公主送到尼姑庵，连同五百多位女尼一起烧死；可是妙善因山神保佑而脱险，之后还用自己的手指和眼睛配丹药去救父亲。最后妙善公主化度了自己的父亲、母亲、姊姊和姊夫，他们都变成虔诚的佛教徒而得到正果。十二世纪时，河南香山的大悲宝刹出现一座刻有一千只手和一千只眼睛的观音雕像，从此当地苦难的农民信徒，就传说香山的大悲寺就是妙善出家所住的尼姑庵白雀寺。

观世音的女性化形象，无形中吸引了更多明代的妇女香客，因为妙善公主（很类似基督教的 Virgin Mary）代表着女人的纯洁。白衣观音可帮助虔诚的妇女信徒怀孕生子；白衣观音身上穿着披盖头发的白色披风，一手拿瓶，一手拿莲花，往往在救助妇女的梦中出现。南海观音可化解人世间的灾难，甚至还可转世变成各种女性的神祇，包括天后、妈祖、碧霞元君和无生老母。其中宋代的妈祖和明朝末期盛行的无生老母，跟妙善公主一样，都是纯洁的处女。

明代尼姑庵的数量与修行的尼姑数字无法确定，可是每当尼姑有重大的淫秽事件发生时，官方还是多少会加以记载的，诸如嘉靖年间，在北京西郊皇姑寺发生的丑闻。一五二七年岁末，吏部尚书桂萼（字子实）接到密告说，距离皇城数里外的名尼姑庵皇姑寺中，住的多数是妓女，从事淫乱卖春的活动。嘉靖皇帝接到报告之后，随即派桂萼亲自到皇姑寺调查真相。桂萼证实挂羊头卖狗肉的皇姑寺，的确已经变成了实质的妓院时，怒不可遏的嘉靖下诏废毁全国的尼姑庵，命所有的尼姑还俗。当这件事传到邻近的保明寺时，全体女尼震惊不已。她们马上运用跟内宫太监的关系，央求两位皇太后（嘉靖伯母张太后与生母兴献蒋太后）向皇帝求情，结果保明寺是保住了，可是皇姑寺跟其他很多尼姑庵不是被毁，就是被关闭。至于洁身自好的女尼则暂时迁移到保明寺居住。朝廷为了警告尼姑不能再做淫乱之事，特别在保明寺的天井边，立了一个"毁尼碑"。至于桂萼呢，他因为处理皇姑寺事件有功，得到皇帝的信赖，第二年（一五二八）的一月三十一日晋升为太子太保，可是隔年因"大礼议"衍生出来的政治斗争，桂萼被免职，一五三一年十月三日死于老家江西安仁。

尼姑庵包藏淫乱女子的事件真是剪不断、理还乱。一五三七年驻在南京的"行在"礼部尚书霍韬（字渭先，一四八七——一五四○）接到诏旨要封闭南京地区所有的尼姑庵，理由和上述北京皇姑寺毁尼事件一模一样。结果是，南京地区的七十八间尼姑庵全部被改造成学校或祠庙，尼姑庵占有的农地悉数没收归公，其中二百三十八名年纪大的尼姑或者被遣送回家，或者被安置在养老院。至于二百一十位年纪较轻的女尼，政府限定她们需在三个月之内，自己选择男人结婚。如果三个月期限已到而尚未结婚者，政府将强制把她们分配给未婚的士兵当妻子。

尼姑从事淫荡行为有时是由男人造成的，明末名士李贽（自号百泉居士，一五二七——一六〇二）公开反对孔孟儒学，他在一五八五年把妻子家人遣送回福建晋江老家，自己住在湖广东北部的麻城（靠近黄安）宣教佛经。据载，仰慕他名气的麻城良家妇女，扶老携幼，带着自己的枕头和草席，赶到佛寺来聆听他的"虚实说"、"高洁说"，以及写作《焚书》（一五九〇年出刊）的始末。更令传统佛门修行人吃惊的是，李贽竟在光天化日之下与妓女一起沐浴。行径和李贽恰恰相反的，是著名的云栖大师袾宏与妇女的互动关系。袾宏是因为每天听到邻居一位老寡母祷念"阿弥陀佛"，才决心出家倡导"净土宗"的佛理。袾宏的妻子（继配）也削发为尼。不仅如此，袾宏在一五七一年回到家乡杭州，在云栖山的一个小茅屋面壁修行，一天只吃一餐，发誓除非铁树开花，否则不跟任何人讲话。一五七七年云栖寺落成，袾宏热心地把净土宗跟禅宗糅合为一，强调"自性弥陀，惟心净土"，讲究"戒坛"。他著有《具戒便蒙》、《沙弥要略》以及《尼戒录要》。袾宏的注重戒与修，吸引了众多的男女信徒，跟李贽的放肆恰好形成强烈的对比。

明朝崩溃之后的几年内，南明的政权和尚可喜的军队有多次血腥战争，导致数十万以上无辜百姓的死亡。一六四七年有一名叫函昰（字天然，一六〇八——一六八五）的广东人，私下将几位战死的明朝遗臣火葬收埋，然后逃到位于广州东南二十多里的雷峰地方，当隆兴寺（一六五八年改名海云寺）的住持。一六四二年函昰的母亲和妻子出家当尼姑，五年后，两位姊妹相继遁入空门，等到一六五〇年时，他的儿子函琮改佛名为今摩，来年他的媳妇（函琮的妻子）也削发为尼！此外，函昰的很多亲友不是吃斋，就是出家托钵为僧、尼。一六五四年函昰在江西的雄伟庐山建了一座尼姑庵，除了安置他的母亲、姊妹之外，也收容南明一批无家可归的妇女。函昰信奉禅学，特别精通曹洞宗的教义，著有《禅师语录》、《楞伽心印》、《梅花诗》等，对于救济明末女尼做出了重大的贡献。此外，有关于信仰天主教的明代妇女在第三章已经稍作交代。至于信仰伊斯兰教的明代妇女，因史料匮乏，在此就无法讨论了！

女妖

可是有野心的男人、妇女也常利用观音佛祖来煽惑民众、为非作歹。明代的民间宗教领袖除了"佛母"唐赛儿之外，还有正统年间的尼姑吕牛。吕牛本来是男身，但假称女身，自称为吕菩萨。万历期间则有米奶奶（曾经嫁给刘姓男人）创立秘密教派叫龙门教。龙门教在河北南部受到贫苦农民的支持，在明末时，参加反抗朱氏皇室的起义斗争。当时在山东自称"混元祖师"的王伦益妻子，也率领她的信徒反抗明朝政府。凤阳刘天绪自称"无为教主"，他的教民寡妇岳氏，自称观音再世，也起兵造反。一六三九年刊行的《崇祯乌程县志》记载，县内村庄流行佛经"劝世文"，农村的妇女群集唱和。还有八卦教的女教徒都穿窄袖短衣，挥刀善斗，组成"红衣健妇营"，学习武事，准备作战。

女性可假菩萨之名而兴风作浪、抵抗公权力，但有时也被诬告为女妖。正德初年，霸州人王智生了一位美艳的女儿叫王满堂。当时正德皇帝正在选嫔妃，王满堂参加甄选，但却没被选中。这位年轻美女回家之后，觉得羞耻，发誓再不嫁人。可是不久之后，王满堂连续做了几次梦，梦见有一位富贵的男子叫万兴要来求婚，于是改变了她不嫁人的初衷。不过王满堂做梦许聘的事，被一位经常出入王智家里的云游和尚知道，这位和尚私下把这件离奇的事，告诉一位懂得妖术的道士段钰。段钰贪恋王女的美貌，便贿赂和尚，改名万兴，然后拿着聘金到王家求亲。就这样，王满堂被骗，嫁给了道士段钰（万兴），终于成了"妖女"。

段钰娶到王满堂之后，信心大增，不期然间拿出妖书，转相煽惑。一般乡民因为相信王满堂的梦是真的，所以跟随段钰的信徒就愈来愈多。不过段钰深怕露出破绽，于是携带妻子王满堂逃到山东。恰好迁腐的峄县儒生潘依道和孙爵，也相信段铱是神仙转世，于是策杖跟随，伏地称臣。受到这批人拥戴之后，段铱大胆地僭号称帝，改元大顺平定，在牛兰与神仙两山之间，招兵买马。段铱后来被新城人捉获，并没收他所谓的妖书。朝廷依法诛斩段铱、潘依道和孙爵，不过释放所有被段氏拐诱的无知百姓，而且正德皇帝特别下旨，将"妖女"王满堂送到内宫的浣衣局。很快地，正德看上了满堂的美艳，因此命她转到豹房服侍，一直等到正德驾崩（一五二一年四月二十日）后，才被释放出宫。

宦官刘若愚撰写的《酌中志》，记述明末一件女囚冤狱案变成女妖的故事，因为《明神宗实录》也记载此事，所以可信程度应该是相当高的。事情发生的时间大概是一六〇二——六〇五年间，而无辜冤死的女人叫荷花儿。这件事发生在北京周皇亲家办丧事时，有强盗乘机而入，杀死了周皇亲，并抢走钱财逃之夭夭。当天晚上，有一名巡逻的衙卒路过周家，看到周家婢女荷花儿独自一人伏地哭泣。这位巡逻卒不问青红皂白就逮捕了荷花儿，然后具状把她送到司法单位。在审讯过程中，荷花儿不堪虐刑，没办法，只好承认她跟某某男人通奸，与他共谋，利用丧事杀主取财。

当时主审这件凶杀案的，是一位姓翁的刑部大司寇和曹郎徐贸源。这位翁公不久前才从南京调到北京，而且早已听到这件凶杀抢劫案件。可能由于先入为主的偏见，加上明朝法曹的草率，翁公很快就宣判要荷花儿坐法凌迟。等到临刑时，观看的人云集在法场，突然有一男人大声呼喊，说荷花儿是冤枉的，因为他才是杀人的凶手。不过已经太迟太慢了，荷花儿的凌迟极刑也差不多完毕了。刘若愚写道，当刽子手开始要动刑脔割荷花儿时，她向刽子手说，她是冤枉的，而且哀求他先将她砍头，等她断气之后，再执行割肉，否则的话，她死了之后，会成为一名厉鬼。刽子手还是不肯答允荷花儿的请求，依规执行凌迟。

话说在法场的兵卒，将自称是凶手的汉子戴上枷锁之后，法司重新审问，证实他的供词与案情的实况细节吻合，于是伏法刑毕不在话下。倒是翁大司寇跟曹郎徐贸源都因失职误判而丢官去职。虽然这件冤狱获得平反，但是荷花儿究竟不能回生。刘若愚又说，那位执刑的刽子手有一天坐在顺成门外的一家面铺，忽然大呼说"荷花儿杀我"，骤然间，刽子手七孔流血，倒地暴毙。当时有很多人联想，那是荷花儿显灵变成女妖来报仇的吗？

少数民族妇女的婚俗

大明帝国的西南地区，包括四川、云南、贵州、广西以及湖广部分地区，在地理上，满布着巍峨的山谷峻岭，原始的大片森林，以及各式各样的湖泊及溪河。在经济上，这块僻远的地带拥有非常丰富的资源，包括银铜、木材、井盐，与可用来制造肥皂、油布、油漆和罩光漆的桐油。在种族上，这个地区住有数量众多的壮、瑶、白、傣、彝、仡佬、布依、苗等族。几个世纪以来，他们跟汉族有着或深或浅的交流和密切的从属关系。壮族跟另一种少数民族傣族有共同的语言，喜爱欢宴歌舞。壮族结婚嫁娶礼仪完成的当天，新娘就回娘家，一直等到生下儿子以后，才再到夫家，正式当起夫家的媳妇。这种"不落夫家"的习俗，跟明代汉人所提倡的男尊女卑、重视贞洁、孝顺公婆的儒家传统，实在是大异其趣，截然不同。邝露在《赤雅》卷一《丁妇》中记述：壮族"娶日，其女即返母家，与邻女作处，间与其夫野合有身，乃潜告其夫，作栏以待子生，始称为妇也"。

"不落夫家"以及"与夫野合"的奇异婚俗也出现在散居于崎岖山脉里小村寨的瑶族。跟白族一样，瑶族以农耕栽种稻米、玉米和蔬菜维生。瑶族女子新婚洞房夜不会马上和新郎上床睡觉，而是当夜返回娘家。往后的日子，这位"已婚"的新娘可以自由自在地社交，以唱歌物色对象，等到怀孕之后，才回到夫家。在此期间，当丈夫的男人也可以跟其他的女人睡觉，因此他不会介意自己妻子怀的是哪家的孩子，正如王士性在《桂海志续》所记述的瑶族男女嫁娶如下：

> 新娶入门，不即合，其妻有数邻女相随，夫亦挽数男相随，

答歌通宵，至晚而散，返父母家。遇正月旦、三月三、八月半，
出与人歌，和通，及有娠，乃归夫家。已后再不如作女子时歌
唱也。

这种叫做"坐家"或者"回亲"的婚俗也发生在母系文化浓厚的
彝族、仡佬族和布依族。彝族人信奉一种以神圣经典为基础的宗教，
他们是好斗的战士，而且往往将战俘当作奴隶，甚至连资深的奴隶也
可把新捉到的战利品，当作他自己的小奴隶。此外，布依族、白族以
及苗族则四散在云南和贵州高原，生活于迷人的石灰岩丘陵、河川和
崇山深箐之间。陈鼎在他的《滇黔土司婚礼记》写道，婚仪"既成，
则就于女，必生子然后归夫家"。但是如果女的不生子，她就"不落夫
家"。在孔孟儒学兴盛的明代社会，新娘子这种作风，自然被视为是伤
害风化的恶习俗，因此这些民族通通被明朝统治者以嗜淫好杀的"野
蛮民族"看待。不过如果从另一个角度来检视，在"蛮夷"社会生活
的女人，她们享有的自由与地位，却远远高出于同时代的汉族妇女。
在这些少数民族的眼中，女人一生不出闺门一步，夫死要殉节，才真
正是没道理、不可思议的野蛮传统恶习俗呢！

其实，明代的岭南汉人，由于长期跟瑶、壮、苗族杂居互动的影
响所及，在中国西南的零星地区也常有"不落夫家"，甚至"自梳女"
的流风，等于当今台湾所谓的"单身贵族"。广东省的顺德、番禺、南
海、香山、新会和广州地区，汉朝时属于交趾与郁林，后来虽历经唐、
宋、元的统治，可是流寓在中华帝国最南端的这些不同人种，依然无
法被纳入汉族文化圈的主流。甚至到了清朝统治时期，他们的文化特
征在很多地方，依然是处于"汉"、"蛮"混杂的边际圈。总之，在明
朝的华南社会，受汉化较深的宗族已经采纳了"明媒聘娶"、"六礼"
和"不事二夫"的婚俗传统，可是在上述的广东零星地区，或者是广
西的南宁以及福建的惠安，却时常有"长住娘家"及独立生活的"自
梳"女性出现。

一般说来，西南各省的少数民族对汉族还是多少存有疑惧与戒心，

而对统治他们的明朝政府总是抱着警慎敌意的态度。反过来看，大明的统治者，则是运用姑息、计谋以及历代王朝所采取的"羁縻"政策来对付他们。明朝政府对于归附的土著部族，为了方便统治和控制地方的资源，皇帝以名义上的武职或文职，册封地方酋长为土官，形式上让他们"自治"，但实质上，中央政府会指派官员来统治这些边陲的地方。所谓羁縻，原来的意思是把牛马之类的牲口用绳索系住。举例来说，为了稳定云南地区的局势，朱元璋在一三八二年，任命当地最先归降，名叫商胜的女土官为武定知府，而且还封了其他的地方酋长当宣慰使（从三品）和宣抚使（从四品）。可是他同时又在云南设立了承宣布政使司（管辖民政）和都指挥使司（负责军事），而且于一三九七年设立提刑按察使司（司法公权力），从而完备了云南地方政府的三合一的行省机构。

之后，随着时间的转移，大明政府逐渐以真正的汉人执行官员，来取代"已经入流"的部落酋长。一般说来，这种羁縻的政策效果不错，可是当少数民族被欺侮得不能忍受，而组织抗暴行动时（明朝官方所称的作乱），中央政府还是要派遣军队以武力招讨镇压，诸如此类的血腥镇压情形，真是不胜枚举！到底没有庞大武力做后盾的话，还是无法叫牲口乖乖地待在栓栏槽房呢！赵翼的《廿二史劄记》卷三十四写道：

> 明边省凡有攻剿，兵数最多……考永乐中征安南，用兵八十万；正统中征麓川，用兵十五万；景泰中讨都匀苗乜富架，用兵八万；成化中韩雍讨大藤峡，先以兵十五万，破修仁、荔浦贼巢……弘治中，闵珪讨永安猺，用兵六万；正德中，思恩府岑浚，与田州岑猛相仇杀，总督潘蕃讨之，用兵十万；嘉靖中，岑猛谋乱，总督姚镆讨之，用兵八万……元江土舍那鉴乱，巡抚鲍象贤讨之，用兵七万；吴桂芳令俞大猷讨翁源贼李亚元，用兵十万；殷正茂令大猷讨韦银豹，用兵十四万；曾省吾令刘显讨都掌蛮，用兵十四万；李锡讨府江猺，用兵六万，讨古田猺，用兵十万……

女土官

朱元璋建立明朝后的第七年（一三七五），在中国西南所谓的"蛮夷"地带，设立土官，并订定征徭差发法规。这些土官的行政系统包括十一处宣慰司（由从三品的宣慰使领导），十处宣抚司（宣抚使是从四品），十九处安抚司（主管安抚使是从五品），一百七十三个长官司（长官一人正六品，副长官从七品）以及一处招讨司（主管招讨使一人是从五品，副招讨使一人官阶是正六品）。《英宗实录》卷二十七载说："土官的承袭，或以子孙，或以兄弟，或以妻继夫，或以妾绍嫡，皆无预定。"在这些世袭的土官职位，除了湖广诸土司没有女土官之外，其他西南所有的蛮族，大多以女人为领导。

明初最早的女土官是贵州普定府女总管适尔，在明朝刚刚建立后的第五年（一三七三），适尔带着她的弟弟阿瓮到南京纳款朝觐朱元璋，于是朝廷命她当普定的知府，而且允许世袭。贵州多丘陵与岩石，毗连云南和湖广，介于四川和广西之间，主要的人种是苗族和布依族，他们在小山的梯田，种植小麦、水稻、茶叶和油桐树为生。位于贵州西北的普定，在东南有九溪河，西南有北盘江（自云南沾益州流入），北面有喜欢岭与思腊河，东有岩孔山，西北有旧坡山，洪武十五年改属四川布政司，十八年夏废掉。

奢香

其实在大明建立王朝之前的几十年，贵州地区经历了一连串的种族冲突与持续不断的战争。贵州的经济与社会秩序因此遭受到相当程度的破坏。朱元璋建立大明王朝之后，划乌江为界，任命宋氏宗族处理乌江以东的事务，而以安氏宗族管辖乌江西边的苗民四十八族。早先，霭翠是安氏族的首领，在一三七三年任贵州宣慰使，他死后，宣慰使的职位由他的妻子奢香继承。同样地，宋氏宗族的首领宋钦死后，也由他的妻子刘淑贞继承为宋氏宗族的领袖。十四世纪末年，两位女强人和衷共济，对贵州的开发做出了重要的贡献。

当是时，大明政府在贵阳首度设立了布政使司，以马晔当第一任都督。马晔对少数民族和女性带有偏见，企图用流官接替所有的世袭土官，以达到消灭所有部落的地方势力。马晔于是做了一连串伤害苗人的事情，包括大事挞伐奢香。马晔的政策立刻招惹了众部落土官的愤怒，私下商量如何起兵造反，在此情形下，负责水东的刘淑贞赶紧出面劝阻，并且决定要亲自到京师做一次述职的旅行。

一三八二年贵州宋氏宗族首领刘淑贞带领她的儿子宋诚到南京觐见洪武皇帝。刘淑贞穿着不同颜色和花纹的开襟围裙，把一顶具有贵州代表形象的帽子压在仔细整理过的头发上，让大明满朝的文武百官赞赏不已。她在南京期间，也受到马皇后的盛情接待。洪武接见刘淑贞时，频频询问贵州的情势，并且嘱她回去之后，要尽力安抚水西的奢香。刘淑贞带着皇帝所赐的米、钞和三件袭衣，高高兴兴地回到贵州，并把皇帝交代的话转给正在跟马晔缠不清的奢香。

奢香获知大明皇帝有意支持她的信息之后，也决定要长途跋涉到南京。一三八五年当洪武皇帝召见奢香时，看到的是一位穿着一袭暗色长袍，戴着尖顶帽子的大方番妇。奢香向皇帝陈述她的苦衷以及开发黔西的决心，同时也控诉马晔在贵州的种种暴政。奢香誓言要世世保境，当一名忠诚的大明土官，显然打动了皇帝的心。洪武皇帝不仅赐给她锦绮、珠翠、如意冠、金环和袭衣，嘱她努力以赴，而且不久召回马晔并给予惩罚。依照两方所订的协议，奢香是名正言顺的大明宣慰使，而她每年则要进纳三万石谷粮租赋以及二十三匹贡马给中央政府。三年之后（一三八八年），奢香再度拜访南京，向朝廷述职，一直到她过世之前，这位"蛮夷"女中丈夫，善用她手下的人力跟资源，致力于开发贵州的西部，包括筑桥造路到偏桥和水东两地，而且打开黔西的交通瓶颈，自此就可直接从贵阳通达到乌蒙、乌撒、容山以及草塘等地方。除此以外，奢香还建立龙场九驿，其中的隆昌驿，后来是著名理学家王阳明流放（一五〇八—一五一〇）的所在地。

　　奢香在一三九七年过世，朝廷派遣专使到贵州悼祭。她的儿子名叫蔼翠陇第，承袭宣慰使的封位，她的媳妇奢助也曾带领苗族部落酋长到南京进贡六十六匹良马。此后的水西安氏宗族持续有女性当领导人物。在万历四十一年（一六一四）宣慰使安尧臣病殁后，他的寡妇奢社辉软弱无能，以致引起同族安邦彦的乘机叛乱。当时明朝的中央政府已经腐败不振，所以贵州局势大乱，在天翻地覆的明末，水西安氏宗族，也随之逐渐衰微没落。至于水东的宋氏呢？继承刘淑贞的后人不少是贪淫之辈。譬如说，一四〇一年两位宋氏族长，田琛和田宗鼎开始争夺矿产的所有权，永乐皇帝乘此机会派老将顾成前往贵州平定骚乱，而且于一四一三年在贵州设省，随后部署了十八个卫所，真正达到了"羁縻"的功效！

　　贵州的邻省云南也出现不少女土官，其中高低不等，优劣都有。商胜是元末明初云南武定府的女土官，洪武十四年（一三八二）明军攻进云南时，商胜最先投降归附。隔年，南京的中央政府把武定改为军民府，照样用怀柔的办法，以商胜统辖管理府事。一三八四年商胜派遣专使到南京纳贡骏马，皇帝赐给商胜诰命、朝服和锦币、钞锭（是一般标准的皇帝赐物）。过了五年，大明政府在武定、德昌、会川等地用茶换买了三千匹骑兵用的马。等到嘉靖十六年（一五三八）武定的土知府凤诏早逝，他的母亲瞿氏则以"母袭子官"的旧例要求统辖所属的四十七马头阿台等地。当时北京的吏部，全部依瞿氏所请，把知府的印信交给瞿氏掌控，不仅如此，寡妇瞿氏老迈时，又推举她的媳妇（名叫索林）代理摄事。此间的二十多年，武定府平安无事，不过索林后来得罪了老妇人瞿氏，瞿氏改变初衷，收养了一位异姓孩子来谋袭凤诏的职位。索林得知消息，抱着府印出奔，两方导致构杀，造成部分云南地区生灵涂炭，不在话下。

《蛮女贡象图》

　　云南省除了武定府有女土官之外，宣德期间的楚雄也有母女承袭当土官的情事。明朝立国不久，高政原先是当楚雄府的同知，永乐年间，高政到京师觐见皇太子朱高炽，朱高炽因欣赏高政的勤诚，升他为知府。后来高政死时没有儿子，于是他的妻子就依惯例承袭为楚雄府的知府。高政的妻子死后，这个知府的职位又传给高政的女儿高思弄。高思弄当女土官期间并没有什么太大的作为，不过在宣德初年，高思弄入朝觐见，骑着一只大象进入北京城时，万人空巷，大家都要争睹蛮女的仪饰，甚至还有一名画师为了这件事，画了一张《蛮女贡象图》，在当时的确轰动一时。

云南省较重要的府除了云南府（昆明）、武定府、楚雄府之外，还有曲靖府。曲靖府管辖的沾益州有一名土知州名叫安世鼎。嘉靖年间，安世鼎去世，他的妻子安素仪接掌沾益州的州事。安素仪这位女土官时常带兵打仗，而且也会私通男性的军官，所以名声不太好。安素仪虽然行为淫乱，可是却生不出孩子，所以死后没有子嗣，弄得曲靖府的几个州也是鸡犬不宁。

在明朝统治中国期间的西南诸省，四川出现的女土官最多，虽然良莠不齐，不过正如列宁所说，有量就有质，因此在众多优劣不等的女土官中，也有一些引领风骚、绽放异彩的少数民族女首领。《明史》卷三百十一"四川土司"就记载了一位乌撒女土官实卜的事迹。实卜原本是元朝末年的右丞，在一三八三年得知明朝征南将军傅友德已经遣派都督胡海洋率师五万军队要占取乌撒时，实卜先是聚兵于赤水河抵抗，然后会合从芒部土酋带来的蛮民，纵兵接战，不过蛮军最后还是不支溃散。在此情况下，很多蛮族部落望风降附，可是实卜却率领残余的子弟兵逃遁到山中。这时候大明政府又使出怀柔羁縻的手段，朱元璋诏谕傅友德说："贵州已设都指挥使，然地势偏东，今宜于实卜所居之地立司，以便控制，卿其审之。"（《明史》卷三百十一）。识时务的实卜最后决定归附大明，来年（一三八四）率东川、乌撒、乌蒙、芒部等酋长一百二十人，一齐到南京进贡土产方物并觐见洪武皇帝，实卜也因此当上乌撒土知府，并获得皇帝加赐珠翠。

在这趟长途旅程中，或许因过度劳累，或许因水土不服，芒部

（即镇雄）知府（名叫发绍）和乌蒙知府阿普都病卒。大明政府赐给绮衣及棺殓用具，而且遣官将枢棺运回四川埋葬。东川府在嘉靖三十九年（一五六一）发生了"阿堂之乱"。阿堂是东川府营长阿得革的儿子，当时东川知府禄庆死时，儿子年幼，于是禄庆的寡妇安氏摄视管理府事。可是擅权有野心的阿得革，垂涎安氏的美色，得不到她，就恼羞成怒，纵火焚烧府署。阿得革后来在武定川被土官杀死，阿得革的儿子阿堂就贿结乌撒土官（名叫安泰），领兵进入东川，将女知府安氏关在囚牢，而且夺走了东川府的官印。所谓的"阿堂之乱"也显示出女土官之中有强、有弱；有像实卜般舛骜难制的，但也有像东川安氏般软弱如土的。

其实四川乌撒军民府和云南的沾益州，虽然隶属于两个不同的行省，但它们仍是源自同一个宗族。实卜的丈夫姓安，所以之后袭替她当乌撒土知府的儿子、孙女也都姓安；而沾益州的土知州也多姓安。两地安姓宗族的复杂关系与女土官的继承同题，在明末把滇蜀边界搞得乌烟瘴气，就连封疆大吏也束手无策。举例来说，泰昌年间（一六二〇—一六二一），乌撒土知府安效良战死，他的元配妻子安氏没有儿子，可是姜（名叫设白）却生了两个儿子，一名其爵，一名其禄。安效良的这两位未亡人素来不能和睦相处，因此妻子安氏住在盐仓，他的姜设白则跟儿子住在抱渡（地名）。安氏袭代效良为土知府之后，其爵和其禄就称安氏为安姊姊，也不敢抗拒。没想到崇祯元年（一六二八），四川巡抚差官李友芝以赏冠带奖赏给其爵母子，并令其爵管理乌撒。这时嫡妻女土知府安氏当然不高兴，惧怕之余，就跟云南沾益州的土官（名叫安边）在盐仓结婚，并授权给安边以抗拒其爵、其禄母子。在这种家族争权、女土官互斗之间，总督朱燮元和巡抚谢存仁也只能调集汉军与士兵，移镇观变而已。而北京庙堂之上（皇帝）因为要应付流寇与清兵，也无暇过问矣！

四川土官之中，连续有寡妇当领袖的是成立于洪武后期的建昌卫。建昌卫所辖四驿（禄马、阿用、白水、泸沽），并管理四十八马站，由安氏世袭当指挥使，但不给印。《明史》卷三百十一《四川土司》记载建昌卫的沿革如下：

> （安）配六世孙安忠无后，妻凤氏管指挥使事。凤氏死，族人
> 安登继袭，复无子，妻瞿氏管事，以族人世隆嗣。世隆复无子，
> 继妻禄氏管事。

建昌卫的女土官在任期中，似乎没有太大的风浪，可是永宁卫倒是出了几位能呼风唤雨的女土官，而且全部都姓奢。永宁土官的头衔是宣抚使，第一位宣抚使的名字叫禄照，洪武八年任职。禄照因故被逮到南京，在回家途中过世，当时他的儿子阿聂还在太学读书，所以阿聂的庶母奢尾就代为摄事。奢尾后来到南京述职时提出请求，乃在洪武二十六年由阿聂继承。阿聂的寡妇名叫奢苏，也在宣德八年（一四三四）以宣抚使的身分入朝，她还要求朝廷派儒家学者到永宁教导汉语，俾能增进少数民族与汉族在语言上的沟通。永宁是云南和贵州之间的要冲，南跨赤水，离毕节六七百里，在这个偏远的地方，往往一个柔睿的妇人却能克制数万强梁之众。正德末年，芒部的领导人争斗袭位，互相仇杀，其间有酋长阿又磙等乘机劫掠。这时永宁女宣抚使奢爵出兵平乱，擒拿阿又磙等四十三人，斩一百十九首级，终于恢复了当地的治安。嘉靖二十五年（一五四七），永宁宣抚司女土官奢禄进献当地出产的大木给朝廷。在万历初年，永宁由两位都获朝廷授予冠带的土妇奢世统和奢世续分地各管所属。

狼兵女指挥官瓦氏

明朝西南边省的女土官，除了上述几位之外，还有广西田州的瓦氏。瓦氏本是田州土官岑猛的妻属，弘治十二年（一五〇〇）当岑猛还不到四岁时，他的哥哥岑猇弑杀自己的父亲岑溥，然后自杀。岑猛就是在这背景下，由母亲及头目黄骥庇护长大，承袭田州知府的官衔。嘉靖二年（一五二四）岑猛造反，不久被都指挥沈希仪、张经分道追

击。明廷将岑猛跟他的大儿子岑邦彦斩首，并将田州由府降为州，于嘉靖六年改派流官。后再经一场动乱，由王守仁指挥平定后，建议由岑猛的次子岑邦相接任田州知州。岑邦相的大哥岑邦彦有个儿子名叫岑芝，当时跟祖母瓦氏住在一起。不久之后，岑邦相决定不给瓦氏生活费用，同时又跟蛮将卢苏翻脸交恶，而且计谋诛杀未来可能威胁他职位的侄儿岑芝。当瓦氏察觉出这项阴谋时，她带着孙儿，夜奔梧州，而且联合卢苏的力量来对抗自己的儿子岑邦相。卢苏的兵马把岑邦相的住宅团团围住几天之后，便骗诱岑邦相出来和谈，却乘着夜晚，会合瓦氏将岑邦相缢杀掉，然后奏请朝廷立岑芝袭任为田州知州。

嘉靖三十二年（一五五四），岑芝过世，遗有一个四岁的儿子岑大寿，自此田州的大小事全由瓦氏做主决定。恰好这个时候，中国东南沿海正遭受倭寇的侵扰，瓦氏为了要立功赎罪，于是率领她的狼兵，志愿到江苏浙江一带作战。《明史》卷三百十八《广西土司》有如下的记载：

> （嘉靖）三十四年，田州土官妇瓦氏以狼兵应调至苏州剿倭，隶于总兵俞大猷麾下。以杀贼多，诏赏瓦氏及其孙男岑大寿、大禄银币，余令军门奖赏。四十二年以平广西瑶、壮功，准岑大禄实受知州职。

广西田州的瓦氏的确是一位非凡的女性，她经历丈夫岑猛、儿子岑邦彦、岑邦相，孙子岑芝，曾孙岑大寿、岑大禄四代男人的政治军事沧桑，终能名垂史册，岂是一般汉人名家闺妇所能望其项背的呢？其实，除了广西的瓦氏以外，还有一位四川石砫的女土官秦良玉，更是以她的善战忠义留名千古（详见第四章）。

这里读者也许要问一个很困难、但是很值得探讨的"历史文化"问题：如果明朝政府从建国开始，就放手让中国一半的人口（女性）自由，充分地发挥她们的脑力、智力、精力与体力的话（包括参加科举考试与从军），那么十六、十七世纪的中国，又会变成怎样的一个社会呢？

第七章　为礼教而生、为名节而死的妇女

明代初期的列女

　　明代对纲常名教的宣扬不遗余力。朝廷用准确的文字颁布规条，借以教导孔孟保守思想，深植传统道德观念。准此，皇帝每年都要派遣督学巡视各地，对于才行高秀、殉义节烈、为里巷社会所称道的妇女，加以奖励褒扬。比较有突出表现者，皇帝会赐祠祀，一般的烈女贞妇，也可获得政府树立的坊表来照耀闾里。不仅如此，文人墨客往往借这些妇女的非常行为，写出伟丽激发人心的文章，于是她们的故事就一传十、十传百，由近到远，由远到全中国。结果是，连穷乡僻壤、下层阶级的女人也都受到这种流行风俗的震骇与感染，也都要以贞洁节烈来砥砺自己。其中仅是记载在明朝实录和地方府志、县志的烈女，就有一万多人。撰修《明史》

的清代翰林学士，从中再筛选出最贞烈的三百零八人，简录这些女人贞烈的情事。不过这个数字比起《唐书》所列的五十四位列女，以及《宋史》的五十五位和《元史》的一百八十七位，都高出了很多。但是如果以现代人的尺度来衡量，生活在十四世纪到十七世纪间的中国女人，实在可怜、可悲。她们的确是在重名节、被礼教所蒙、被礼教洗脑下的牺牲者！

明代律法明确规定婚姻成立条件需要遵循《朱子家礼》，包括由媒人向男女双方讨得生辰八字（所谓的庚书），然后"合八字"（又称"合江庚"或"合婚"）。如果八字相合，男女就得写定婚书，依礼聘嫁，男家交付财礼，女家准备嫁妆。《大明律》规定："凡男女定婚之初，若有残疾老幼庶出过房乞养者，务要两家明白通知，各从所愿。写立婚书，依礼聘嫁。若许嫁女已报婚书，及有私约而辄悔者，笞五十。虽无婚书，但曾受聘财者，亦是。若再许他人，未成婚者杖七十，已成婚者杖八十。"从上述的礼法条律，可见八字、婚书、聘礼在明人婚姻缔结过程的重要性。但要注意的是，明朝律法禁止同姓结婚，违反此禁令者，各判徒刑两年。

依《明史·列女传》所载，明代女子结婚的年龄一般都在十七、十八岁左右，其中最年轻的是蔡本澄的妻子，她嫁时才十四岁，最年长的是玉亭县君，成婚时是二十四岁。明代的社会强调子女不得有婚姻的自主权（当然没有现代人所谓的自由恋爱），一切嫁娶皆由祖父母、父母主婚；若祖父母、父母都去世者，则由宗族族长亲戚主婚。在极端保守的社会传统中，子女假如不服从父母的意思，就是不孝，而且对于不孝的子女，父母可以随时向官府提出控告。在此情形下，官府一般都依照所控办理，不必审讯。相反地，几乎很少看到有子女控告父母虐待他们的情事。可见家长的权力很大，不仅有权为子女的婚事做主，而且可以包办家里奴婢的嫁娶。虽然明代的律令禁止"良民"跟"贱民"通婚，可是很多家长为了贪图聘礼，时常把他们奴婢的贱民身分改成良人。当然，如果被官方查出来的话，贱民的主人是要受刑责的。此外还有自私的家长为便利自己，不愿让家里的奴婢结婚。明代做奴婢做到三四十岁才出嫁的情形相当普遍，甚至还有服侍主人终生都没嫁人的。当然啦，奴婢偷情私孕，或遭主人虐待、奸污，或者是忠仆义婢的事情，也都时有所闻。

明代社会重男轻女，因此夫妻在家庭享有的权利和所负担的责任极不平等。譬如说，妻子有下述的任何一样差错现象，丈夫就可以请求"出妻"，把妻子赶出家门。所谓的"七出"包括：无子、淫佚、不事舅姑（明朝人称公公为舅，称婆婆为姑）、多言、盗窃、妒忌及恶疾。当然，在实际的生活环境以及亲族大家庭的运作互动之下，丈夫出妻的权利还是受到很多的限制。反过来看，丈夫必须有"抑勒妻妾与人通奸，或强卖为娼，或逃亡三年以上不回家，或虐待妻妾、殴打重伤的程度者"，妻子才可告上法庭，请求官方允许离婚并发给执照另行改嫁。

明朝的创始者朱元璋，本身年轻时虽然当过和尚，但当了皇帝之后，却重用如宋濂、孔克仁之辈的理学家，主张要实行王化必须先有内行之修。内行之修强调妇人应少出闺门，处处要履顺，常常要贞静和平，做到汉朝班昭所订定的三从四德。为了以身作则当楷模，朱元璋的皇后马氏要求内宫的女人都要读刘向所著的《列女传》，并由女史带头讨论此书，取古人行事高超者当作借鉴。等到朱棣登基为永乐帝之后，他就答应徐皇后的请求，命内阁大学士解缙撰写了《古今列女传》一书。永乐在御制本的序写道："人之大伦有五，而男女夫妇为先。有夫妇而后有父子，有父子而后有君臣。妃匹之际，生民之始，万福之原，经训之作，皆载之首篇。"他要求中国的妇女上自后妃，下到庶人之妻，要"贵而勤，富而俭，长而敬，不弛于师，嫁而孝，不衰于父母，乐而不淫，忧而不伤"。

《古今列女传》

在《古今列女传》一书中，徐皇后特别褒扬十位明朝初期的孝女、孝妇、贞女、节妇。第一位是栾城李大妻甄氏。这位甄氏媳妇非常孝顺她的公公婆婆（舅姑）。当时李大和他的弟弟异地而居，每一次婆婆要到李大弟弟家时，当媳妇的甄氏一定跟着在婆婆身边，随时侍候不忍离开。有一次婆婆命甄氏先回家照料李大，可是三天过后，甄氏突然心跳不停而且全身流汗。少顷之后，果然有人来报消息，说她的婆婆病重。听到这消息的甄氏于是沿路祈祷，要观音佛祖保佑她婆婆康复。到了李大弟弟家后，甄氏寸步不离地服侍婆婆，果然几天之后，老人家就病愈康复。这位李大的老妈妈活到九十岁才病殁。甄氏将她跟李大的父亲合葬在一起，而且在墓旁的一个小庐守丧三年，朝夕悲恸不辍。村庄乡里的人无不称赞甄氏的孝行。因此在洪武年间，朝廷赐给一面旌旗，表扬孝妇甄氏的家门。

甄氏的孝行在现代工商业发达的社会或许还多少存在（当然不可能在墓旁守丧三年），可是下面的一则故事大概不可能再发生。这则为名节牺牲的事件发生在一个未婚的宁氏姑娘身上。宁氏很小就跟安丘地方一位名叫刘真的儿子订婚，可是尚未嫁到刘家时，她的未婚夫就已经死亡。还未满十六岁的宁氏听到讣闻时，放声大哭，非常地悲哀，然后对她的父母说："自古以来，烈女不更二夫。我的身体虽然没跟未婚夫醮配，不过既然已经媒妁定文，而且双方父母都已收送聘币礼物，现在未婚夫不幸病亡，他家的父母老而无所依靠，我怎么忍心让老人家做箕扫之类的操劳工作？"宁姑娘因此请求她自己的父母让她到夫家奉养公婆。宁家人原先不允许，不过由于自己的女儿非常坚持，后来终于答应了她的请求。宁氏到刘真家时，依照礼俗到未婚夫的墓前丧祭哭拜。往后的五十二个年头，宁氏皆恭恭敬敬地恪尽妇道，以织布缝衣来供养夫家人口，如此一直活到六十八岁才去世。宁氏的所作所为博得乡里老幼上下的称赞，后来又传到朝廷，因此皇帝诏赐一支"贞节"的旗子，挂在宁氏的家门。

现今每个文明国家都设有劝人不要自杀的热线（hot line），以及如何减低或避免自杀的心理辅导措施。可是明朝的永乐皇帝跟他的元配徐皇后，却极力褒扬为名节而自杀的年轻女子。被他们选中的十名烈女当中，竟然就有八名是因自经、自缢而死的妇女，其中之一是延安人张敏道的妻子赵氏。赵氏才二十岁时，张敏道就得了重病，当张敏道奄奄一息时，赵氏对丈夫发誓，绝不再嫁人。等丈夫死后，赵氏日夜嚎恸，终于自经而死。赵氏因此得到"贞烈"的诏旌。安庆府怀宁地方有位叫李忠的人娶了王氏为妻。李忠不慎溺毙，王氏捞到丈夫尸体后，恸哭到不省人事。等到邻居把尸体移走时，王氏才清醒过来，可是后来在李忠的尸体要收殓入棺时，王氏又要跳水寻死。这一次幸好婆婆救了她，但回家之后，王氏仍然日夜大哭恸戚，绝不饮食，几天之后，就自经身亡。

陈姓人家为女儿招赘一名叫岁善庆的男人为女婿，可是婚后不久，这位女婿就去世了。陈家女儿依照传统守丧三年，一直在哀痛中过生活。等到服丧完毕之后，陈女向自己的父母兄嫂说，她的夫家贫穷无法依靠，希望娘家能够养她终身。可是陈女的父亲回答说："女儿呀，妳还年轻，为父的，将会替你再找一个夫婿。"这位被礼教洗脑过深的陈女坚决不答允，不久便自经而死。还有，在安吉地方一位名叫李茂的男子死后，他的妻子高氏买了一具棺材，将丈夫埋葬后，就在墓的旁边自杀，希望能跟李茂成为连理枝或是比翼鸟。真定府高邑地方有位叫做许颙的人，娶了两个妾，分别为陈氏与牛氏。许颙死后，陈氏与牛氏不久也双双自杀。消息传到京师之后，朝廷竟然诏旌许颙家为"双节之门"。这种奖励是草菅人命，还是礼教吃人？不仅如此，另外一则年轻女子贞烈的故事，也发生在真定府的深州地方。有位姓傅的人家，讨了一位不到十八岁的岳姓女孩为妻，当丈夫病重将死时，传呼妻子岳氏说，你还年轻，应该好好侍候你未来的丈夫（明人称后夫）。这时岳氏涕泪满颊地回答说："我怎么忍心再跟其他男人同寝，我宁可死也不会为了偷生再醮。"一样地，在她丈夫死后不久，岳氏就上吊自杀。

饶州府乐平县有位叫徐德安的人，娶了陈氏为妻。陈氏才满十九岁（实岁，非虚岁）时，徐德安就病危。临死时，丈夫告诉妻子说，我们没有儿子。我死了以后，你要再嫁他人。这时陈氏哭泣答说：既然已是徐家妇，我岂可再事第二姓乎？于是用剪刀剪下一个耳朵，并剪掉自己的头发来表示她的贞烈诺言。徐德安死后，陈氏亲自将他纳入棺中，以后终身恪守誓言，孀居至死。这件事传到京师之后，朝廷决定诏旌表扬。

《古今列女传》还选了两则情节较为复杂的故事，一则是有关山阴人徐允让与妻子潘氏的遭遇，另一则报导了辽东地区一家兀良哈籍的五位贞烈女性。元朝末年，在群雄起义、反抗攻击蒙古军的紊乱时期，徐允让一家人搬到山谷逃避兵祸。不幸的是，徐家人还是碰上元朝的官兵，而且徐允让父亲徐安的头颈被官兵砍伤流血。这时徐允让大声呼喊说，你们要杀就杀我，不要杀我老迈的父亲。元朝官兵果然放走徐安，但杀掉了徐允让。这些毫无纪律的官兵接着便要来奸辱徐妻潘氏。潘氏很镇静地说，我的丈夫已经死了，我只好依从你们，要怎样就怎样。不过假如能让我焚烧我丈夫的尸体，我以后跟你们在一起就不会有任何的遗憾和内疚。这些官兵果然听信潘氏的话，还帮她搜薪火、柴木，给徐允让一个火葬仪式。可是正当烈焰冲天的顷刻，潘氏突然投身跃进火堆，自焚殉节。这件事在明朝开国不久，经过礼部的讨论之后，认为徐允让为自己父亲而捐躯，潘妻以自己的生命来保全妇道，实在是"孝节"两全，难能可贵，因此朱元璋下诏表扬徐家。

明朝光州府固始县是兀良哈少数民族的根据地，兀良哈是当时辽东地区（近代的名称为满洲，现称为东北）的一支游牧民族，以畜牧、打猎和少许渔业维生。一名汉化的兀良哈人高希凤娶了石城人刘氏为妻，但高希凤在辽东被乱军抓到时，拒不下跪求饶，因此被打断手腕致死。刘氏也同时被俘虏，但走了十几里路，刘氏依然骂不绝口，最后也被乱军所杀。高希凤的二弟是个药师，也遭难而死，留下朝鲜籍的妻子李氏为未亡人。李氏因为战乱之故，携带儿子高文殊以及孤苦伶仃的侄儿高僧保回到高丽避难。在途中，因自己一个寡妇无法同时照顾两个孩子，只好放弃她亲生的儿子（高文殊年纪较大），独自带着侄儿高僧保同行。元朝崩亡，明朝建立之初，李氏又找到了儿子高文殊，于是全家回到中国，居住在应天府，守着丈夫的神主牌并发誓不再嫁人。高希凤的三弟叫伯颜不花，被蒙古太尉纳哈出（死于一三八八年）所杀，伯颜不花的妻子郭氏闻讯后，在马枥老家自缢身亡。此外，高希凤的养子高塔失丁为了替养父报仇，而被人诬陷害死。高塔失丁的妻子全氏与高塔失丁的岳母邢氏，后来一起在自己家里吊死，高氏这一家门义不受辱，五节并著，一齐受到明朝洪武皇帝的褒扬。

严格地说，有权力的人，特别是掌有绝对权力的皇帝，是没有资格替社会订定道德标准的，因为道德是相对的，而不是绝对的。在中国，皇帝可以拥有三十六宫、七十二院的妻妾；在英国，国王亨利八世（一四九一——一五四七）因为偷腥私下使一个年轻女子 Anne Boleyn（一五〇七——一五三六）怀孕，被逼得非跟他的皇后 Catherine 离婚不可，同时他还被罗马教皇谴责，说此事为不道德的行为。亨利八世因而受到了不能到天主教堂做礼拜、领圣水的处罚（Excommunication），等于是给教会开除了！这是发生在一五三三年的事；之后，当然引发了英国的宗教改革，英国人因此自己成立了圣公会（Anglican Church），不受罗马教皇的管辖。反过来看，明代的掌权者，包括内阁大学士、六部尚书等等，哪一个没有纳二房、甚至三房的呢？这些自命是孔孟信徒的卫道者，不但犯有重婚罪（polygamy），而且从来没人站出来，大声地反对、谴责年轻女子自杀。反之，却满口仁义道德，在万千自缢、自焚的妇女中，筛选最贞烈者，替她们立传、作文章。如果以现代法律的标准来看，这些明清的进士、大学士们，也许全部都是帮人"自杀"的刽子手？

明代的社会，沿袭中国传统礼法制度，对性别的规范相当偏颇，造成极端的男性中心意识与女性禁欲风气的流行。虽然戏剧小说创作出不少红颜薄命、才子佳人的故事，但明朝国史却同时记载了数量相当多的贞节烈妇，处处显示出两性极端的差别待遇。因此，如何以现代人的观点来重新塑造明代女性的形象，重新体认十四世纪到十七世纪的女人心理，实在不是一件容易的事情。现在让笔者抱着"不是一番寒彻骨，怎得梅花扑鼻香"的态度，把《明史》筛选出的三百零八名（大都只有姓，但没有名）的列女，依类别，有系统地评介一下：（一）节妇：是指三十岁以前守寡到五十岁，都不变节的女性；（二）

烈女：仅包括殉家室之难和拒绝奸淫致死的女子；（三）孝妇：要证明确实有孝敬公公婆婆行迹的媳妇；（四）孝女：指的是终身不嫁，愿意留在家里侍奉自己父母的女人；（五）贞女：包括听到未婚夫死时，自己寻死的闺女，以及未婚夫死后，还决定哭往夫家终身守寡的女人。

节妇

慈溪有位姓孙的女子嫁给定海人黄谊昭为妻，生下了一个儿子黄湄，但没几年后，黄谊昭病亡，守寡的孙氏自己把黄湄养育成人。黄湄在弱冠之年跟母舅的女儿（等于是姑亲表妹）结婚，生了两个儿子后，不久也逝世。明朝当时的农作物和建材，在个人使用之前，或者，在市场里贩售之前，必须自己运输三十分之一存放在国家的仓库或粮仓。此一习惯性做法，就是大明财政部（户部）用语里所谓的"抽分"。在此情况下，孙祖母（明人称姑妇）携带着两个小孙儿输运赋税到南京。交完税后，孙氏向尚书蹇义申诉说："定海县濒临海边，经常遭到大潮大浪的灾害，十年之中有九年，居民都要闹饥荒，乞求政府赶快建筑海塘来抵挡潮患。"

在明朝初期的当权派大官当中，一三八五年举进士的蹇义算是最勤劳，也是质直孝友的一位名臣。蹇义是四川巴县人，从一四〇二至一四二二年担任大明的吏部尚书，负责所有文职官员的任免、考核和升降。蹇义看出孙氏很孤苦，于是问她为什么不再嫁人？孙氏直接了当地回答说：**"饿死事极小，失节事极大！"** 自此，这句话就变成明清提倡名节人士的一句口号，也是后来五四运动新思潮派，用来诋毁痛骂旧礼教时，常挂在嘴边的口头禅。

据载，蹇义听到这句话时，嗟叹很久。果然在第二天上朝时，向永乐皇帝奏请，派遣官员到定海去勘查实况。最后朝廷命工部从龙山到观海的沿岸，全部建了防波堤岸。自此，当地的居民才永免于潮患汐害。孙氏死后，她的故乡慈溪人以她为傲，便在堤塘上建造了一座纪念孙氏的庙。

潞州有位廪生（靠地方政府按时给银子和生活补助的学生）叫卢清，娶了吴氏为妻。吴氏的公公婆婆在旅行到临洛的地方病殁，他们的尸体暂时在途中掩埋。当廪生的卢清，一方面准备上京考试，一方面教授学生，自给自足。可是卢清仕途不顺，后来失去了廪生的资格，甚至于流浪汴州，做些打杂充掾的临时工作维生，终于愤耻发狂病死。吴氏闻讣之余，痛绝不想再活，但是又想到公婆的尸骨还残留在北方，还有丈夫死了，需要有人处理善后，怎么忍心弃之不顾呢？吴氏因此将她幼小的长子寄在姊夫家，把第二个女儿卖给人家，用卖女儿的钱艰苦跋涉到临洛。但在寻找暂时掩埋公婆尸骨的地方，因不得要领而花费了长久的时间，吴氏因此伤心至极，竟在荒野中嚎啕大哭。忽然间有一男子出现，原来是他丈夫卢清教授过的学生。经过这位学生的指引帮忙，吴氏终于将两老的骸骨收好，带回潞州的家。然后再冒着大暑的炎热天气，到汴州去背负她丈夫的骨灰回来。吴氏忍耐着饥饿辛苦，立志把这三项丧礼有板有眼地办理完毕。后来一位名叫刘崧的士人，把吴氏的孝行报告给潞州的首长马暾。马暾受到吴氏孝行忠贞的感动，便帮刘氏赎回她的次女，并以厚礼抚恤吴氏，吴氏活到七十四岁才病逝归天。

上海女子汤慧信，通晓《孝经》、《列女传》等书，嫁给华亭人邓林。不幸地，汤慧信才二十四岁时，她的丈夫邓林就过世，遗留一个还不到七岁的小女儿。邓家的族人想要霸占邓林的房子，因此逼迫汤慧信回娘家过活，汤慧信坚持不肯，说她生为邓家妇，要死为邓家鬼，为什么要搬回娘家呢？邓族人知道无法夺取汤慧信的房子，因此又出了主意，要用一间较大的房屋来交换汤氏的住宅。汤慧信哭泣地说："我把先夫的骨灰都收藏安奉在这个房子，我与他同存亡，怎可随便放弃这间宅屋呢？"一边说，一边气愤到想自尽。这样的议论后来又不了了之。汤慧信这时知道邓族的人就是要吞侵她的财产，于是干脆把家里的银子，全部散发给这些贪婪的族人，自己靠绩纸来过生活。

有一年华亭这个地方洪水泛滥，汤慧信居住的地方一下子变成荒野低湿的危屋。那时已经出嫁的女儿划着一条船来请求母亲搬家，可是汤氏却不肯，甚至连到船上暂时栖身一下也不要，汤氏向女儿说：
"我在这个地方已经守了六十年，假如因为洪水而把我淹死，去跟你的
父亲作伴，我也是心甘情愿的，为什么还要搬家呢？"在固执的母亲与
孝顺的女儿还在依依不舍之间，洪水真的肆虐地灌进了汤氏的屋子，
把老母亲活活地淹死。如果汤氏的女婿也在场的话，他会让岳母活活
地被洪水淹死吗？

　　武邑地方有位姓高的妇女，嫁给了一位叫陈和的读书人。陈和英
年早逝，孀居的高氏自食其力地挑起家中的重担，而且很孝顺地奉养
公婆。到了宣德年间，公婆都相继去世，这时年纪将近五十的寡妇高
氏，先将公婆以传统的殡礼埋葬之后，对着自己的儿子陈刚哭哭啼啼
地说："我父亲（陈刚的外祖父）于洪武年间，全家搬到河南省的虞城
客居，死时，随便潦草地将他的遗体埋在城北。我母亲（陈刚的外婆）
当时用枣木做了一个小车辋，作为未来识别的记号。后来母亲搬回老
家，不久就撒手人寰。可是我懦弱的弟弟（陈刚的母舅）从来就不振
作，因此对自己父母的后事毫不在意。当你的祖母还活着时，我自然
朝夕不能远离，而现在这些需要用心侍养的大事都已经结束了，我想
把我父母的遗骸归葬在一起。"

　　陈刚听了母亲一席话之后，唯唯诺诺，就跟随母亲到虞城，可是
等高氏抵达她父亲掩埋的地方时，看到的却是一堆又一堆无法识别的
墓冢。高氏灵机一动，于是用她自己的头发绑系在马鞍上，然后让马
倒着行走，这样从早上走到傍晚，终于走到一个小冢边上。骤然间，
马儿突然感觉到它的鞍太重，就停下不走。高氏跟陈刚于是挖开马蹄
所踩踏的小冢，果然发现她母亲用枣木制造的小车辋还埋在里头。当
时远近旁观的好奇民众都为之诧异，七手八脚地自动来帮高氏母子收
拾骨骸。之后高氏回到娘家，打开母亲的墓窆，然后把父亲的骨骸也
跟着葬在一起。

　　守寡而能长寿的妇人也比比皆是。桐城有户姓陶的人家，连续三
代都是男人早死、女人长寿。先是陶镛，娶了钟氏为妻，陶镛因犯罪
戍边，死在千里之外；死时，钟氏才二十四岁，而且儿子陶继还只是

在怀抱中的婴孩。钟氏便只身带着男婴，背着陶镛的骨灰，跋涉四千多里的水旱路途回到桐城。安葬了丈夫之后，钟氏就剪断头发，闭门守节，一直活到八十一岁才寿终正寝。

说来真巧，陶继也早死，他的妻子方氏当时才二十六岁，儿子陶亮还不到两岁。方氏的哥哥同情妹妹年轻守寡，便稍微试探她是否想再嫁人；方氏马上以坚决的口吻回绝，并且还发誓说，如果哥哥再提此事，她就要寻死！

景泰年间（一四五〇—一四五七），陶亮在乡试中了榜，但等他开始在太学继续深造时，就又英年早逝了！当时陶亮的妻子王氏才二十七岁，妾吴氏才二十一岁，而且两人都还没有儿子。王氏与吴氏扶着榇柩回到桐城，把陶亮安葬好，可是却因家贫而无法应付家中的日常开支。很多亲友都劝两位年纪轻轻的寡妇再醮，可是她们却都哭着回答说："你们都不了解我们决心要当节妇吗？"此后，王氏跟吴氏以纺绩度日。这种相依为命的清苦日子一共过了二十六年之后，终于给桐城县的县令知道了，于是将此事报呈朝廷，陶家因而获得三代诏旌（即钟氏、方氏，与王、吴两寡妇）。当时的人称陶家住的地方为"四节里"。

海宁有一位叫许钶的人娶了潘氏为妻，生了一个儿子许淮。不幸的是，还不到一年，许钶就病亡。许钶的妻子把丈夫收殓安葬之后，也想自经寻死，可是被一名老妪及时发现，用药饵救活回生。不过带有势利眼的许钶族兄，因不愿意被寡妇潘氏及孤儿许淮拖累，不时唆使潘氏再嫁。潘氏死不答允，并矢言要以毁容表明志节。这位族兄还是不轻易放过潘氏，有一次他利用夜晚，带领家仆数人，敲推潘氏家门，说潘家欠他钱未还，要来讨债。机警的潘氏背负着儿子许淮，冒着风雨，越过墙垣逃走，一直跑到附近的一条大河。幸好当时有一块大木板漂浮在一边，因此潘氏才能依靠它惊险地渡河，回到娘家。

潘氏在娘家住了相当久的一段时间，一直等到儿子许淮十八岁，补了一个生员的名位后，才再度踏入许家大门。潘氏五十岁时，许淮的妻子已经替她生了五个孙子，并邀请宗人亲友一齐来祝贺她的生日。

这一次许钊的族兄也前来看个究竟。潘氏面对他说："我之所以有今天，全都是靠大伯的玉成帮忙！"潘氏一边说，一边看着儿子许淮跟他的族人饮酒。接着，潘氏转身向北鞠躬揖拜又说："未亡人三十年来好几次面临死亡的边缘，可是都坚强地忍辱偷生，为的是要照顾抚养儿子许淮。今天有幸儿子已经成家立业，而且还有好几个孙子，我死了还有什么遗憾呢？"说完之后便进入内室。等到宴会终了，诸位宗人及客人连同许淮，要到里面向潘氏致谢时，竟然发现潘氏已经吊死在横梁上。

写这则故事的翰林史家，并没有交代那位三番两次欺凌潘氏的族兄，看到潘氏自缢的情景做何反应，也没有写到许淮是否有替母亲报仇的后续结果。

桐城县有位读书人吴道震，娶湖南湘潭知县姚之骐的女儿为妻。姚氏才十八岁时，丈夫就过世，留下一个还在襁褓的婴孩吴德坚。姚氏摶节日常家计，忍死抚养着儿子长大。二十六年过后，恰好是崇祯末年，流贼窜掠桐城。这时姚氏的哥哥姚孙林听从母亲的话，到潜山的地方避难。四十四岁的寡妇姚氏也随行，可是途中还是遭遇到流贼。姚孙林和贼兵格斗几下便被杀死，吴德坚背负着母亲姚氏侥幸暂时逃离。这时姚氏对儿子说："事急了，你这书生怎能负我远行，倘若贼人追到的话，我们都会死，你无法保全母亲，但不能断绝你父亲的宗嗣呀！"说完，她便叱命儿子赶紧自己逃命。吴德坚还在哭着犹豫，不忍心丢下母亲，姚氏便用全力将他推下层崖。须臾之间，贼寇到来，大声嚷着要姚氏拿出金子首饰，否则便要杀死她。姚氏答说："我流离远道，哪会有金子？"这时贼首命姚氏脱掉衣服，要搜验她全身。姚氏不但拒绝，而且还痛骂，最后被当场用刀砍死。

桐城人方孟式的父亲是大理卿方大镇，弟弟是兵部侍郎方孔炤，丈夫张秉文在万历庚戌（三十八年）中进士。方孟式志笃诗书，备有妇德，二十多岁还没有儿子时，便自行替丈夫找了一位妾。崇祯末年，张秉文是山东布政使，奉命要守住济南。可是叛军太强，张秉文殉职死于城上。这时方孟式告诫她的婢女说，事情到紧要关头时，要推她到池水中。果然，济南城沦陷时，方孟式跑到深池旁痛哭，命令婢女说："推我，推我！"于是堕入池水而死。方孟式死时，遗留有八卷的诗稿叫《纫兰阁前后集》。

临海人陈珍（字尔玉）是冯元鼎的元配，生长在高门望族，可是早年守寡，需要亲自抚育儿孙。其中有一个孙子冯苏之考中了进士。陈珍宏词博学，所写的名媛诗句，应属上乘之选。请看她的诗歌：

曙窗

双峰掩映小楼前，树影窥棂一枕偏。

唤醒愁人无个事，数声啼鸟落花天。

闺情

蝶去花无语，莺愁春不知。

他乡明月夜，闺阁断肠时。

宫词

风雨送黄昏，深宫日闭门。

春光将已矣，何处更承恩？

从军行

其一

黄花塞上野云飞，白草城头片月低。

百战将军身不死，十年壮士老归期。

其二

荡子从军不记年，只知临阵自当先。

月明忽作江南梦，惊起沙场一夜眠。

烈女

丁月娥是元朝末年，一位名叫职马禄丁（西域人）的武昌府府尹的女儿。丁月娥小时就很聪慧，时常听她几位哥哥诵说经史，因此能通晓伦常大义，而且还口授她的胞弟丁鹤年吟诵诗文。长大之后，丁月娥嫁给芜湖人葛通甫为妾。她嫁入葛家后，一切都能秉照礼法，事上抚下，连葛家的元配大奶奶卢氏都率领家中妇女，聆听丁月娥的教诲。一三六二年，朱元璋的红巾军跟陈友谅（自称为汉王）强大的水军，在长江中游进行决定性的生死战，这时葛家大奶奶卢氏说：太平那地方有城郭，而且有重兵防守，可以保护我们。于是要丁月娥带领全家女眷到太平城避难。可是不久，陈友谅的军队攻陷了太平城，丁月娥向诸妇女说："我生长在诗文礼教的家庭，怎么可以失节于贼军呀！"说完，便抱着幼女投水自尽。接着，九位葛家女眷也跟随丁月娥投水。当时恰好是盛溽的夏天，但奇怪的是，所有沉水的尸体在七天之内，皆不曾浮上水面，等到第八天，浮上后的颜色仍栩栩如生。后来乡人在武昌的南郊挖了一个大洞穴，把所有的尸体埋葬在一起，并命名为"十女墓"。不久，丁月娥的丈夫葛通甫与元配卢氏，也全都被陈友谅的军队杀害。

大部分的贞节烈女都只有姓没有名，可是却有少许例外，其中之一是丁锦孥的贞烈故事。丁锦孥是浙江新昌人，嫁给山东佥事唐方为妻。朱元璋当皇帝时，唐方犯了罪，被判处死刑，当妻子的丁锦孥也因连坐罪，被收为官婢。等执法的官员按籍要来押收丁锦孥时，看到她色美漂亮，于是垂涎三尺，故意找借口向丁氏借梳子要掠发。这时丁锦孥把梳子扔掷在地，这位色迷迷的官员马上蹲到地上要把梳子捡起来，然后走近丁氏的身体，说要将梳子还给她。丁氏看破这位官员心怀不轨，于是破口大骂，坚不接回梳子，然后告诉家人说："这种人无礼，一定会污辱我，我除死以外，无法保全我的贞节。"等到抬她的轿子经过阴泽时，丁锦孥看到崖峭水深，于是从轿舆中跃身而出，投入水中。可是丁氏穿的衣服太厚，导致身体无法立刻沉入水底，丁锦孥临机一动，从容地用手敛起裙子，让她的身体随着水流浪花慢慢地沉没。死时，丁锦孥还只是如花似锦的二十七岁少妇，当时的人称这个地方为"夫人潭"。

吴县女子王妙风嫁给吴奎为妻室，可是盛年的婆婆是位淫荡的妇人。正统年间，吴奎到外地经商，婆婆跟奸夫在房间饮酒作乐。这位奸夫意图不轨地打起了王妙凤的歪主意，于是命王妙凤取酒，可是王妙凤不听从，不愿拿酒瓶。奸夫再三催促，王妙凤不得已进入房间，奸夫一看到年轻的媳妇，竟用他的魔手戏摸王妙凤的手臂。妙凤又气愤又羞辱，于是拿起一把菜刀，将被奸夫摸触过的手臂猛砍一刀，第一次没砍断，再砍一次，手臂终于应声而断。听到这消息，王妙凤的父母亲要到法曹按铃诉讼，可是王妙凤却说："我死就死了。哪能控告自己的婆婆呢？"不到十天，王妙凤因流血过多而死亡。

这类婆婆通奸连累到媳妇的故事，也发生在贵池女人唐贵梅身上。唐贵梅嫁给同乡的朱姓男子为妻，她的婆婆跟一位有钱的商人私通。这位富商见到唐贵梅长相出众，便很想要她，因此用金钱布帛来贿赂贵梅的婆婆。婆婆苦口婆心地劝媳妇跟富商睡觉，可是唐贵梅百端不听从；婆婆用鞭条捶打，她也不愿顺从，再用炮火烧烙，唐贵梅依然不为所动。最后，婆婆竟以"不孝顺"为由，将媳妇诉讼于官。这时法院的通判也收了富商的贿赂，因此将唐贵梅拷打到半死，企图逼贵梅改变主意。等到婆婆将她从狱中领回家，贵梅还是不肯失节。一些好心的亲朋乡党好奇地追问朱家到底发生了什么事，唐贵梅仅略略地说几句话："到现在，我的名声还保全得好好的，为什么要散播我婆婆的恶名呢？"不久后的一个晚上，唐贵梅换了衣服，跑到后园，在一棵梅树上上吊身亡。第二天早上，她的婆婆还想鞭挞她时，才知道媳妇已经在梅园自杀。据闻，义妇唐贵梅的尸体悬挂在树上三天三夜，却保持得有如生人一般。

淫荡婆婆加害年少媳妇的故事，还有一则更加复杂。公元一五四五年朱厚熜（嘉靖）当皇帝时，有一位嘉定县的女子张氏嫁给汪客的儿子。汪客自己终年带绿巾，因为他的夫人（张氏的婆婆）经常和生张熟李的男人通奸，其中有一位叫胡岩的恶少最为桀黠，乡里的党徒都听从他的指挥。这恶棍胡岩跟汪客的老婆共谋，将汪客的儿子（即张氏的小丈夫）送到县衙门去当一个小差使。这样胡岩和他的酒肉朋友就可跟汪客的老婆日夜在家纵情作乐。有一天，胡岩叫年轻的媳妇张氏陪坐敬酒，但张氏不答应。胡岩恼羞成怒，从张氏身后攫取她的发梳。可是张氏马上捡回自己的梳子，然后将它折断投掷在地下。这事情过后不久，胡岩竟然闯进张氏的房间要奸犯她。这时张氏大呼，杀人呀，有人要杀我呀，而且拿一条铁杵向胡岩敲击。胡岩看情势不对，愤怒地走离张氏的房间，但张氏因受屈辱又心存恐惧，于是自投于地上，整夜痛哭，终至奄奄一息。胡岩这家伙跟张氏的奸淫婆婆害怕事情会泄漏出去，于是把张氏繄系在床脚，并派人看守。

第二天，胡岩召请其他恶少年一起在张家大吃大喝，等到二更鼓时辰，便开始用槌、用斧虐打张氏。承受不了痛苦的张氏乞求恶徒们赶快用利刃把她刺死，果然其中一人用刀刺入她的颈部，另一人则刺她的胁部，而且又秾害她的阴部。以胡岩为首的恶棍，将未满十九岁的张氏凌迟后害死，准备将她的尸首焚烧。奇怪的是，尸首却重得无法抬起，于是胡岩等人便干脆把整个屋子放火烧掉。当邻里的人看到火光冒出，蜂拥地赶来救火，破门进入时，赫然看到张氏的尸体，于是立刻报告官方处理。官方终于逮捕到汪家的小奴婢以及诸恶少年，一一笔录取供，把事实查得水落石出后，便将所有主犯和从犯，依照犯罪的轻重判刑。嘉定这地方本来就盖有一间"烈妇祠"，据说，张妇死前的三天，住在祠旁的人曾听到空中有鼓乐声，而且有火光从祠柱中炎炎地闪烁出来。很多嘉定的乡亲认为这是贞妇要死以前的征兆。

双烈的故事

吴县有两个姓沈的人，一个叫沈思道，一个叫沈树田，思道娶孙氏为妻，树田娶宣氏为妻。这两家接邻而居，交情深厚。思道与妻子孙氏相亲相爱，感情融洽。反之，树田为人暴戾，因此乡里的人都不跟他交往。树田的妻子宣氏回娘家向父母诉苦，弄得其父母都伤心落泪。宣氏却反过来安慰父母说，这是女儿的命不好，请老人家不必为此事伤心。后来沈思道死了，他的发妻孙氏送夫丧过河下，邻居宣氏也是哭得极为悲哀。不久，沈树田病重，宣氏拿药给丈夫喝时，沈树田却将装药汤的碗砸掉，还说，假如你毒死我，我死后将会变成讨命的厉鬼。沈树田的病拖了相当一阵子，后来终究去世。这时两位守寡的年轻妇人孙氏与宣氏竟然以死相约，同日自缢。可是事违人愿，孙氏吊死了，宣氏却被人及时救活复苏。此事发生后的三年，宣氏父母积极地找媒人，想要让女儿改嫁。宣氏发觉了父母的用意之后，再一次寻死自缢，这次果然一命呜呼！

下面谈到两位因抗拒奸污、为亡夫守节的妇人。海康人吴金童的妻子庄氏，在成化初年，因广西流寇扰掠乡邑，便随着丈夫避居广东新会，在刘铭家中帮佣。色鬼刘铭看到庄氏美色，垂涎三尺地想跟她要好，可是怎么拐诱都不成功。刘铭因此私下收买无赖梁狗，叫吴金童一起入海捕鱼，然后设计使吴金童溺水而死。庄氏因等了三天还见不到丈夫，前往海边搜寻时，看到吴金童腐肿的尸体漂浮在岸边，而且手脚都被绳索所缚。庄氏靠着丈夫所穿的衣裤辨识出尸体之后，回家携带女儿来到海边，然后抱着丈夫的尸体，一起沉没在海水之中。隔天，三具尸体随着海水漂绕到刘铭的家门口，去了又回，反复好几次。当地的人感到诧异，将尸体收殡，可是却不知道这是刘铭干的好事。一直等到梁狗后来失言，落了风声，官厅才派人捕拿杀人犯，并且处以极刑。

汝阳人陈旺有个年轻的妻子唐氏，跟他到处以歌舞卖唱为生。一五〇九年的秋天，陈旺带着他的妻子唐氏、女儿陈环以及侄子陈成来到江夏的九峰山献唱。当地有位演傀儡戏为业的人叫史聪，看到唐氏与陈环都很艳丽迷人，加上陈旺已经老态龙钟，因而起了淫念，将陈旺诱到青山喝酒，趁夜晚时刻将陈旺杀害。隔天，史聪独自回到九峰山，再哄骗陈旺的妻子唐氏、女儿以及幼小的侄子到武昌山吴王祠，然后拿了一把利剑威胁唐氏，要唐氏跟他发生肉体关系。这时唐氏说："你杀了我的丈夫，我不能杀你替丈夫报仇，又怎么能让你再糟蹋我的身体呢？"后来唐氏遇害，凶手史聪用草席随便包裹唐氏的尸体，丢到荆棘丛中。第二天，史聪又拿出刀刃，想玷污陈环。陈环边哭边骂，声音振响了林木，可是依旧被奸恶的史聪所杀，史聪还故意让她的尸体在粪壤中腐烂。一五一〇年的冬至，当史聪喝得烂醉时，陈旺的小侄儿陈成终于成功地逃出魔鬼的掌控，跑到官府控诉。史聪最后在葛店市地方被擒，审判查证后伏诛。

慈溪县的海滨有一个地方叫沈思桥，住有沈族人口约两千人上下，平常以骁黠善斗闻名。嘉靖年间，倭寇入侵，沈族人常常能杀歼倭贼的首领，夺回被抢走的财物，因此这些海盗特别仇视沈思桥的人。在这族群之中，有沈祚的妻子章氏，沈希鲁的妻子周氏，沈信奎的妻子冯氏，沈惟瑞的妻子柴氏，沈弘量的妻子孟氏，沈琳的妻子孙氏。有一次，一大群倭寇又到沈思桥掳掠财物妇女。族长对家人叮咛："任何一位妇女都不能让贼寇抢走，不能丢失任何财货，大家要死守家园，违背者要杀头！"

这时沈祚的妻子章氏召集族中的妇女，然后发誓说："男人死斗，女人死义，无为贼辱。"于是妇女们都听从号令，聚集在一个楼房待命行动。等倭寇攻进楼屋时，沈祚的妻子章氏最先投河自杀，沈希鲁的妻子周氏和沈信奎的妻子冯氏，也跟着溺水而死。沈惟瑞的妻子柴氏当时正在替丈夫磨刀，就顺便用刀砍贼寇，然后自刃身亡。沈弘量的妻子孟氏与沈琳的妻子孙氏被倭贼捉走，不过两个烈妇竟然夺得贼刃，然后自刺身亡。这一次倭患，在整个慈溪沿海当中，沈思桥死亡最多，包括三十多位妇女，其中以上述"六节妇"最为贞烈。

淳安地方有位名叫项淑美的女子，嫁给一位喜欢买书藏书的人叫方希文。一六四四年，杭州失守，大帅方国安的溃兵到处掠夺，大江小湖数百里都不得安宁。在此动乱时刻，方希文载运他的藏书到山间躲避。可是不久，他的小儿子突然出了疹病，方希文不得不带着儿子到外边延医求治，于是留下妻子项淑美、一位老妪和一位女婢看管临时的家。那天晚上，乱兵涌到，到处纵火肆掠，这时婢女挽着项淑美的衣服，央求要跟女主人一起逃走。可是淑美却正色叱责说："出去则死于乱兵，不出去则死于大火，我们只有死路一条，可是如果在屋里被火烧死，可免受污辱！"这时，老妪已经先跑到屋外，看到火焰愈来愈强炽，于是匆忙跑回，大声地叫喊说："火已经烧到房子了，为什么还不出来？"项淑美硬是不听，一边急忙地拿着丈夫的书，堆在她的左右，一直到两边的书都高过她的头，她才坐在中间。顷刻间，火迫近了，所有的书也都烧光了，项淑美就如此地被火活活烧死。等乱兵离开之后，方希文才回到家，但他看到的，只是一堆不散的余烬，好似在保护着项淑美的遗骨。不过当方希文开始恸哭时，如小丘般的灰烬却立即溃散。

第八章 孝妇、贞妇、孝女、贞女、义婢

孝妇、贞妇

元朝末年有一位掌管印信的小官吏，名叫韩太初，娶了刘氏为妻。明朝建立之后，照例将前朝的大小官吏降徙到偏远地方，受不同层次的监管劳役。韩太初带着家人前往和州途中，韩家老迈的母亲受不了奔波而病倒。平时谨慎服侍婆婆的刘氏媳妇竟然用针刺挤出自己的血，然后掺入药汤中让老太太服用。不幸的是，全家才抵达和州不久，丈夫韩太初就猝死了。自此以后，孀妇刘氏便自己种植蔬菜来奉养婆婆。两年过后，老太太因罹患风湿病，无法上下床与自行走动，刘氏日夜供奉婆婆汤药外，更随侍驱蚊打蝇，不敢远离老太太身边。但因没钱医病，老太太久卧草席的身体生了蛆虫。刘氏一看到蛆虫，就用自己的嘴齿去除蛆，使蛆虫不再复生。

后来婆婆病情严重，刘氏便刲割自己的肉，煮给老太太食用，婆婆的病情，才稍稍有些起色。

依现今的医学常理，刘氏刲肉以后留下的伤口，要治疗也不是那么简单的事，搞不好发炎，甚至生疮都是很可能发生的。可是《明史》或《明实录》的撰写者在这部分并没有交代清楚。不过几个月后，韩家的老母亲还是被死神抓走。因为实在太穷，无法把尸体带回韩太初的老家新乐埋葬，所以就将婆婆的棺材放在房舍的旁边，刘氏又如此地哀号了五年之久。朱元璋后来知道了刘氏的这种作为，随即派官员赐给她一袭衣服，二十锭钞，又命有司帮刘氏将她婆婆的丧事处理好，并让韩家不需再提供徭役。

侍御毛凤韶的女儿毛钰龙，从小就读书，过目成诵，嫁给刘守蒙为妻子不到十一年便守寡。毛钰龙忍死奉养公公婆婆，住在一小楼中，发誓不出家门。毛钰龙生了三个女儿，但都夭殇早死，所以她自己一个人孤苦零丁地活了六十几年，可是愈老，写诗的功力却愈高，因此乡里的人都称她为"文贞"。她年老时，眼睛不好，坐也坐不起来，依然还是卧躺在床上，照样教导她的外甥念书。当时有不少闻人名士，想求门一见，或者想跟她书信往来，但毛钰龙通通回绝不理。下面抄录的是节妇毛氏悲伤自悼、摧心裂肝写出的几首诗章：

春日
桃花暮雨槙中阁，燕子春风月下楼。
诗句怕题新节序，泪痕多染旧衣裳。

绿窗
幽闺永夜灯前泪，孤枕频年梦里心。
别思潮回同海水，梦魂春去绕梨花。

秋月
霜飞衾薄红棉冷，云敛天高绿色寒。
深秋灭尽红妆兴，回施胭脂与后生。

冬夜

玉井无声户已扃，一庭霜月冷如凝。

谁怜寂寞书窗下，冻影梅花伴夜灯。

慈溪人杨氏，小时父亲以八字许配给同乡的郑子琭。在洪武年间，郑子琭的父亲因犯罪戍边云南；按照明朝连坐法制度，已成丁的儿子郑子琭也要随遣充军。当时杨氏才十五岁，听到未婚夫郑子琭需要离家到云南服役，便请求自己的父母，让她先到郑家一边照顾她的准婆婆及尚未成丁的郑家小男孩，一边等待郑子琭服役完毕归来。可是郑子琭死在戍所，杨氏没有再嫁人，就此留在郑家，跟永远是准婆婆的郑妈抚养"准小叔"长大成人。杨氏后来收养了"准小叔"的一个儿子郑孔武为嗣，苦苦守节五十多年才过世。

山阴县王素娥有淑德，又擅长诗文，十六岁嫁给胡节为妻。胡节因犯法坐牢而死，王素娥以死自誓，守寡到四十一岁才过世。王素娥写的诗朴直不粉饰。以下是她遗留的三首作品：

闷怀

妾泪非易弹，乡关渺千里。

心事与愁肠，相对何人语。

渡钱塘江

风微月落早潮平，江国新晴喜不胜。

试看小舟轻似叶，载将山色过西陵。

黄昏

阶下虫吟又暮秋，倚栏独立恨悠悠。

几多心事三年泪，忍向珊瑚枕上流。

三水人文少白的女儿嫁给葛姓人家，不幸丈夫早死，文氏节烈自守，作《离骚》九篇以见志述怀，受到朝廷表扬为节妇。除此之外，文氏还手抄六十卷诗赋。以下是她的两首典雅简质的诗章：

读书辞

读既倦兮草草步，苍苔兮缥缈。

问落花兮多少怨，残红兮风扫。

鸟喧喧兮人稀柳，依依兮絮飞。

思悠悠兮春归惟，把卷兮余晖。

悼怀篇

青青山上松，年华不可考。

灼灼园中花，颜色不尝好。

五月鸣蜩至，八月蝴蝶老。

感物有盛衰，岂忍归腐草？

邓铃是闽县人郑坦的妻子，郑坦死后，邓铃刲割双耳，自誓守节。在嘉靖初年，获皇帝嘉奖，旌表她的门第。邓铃活到八十二岁才过世，她下笔皎然有力，著《风教录》来勉励后人，以下是这位女须眉的作品：

读岳武穆王传

英雄誓复旧山河，曾奈奸邪误国何。

铁马长驱河雒水，金牌亟返郾城戈。

中原父老空遮诉，南渡君臣不耻和。

五国城头烟月惨，千年坟树尽南柯。

秋夜闻笛

凄风飒飒满江城，雁叫霜天月正明。

永夜萧条多少恨，不堪更听断肠声。

孝女、贞女

山阴县有位姓诸名士吉的人，在洪武初年当地方的粮长，替政府收税赋。其间，有奸黠的纳税人因迟迟不缴粮税，竟诬告粮长，说诸士吉贪污。诸士吉因此被判了死刑，而诸士吉的两个儿子诸炳与诸焕也被牵连获罪。这时诸士吉的女儿诸娥还不到八岁，就日夜啼哭，后来决定跟母舅陶山长远涉到京师诉冤陈情。当时的法令规定，要诉冤的人，首先要身卧钉板，否则官方不予勘问与重新审理。小小的诸娥勇敢地卧在钉板上，辗转到差点丧命，终于让主事者听到冤情，同意再审。经过详细的勘问审查之后，仅诸娥的一位哥哥被戍边充军受罚，她的父亲与另外一位哥哥被判无罪饬回。不过诸娥本人却因重伤导致死亡，山阴县的父老皆为这位小女孩哀悼，把她的遗像安放在曹娥庙里供人祭拜。

新昌人石孝女，还在襁褓之时，父亲石潜出了事情，被官方籍没，而且关入了牢狱。母亲吴氏以漏籍免罪，回娘家依靠兄弟过活。有一天，石潜逃脱回到家乡，秘密藏匿在吴家，可是吴家兄弟惧怕连坐受到处罚，竟把石潜杀死，并置放在大窖中。这一连串的事情发生时，吴氏都没有吭声，等到石潜的女儿长大之后，问她妈妈为什么她没有父亲，没有石家的父系亲戚。母亲终于一五一十地告诉了自己的女儿，石女知道后，异常悲愤。

一四○二年，石家的女儿已经是亭亭玉立的十五岁姑娘。这时吴家舅父想把石女嫁给吴氏家族的年轻人，可是石女却对母亲说："杀我父亲的是吴家人，你怎么要让我成为父亲仇人家的媳妇呢？"虽然母亲解释说，她无法做主，一切都出自无奈，但女儿只颔首不说任何一句话。石女嫁给吴氏家族的当天，婚礼刚刚结束，新娘就在洞房里自经身亡，这时当母亲的仰天长哭说："我女儿之所以死，是因为她不愿意当仇人的媳妇！"嚎恸几天之后，石潜的寡妇吴氏便死亡。后来官方获知这件事的来龙去脉，便把杀害石潜的人捉起来治罪。

万义颛（字祖心）是鄞县人，父亲万钟曾任宁波卫指挥佥事。万氏小时很贞静又喜爱读书，她的两位哥哥万文、万武皆世袭成为军官，但都不幸死于战场。除此之外，万义颛没有其他的血缘亲属。但她倒是有继母曹氏，还有两位年纪轻轻但是孀居的嫂子，一名陈氏（万文的未亡人），一名吴氏（万武的未亡人）。吴氏守寡时，已经怀孕六个月，因此当小姑的万义颛，早晚都拜天叩地地祷告说："万氏现在已经绝嗣了，愿上苍赐给一名男婴，好让万家传续忠臣后代。果真上天成全，我万义颛矢志不嫁人，俾能跟嫂嫂一起养育万家子嗣。"

三个月后，吴氏果然生了一个男婴，命名为万全。这时，当了姑姑的万义颛欢天喜地，逢人就说，万家有后代了！万义颛自此跟家里的三位寡妇共同来照顾这个小侄儿，所有名阀人家来求婚，她一概拒绝，并全心全意地教导万全读书，一直到万全长大成人。第五章详述明代开国皇帝把中国的社会，分类成四种主要功能的部门，即农人（民户）、士兵（军户）、工匠（匠户）与"盐户"四大职业类别，而且还下诏定制，他们的职业全部都是世袭的。换句话说，职业是从父亲传到儿子，再传到孙子、曾孙、玄孙等。因此万全也嗣职当了卫所的指挥佥事。之后万全生了儿子万禧，万禧又传嗣万桩，这些万家小男孩在成长过程中，也全部都是由老姑妈万义颛教导抚养的。万义颛活到七十多岁才撒手人寰。万义颛的祖父万斌、父亲万钟，两位哥哥万文、万武都为国捐躯；继母曹氏和两位嫂子陈氏与吴氏也都守节数十年如一日，但他（她）们之中，最受人尊敬的、以义理为重的，还是万义颛本人。在明朝，鄞县的人称万家为"四忠、三节、一义"之门。

汝阳人刘玉，总共生了七个女儿，因家境贫寒，为了养活家人，刘玉从早到晚努力地耕田。刘玉有一次叹说："生女儿不如生男孩，因为女孩子没办法帮我扶犁头！"老爸讲这句话时，四女儿跟六女儿都听到了，内心感到悲伤，因此发誓不嫁人，而且从此穿着短衣，协助父亲耕作。等到父母相继过世，家里穷得无力营葬，两位姊妹因此将父母埋在自己房子旁边，不离开父母的身旁。一五七一年（隆庆四年），督学副使杨俊民跟知府史桂芳，特地到刘宅拜访，当时两位姊妹都已经是六十岁以上的银发族矣！

诸暨女子孟蕰许配给蒋文旭为妻，可是蒋文旭还没来得及迎娶孟蕰就病死了。孟蕰矢志独居，在自宅吟咏不辍，一直活到九十二岁。宣德朝时，御史把孟蕰忠贞的节操上报朝廷，孟蕰不仅得到旌表，而且她家的门侧还立了祠庙。孟蕰的肉体虽然早已和草木同朽，可是她的声名与诗词却享有不朽之名。以下拾捡她的三首作品：

抚瑟

昨夜瑶琴今夜弹，依然别鹤与离鸾。

要知妾意无他向，只在琴声不改间。

画松

森森老干倚晴空，万木参差谁与同。

自惜栋梁人已去，谩垂彩笔写遗容。

闺词

谁谓妾无夫？未卜婚期夫已殂。

谁谓妾不嫁？夫殁于官妾身寡。

谁谓妾身不见郎？妾睹遗容若未亡。

谁谓妾不到君堂？妾扶君榇执君丧。

谁谓夫无配？妾自笄年先已字。

谁谓妾心二？妾誓终身守夫制。

妾身永作蒋家人，夫君原是吾门婿。

岂知牛女隔银河，蓦地参商无面会。

今生空结断头缘，欲满姻期在来世。

台州人金氏小时跟温州人章文宝订有婚约，但在成婚前，章文宝先娶了一位已经有妊的包氏当妾。不久，章文宝得了重病，金氏想去探病，可是她的父母不允许，但金氏这女孩还是坚持要去。后来金氏见到章文宝一眼后不久，未婚夫便病逝了。金氏不但替文宝敛棺守丧，而且还亲自教导包氏生下来的儿子章纶读书。章纶在正统元年（一四三六）考中进士，官拜礼部主事。这时章纶心里想上疏皇帝，让他继承他父亲的家产，可是因为他是妾生而非嫡生，怕惹金氏生气，因此迟迟不敢上疏。金氏获悉之后，反而安慰鼓励章纶。章纶受到嫡母的鼓励首肯之后，正式要求朝廷把他的名位从"庶"改成"嫡"，当为章家的后嗣。可是依照明朝的传统，这是违法的，因此章纶差一点被廷杖打死，之后还被禁锢在诏狱中。一直等到天顺二年（一四五八），章纶才恢复官职，从此照顾金氏到她弃世为止。金氏室女守节，写的诗简妙朴实，下面是她的《见志诗》：

> 谁言妾有夫？中路弃妾自先殂。
> 谁言妾无子？侧室生儿与夫似。
> 儿读书，妾鬓纩，空房夜夜闻啼鸟。
> 儿能成名妾不嫁，良人瞑目黄泉下。

但是，根据明末清初钱谦益的考证，章纶母亲金氏的《见志诗》一篇，是出自高季迪之手。

扬州地方有位叫做胡尚纲的人，娶了程氏为妻，胡尚纲患了重病时，妻子程氏曾刲自己的腕肉喂给丈夫，但因胡尚纲不能吞咽，无法救活，不久就撒手归阴。这时年纪轻轻，而且已经怀孕四个月的程氏嚎啕两天都不想进食。邻居亲朋便劝她说："如果生下来是男婴的话，就可以延续胡家的子嗣，为何要绝食寻死？"程氏终于又开始进食，五个月之后，果然生了一个男婴。不幸的是，男婴生下不久，却夭殇死亡！

为自己的婴儿夭折而伤心至极的程氏于是又向公婆说："当媳妇的不能再侍奉你们起居了，幸好家里还有其他妯娌，因此我走了，公婆也不必悲伤。"程氏因此又开始绝食，两天之后，程氏的婆婆来安慰守寡的媳妇说："你的娘家离这里只有两百里的距离，为什么不先通知你父母（亲家），大家见见面后再诀别也不迟？"这位立意要轻生的程氏回答说："那赶快叫我家人来呀！"之后，程氏每天只喝一汤匙的稀饭，等着她的娘家派人过来。十二天过后，她父母果然派遣她的小弟弟到胡尚纲家。可是自从跟弟弟见了面之后，这位精神恍惚的程氏又开始绝食，滴水不入口，而且慢慢地把盒子里的簪珥收拾停当，准备办理后事，将其余的首饰都散发赠送给家人或邻居妪妇。如果人家问她为什么这样做，她会回答说："我自己卜算，十八日或十九日是好日子，我将在那个日子辞世。"最后，程氏求仁得仁，死在丈夫睡过的床头。以现代人的社会、道德、法律、教育标准来看这桩故事，程氏的一举一动，真是令人费解呢！

祥符的地方有一位少女陈氏，从小的时候就以互换八字跟杨瑄订婚。但未嫁之前，杨瑄却猝死。噩耗传到陈家时，陈氏想自杀，但她的父母不准许；她要求到杨家奔丧，父母也不准许。陈氏于是私自剪下头发，请媒婆带到杨家，偷偷地暗藏在死去的未婚夫的怀里。当时订婚的礼俗是，女方用金字写出女孩出生的年、月、日送到男方家中，这称为婚帖。杨瑄的母亲于是将文定的婚帖跟陈氏的头发包裹在一块，然后置放在杨瑄的怀里一起埋葬。陈氏从此穿着素衣素服守丧，等到她父母又另找媒人要陈氏改聘时，陈氏竟然自缢身死。五十三年以后，朱厚照（正德）当皇帝时，杨瑄的侄儿杨永康决定改葬杨瑄，俾能跟陈氏的骨骸埋在一起。结果墓挖出来时，虽然两人的骨头都已经腐朽，可是陈氏的头发和订婚帖却依然鲜完如故。杨永康又证实，合葬三年之后，杨、陈的墓上，甚至产出了歧谷和丫瓜，真是奇事奇闻！

胡贵贞是乐平人，出生的时候，她的父母因为某种理由，把她当作弃女，丢放在荒野之中。当时邻里有位姓曾的媪妈，获悉此事后，立刻前往将胡贵贞救活，带回家中、让她跟自己的儿子曾天福吃一样的乳水。自此，曾妈打算等胡贵贞长大之后，就嫁给自己的儿子曾天福当媳妇。十七年后，曾天福的父母相继过世，而且家道没落。这时胡贵贞的生父便强迫女儿要嫁给有钱的人，胡贵贞回答说："曾家养我长大，我从小就是曾家的童养媳妇，曾家的母子给我很多恩情，我怎么可以因为饥寒而忘恩负义呢？"胡贵贞于是荜舍单浅，小姑独处，外边的人无法看到她。可是胡贵贞的哥哥知道曾天福未婚，于是设计把妹妹哄回家，然后拿出求聘的富家子弟所送来的一大堆金宝笄饰。当时胡贵贞知道已经无法摆脱父兄的压力，于是偷偷地跑到房间自缢身死。

湖州鲁编修之女，为貌美的才女，招赘嘉兴蘧太守之子蘧公孙为夫，本以为蘧公孙为才子，没想到丈夫文章尔尔而已，鲁小姐无奈，母亲与养娘劝解方稍稍宽心。蘧公孙不久因父亲重病而回故里，知父亲病重不起，欲接鲁小姐至嘉兴，鲁小姐母亲不肯。鲁小姐明于大义，劝说母亲，方得以成行。往后便于嘉兴落脚，教儿子读书，写文章，若儿子书背不熟，便督责他念到天亮。

茂苑地方有一名端洁爱读书的女孩子素贞，她私下跟一位男子"玉郎"订下婚约。可是玉郎有位姓羊的朋友，也爱上了素贞，于是千方百计在素贞母亲倪夫人面前挑拨离间，说尽玉郎的坏话。倪夫人竟然听信羊姓男子的蜚语谗言，逼素贞改适。后来玉郎死了，多情重义的素贞也随着殉节，两人合葬虎丘。素贞著有《泣鸾遗恨》，她的诗文英特超群，灵渺处还带点古朴纯真，兹抄录五首于下：

月

坐冷碧苔湿，霜华印碧梧。

寂寥原是伴，应熖妾身孤。

灯

香寒睡鸭半黄昏，罗袖重重添泪痕。

我伴残灯灯伴我，寂寥应是慧心人。

对镜

修眉凝恨锁春山，香雾凄迷着鬓鬟。

何事青铜旧相识，也来一样效愁颜。

落花

碧桃疏影半横斜，狼藉香钿点绛纱。

杜宇也怜春去早，夜深犹自伴残花。

秋夜

碧梧金井伴黄昏，何处疏砧度短垣。

夜静露凝金绣袜，空余明月熖啼痕。

浙江余姚有一位古姓人家，欣赏乡里中一位有学问的年轻人史茂，因此将他招赘为乘龙快婿。几天之后，一位名叫宋思的邻人到古家来讨债，不期然间，看到了艳美如仙子的古家姑娘，于是马上改口说，古家欠他的钱是用来娶古家姑娘用的聘金。在双方坚持不下的情况下，宋思就告到官里。当时知县马从龙洞察出这是一件诬告的乌龙案件，于是命衙卒把宋思打了几十大板，然后将他赶出衙门。可是等到古家姑娘要下台阶，而史茂想来牵扶她时，古氏因从未出过闺门，又看到那么多陌生人站在旁边看着，因此脸上发报，半羞半惭地把史茂推开。古氏的这个"拒爱"动作以及未婚夫妻间的互动表情，恰好全部映入知县马从龙的眼帘。下意识的瞬间，知县马从龙觉察到古家姑娘根本不爱史茂这位书呆子，于是即刻改变他的判决，宣布古氏理应归属给宋思！

听到这天外飞来的好消息后，宋思马上率领一批人马，带着轿舆到古家迎亲。等古氏的母亲来看自己的女儿时，古家姑娘呼号着要求死，并且剪断她的长发，告嘱母亲交给丈夫史茂。虽然宋思家族有十多位妇人轮流用好话劝说，但古家姑娘依然不为所动，坚不上轿，最后乘机自缢而死。知县马从龙得知古氏自尽的消息后，大为震惊懊恼，于是下令捕捉宋思，可是宋思早已逃之夭夭。而史茂为了报答妻子对自己的情义，终身不娶。

义婢

在永乐当皇帝期间，保安右卫指挥（官阶正三品，统率五千至六千名官兵，相当于现在的师长）张孟喆被调到明朝九边重镇之一的宣府驻防。不久流寇从北方入掠，张孟喆恰好在前方督训军队，在情势危急之下，张孟喆的妻子李氏对小姑（张孟喆的妹妹）说："我是将军的元配夫人，跟你都是宦门出身的女人，我们要守义，不能让贼寇污辱了我们。"于是姑嫂两人相扶投入井中。张孟喆家中有位婢女名叫妙聪（没姓），也一起跳进去。可能因为井水不够深，张孟喆的夫人跟妹妹都没有立刻被淹死。这时妙聪知道女主人李氏已经怀孕，因顾虑水冷，恐怕胎儿会死在腹中，于是便用自己的臂膀背负着李氏及小姑。

等到贼寇被官军击溃败退之后，张孟喆和他的弟弟张仲喆很快地找到井里的亲人，便用绳索把李氏与张家妹妹救出来，可惜发现义婢妙聪已经断了气，一命呜呼。

隆庆末年、万历初年间，明朝出了三位有名的首辅（相当于宰相），他们是高拱、徐阶与张居正。在极为微妙又险恶的政争当中，有一位绰号丹阳大侠，名叫邵方的政治贩子，他先帮徐阶献策，但徐阶不予理会，导致徐阶在六十五岁时，受到御史弹劾而被逼退休。一般史家认为在一五七〇年时，邵方用大量的金银，帮助高拱行贿当时内宫最有权势的宦官冯保，高拱才能坐上内阁大学士的第一把交椅兼吏部尚书。可是隆庆皇帝在一五七二年七月四日猝死，两星期后，他的儿子朱翊钧（才十岁）登基为万历皇帝，高拱随即下台，邵方因而一下子失去了靠山。张居正当权时，雷厉风行，断然着手政治革新，他属下的巡抚张佳胤奉旨捕杀邵方。当时邵方有个三岁的儿子名叫邵仪，由家里的婢女（也姓邵）照顾着。等巡捕到邵家要捉走邵仪时，日已西沉，而且邵家居所大门都已关闭，于是巡捕就守在门口等候。

邵方有个女儿嫁给约五十里外的武进城里人沈应奎为妻。沈应奎是位孔武义烈的男子汉，当时是一位生员。知道岳父家有灾难，担心如果邵仪有个三长两短，邵氏一族恐怕会断绝香火。恰好沈应奎跟府里的法官（明人称推官）很要好，当天正好推官邀他吃饭，直到夜分时刻才散席。沈应奎快马加鞭地赶到岳父家，从后墙翻入。这邵家婢女一看到沈应奎便喜极而泣，抱着小小的邵仪说："幸好沈姑爷赶到，这孩子有救了！"婢女于是将邵仪交给沈应奎，然后跪在地上叩头说："邵家未来传宗接代，完全要靠沈姑爷了！这个小孩如果能活下去，我当奴婢的将死而无憾矣！"

沈应奎果然把小邵仪秘密地藏匿起来，等到天明之后，沈应奎赶到衙门来谒拜推官。在同时间，巡捕找不到邵仪，于是拿邵家的婢女出气，将她捆绑起来毒打一顿，但邵家婢女始终不发一语。巡捕回到衙门时，有几位捕卒指控邵仪的失踪，应该是沈应奎干的好事。不过跟沈应奎交情很好的推官反而替他的朋友辩白说："这种指控应该是冤枉的吧！因为应奎昨晚跟我一起吃饭喝酒到很晚，今天一清早又因事来找我。"正好又有人为邵方开脱，这桩案件就这样被搁置不问了。婢女把邵仪当作自己的儿子抚养长大，一直到她年老归天。

曹桐地方有位叫丘镤的人，他的儿子丘褙生下来就跟一户姓钱人家的女儿订下了婚约。可是丘褙长大之后，患了癫痫症，而且不懂男女房事。丘家于是不敢聘娶钱家的女儿过门，而且把实情告知对方谅解。出乎意料之外的，钱家的女儿竟然不听，而且先以她的女婢沈氏跟丘褙睡觉，来试看未婚夫是否有"性趣"，懂得房中三昧，结果证明丘褙实在没有行房能力。因此丘家再度恳求钱家解盟，别聘他人。钱家的千金听到这消息时，竟然自经身死，不久丘褙也猝逝，钱家的婢女沈氏，因为有了那一夜的"试婚"，也立誓终身不嫁，为丘褙守节。万历三十五年（一六〇八），朝廷接到奏疏，下令礼部给钱女和沈氏颁发旌旗。

女扮男装与有男子气概的妇女

元朝末年，当明玉珍在四川称霸时，有位住在保宁地方的贞女韩氏，因怕被乱贼掳掠，所以女扮男装，混逃于民间。可是后来却为明玉珍的部属征召入伍，到处转战足足有七年之久，而且还没人知道韩氏身为女性。最后，明玉珍的大军攻破云南，告捷回四川，韩氏凑巧碰到她的叔父，才赎归成都，并改回女儿装扮过日子。这时从军袍泽看到她时，都异常地惊讶。一三七二年，韩氏嫁给一家姓尹的当媳妇，成都人都称她为"韩贞女"。

为了保持贞洁名誉而女扮男装者，还有南京人黄善聪。黄善聪在十二岁时母亲过世，她父亲在庐州与凤阳之间卖香，叫她穿着男子的服装，跟随老爸到处做生意。从游几年之后，父亲病亡，黄善聪克绍箕裘，继续以卖香为生，并改名张胜。同行有一位香贩叫李英的人，跟黄善聪搭档好几年，却也不知道善聪身为女人。黄善聪后来回南京老家省亲，探望亲姊姊。黄善聪的姊姊与她初见面时，也认不出自己的妹妹，诘问良久之后，才知道原委。姊姊于是怒骂妹妹说，男女乱群，真是侮辱了黄家的家门，因此拒不让妹妹回家。这时黄善聪要用死来证明自己的纯洁，于是请邻居的老妇人检验她的身体，果然还是完美无缺的处子。姊妹终于相拥痛哭一番，姊姊叫妹妹立刻改装，恢复女人本来面目。几天后，李英来访，知道相处好几年的香贩伙伴是女人家，因此怏怏不乐。回家后，李英将此事告诉母亲，并央媒人到黄家求婚，可是黄善聪不答应。她认为，如果嫁给李英，瓜田李下，社会上会有嫌疑的诽言。邻里亲友相劝，她愈是坚决不嫁。最后官方听到这个消息，派人来助聘，并判定李英与黄善聪为法定夫妻（但以现代人的法理、观点来说，官方是没有权力强逼人家结婚的）。

替丈夫、儿子出主意的女人

山阴地方有位姓葛的女子嫁给一户姓白的人家，生了一个儿子，命名白瑾。白瑾的父亲早死，因此从小就由母亲葛氏一手教养。长大之后，白瑾在成化年间考中了进士，而且被派到分宜县当知县。白瑾生来身体孱弱，有一次生大病时，恰好邻县饥饿的灾民到处觅食作乱。当时分宜县没有城郭，因此当难民一下子涌进分宜城内时，县府掌管财物、仓库及监狱的簿丞，都仓皇地带着他们的妻儿逃跑藏匿起来。

葛氏知道当知县的儿子还是卧病不能视事，因此命令卫士将仓库及府署的财物银子，用铁箱子装好，然后全数丢进池中。之后，葛氏戴着白瑾的头冠，穿着知县的官服腰带，端端正正，纹丝不动地坐在县衙大堂。等到难民闯进县府衙门时，他们仔细一看，发现是知县的老母坐在殿堂时，大家先是吓了一跳，然后一起大笑。葛氏老母发声说："我的儿子白瑾害了重病，没办法亲自迎接你们，我老妇人代为主人，请跟我来视察仓库。"当难民看到仓库时，仓库内一无所有。经过牢狱时，大家都说没兴趣看，等到进了内舍，难民看到的只不过是一些粗简的食具，甚至连做饭的东西都没有。

这批难民看完内舍之后，反而向老母致谢，并随即一哄而出。难民离开后的隔天，葛氏下令捕头去捕捉那些违法作乱的人，有些被捉到的就按照律法判罪处刑。这件事发生不久后，白瑾便过世了。葛氏扶着儿子的灵榇回到老家埋葬，沿途中，男女老幼夹道致哀，并表达他们对葛氏的尊敬，因为有了老母的机智，才使分宜县没有像邻县一样被洗劫一空。

下列的三位妇女是因在战乱中替丈夫打气、出主意，甚至牺牲生命而留名史册。正统年间，辽东广宁右卫指挥佥事赵忠，奉命驻防镇静堡的重要关口。有一次蒙古军队入犯，赵忠力战不胜，敌人的围攻非常地猛烈火急。这时候赵忠的妻子左氏说，镇静堡破在旦夕，她宁死也不愿受辱，并且尽力勉励赵忠继续奋战。说完，左氏跟着赵忠的母亲，以及三个女儿一起自杀身亡。悲痛感愤之余的赵忠，因此抱着"破釜沉舟"的态度孤注一掷，更加坚忍地扼守城堡，敌人终于无法得逞，只好解围离去。朝廷知道这件事之后，赠左氏为"淑人"，并诏谕礼祭，赐给一面"贞烈"的旌旗。之后，赵忠晋升为指挥同知。

一五一一年江西华林大盗围攻瑞州府，当时瑞州知府出缺，工部主事姜荣调任通判暂时代理知府的职务。这位才刚到任的通判，仓皇无备，临时召集的兵士根本无法抵抗来势凶猛的盗贼。姜荣看到形势无法守住，他自己便先开溜了。他的姜窦妙善原先是京师崇文坊的乐户人家，这里出身的妇女以矫悍出名。当华林大盗在府中找官印时，她乘空档将府署的印信藏在圃池中，并且穿上鲜艳衣服，上前对贼众说："太守带着数千援兵出城追捕你们，你们是死定了，为何抓我的婢女呢！"贼众认定她是太守夫人，把其他人放了，用轿子抬着窦氏出城。

当时被盗贼捉绑的还有姜荣的部属盛豹父子两人（高安人）。三位被俘的人走了数里路后，窦氏偷偷地告诉盛豹官署印信藏匿的地点，而且告诉盛豹，她已经准备以死跟盗寇周旋。窦妙善随后向华林大盗说盛豹不会抬轿，华林大盗果然放了盛豹，可是留着盛豹的儿子当人质。等盗贼与人质走到一个叫花坞乡的地方，窦氏骗盗贼说她口渴，想要饮水，因此盗贼便停下来，让她走到路边的一口井边去喝汲上来的水。想不到，窦妙善在那一刹那间，投井自尽。不久盗贼离开了瑞州府，当地一个僧院的主持，就自愿帮窦氏的亡魂超度。七年之后，郡县将此事报告朝廷，皇帝下诏为她立祠祭祀，题名"贞烈"。

至于不守岗位、弃城逃走的姜荣，照法理是要治重罪的。后来刑部的主事者，因考虑到窦氏的贞节侠义表现，特别网开一面，让姜荣脱罪。可是令人不敢相信的是，在两个月之后，姜荣又买了一个姝丽的女人当妾。当时官场里的人，都深不以为然，不少人批评姜荣是个薄幸的负心人。不久，姜荣就挂冠去职，回家吃老米饭了！

一五九二年，明朝西北边城宁夏受到数万蒙古军的侵扰，他们的首领是哱拜、着力兔和卜失兔（一五六五—一六二四）。当时在李如松（一五四九—一五九八）麾下，有一名延安出身的将军萧如熏看守着宁夏南面的关口。由于萧如熏的守军很单弱，致使城里人心不安。这时，萧如熏的妻子杨氏（大司空杨晴川的女儿），将她所有的储蓄簪珥全部拿出来，当作犒赏士兵的费用，并亲自率领身体健壮的妇女，协助后勤的运输工作。萧如熏受到妻子的鼓励与资助，昼夜苦战，终于逼着蒙古军撤退。万历皇帝因萧如熏立功，升他为大帅，可是萧如熏的妻子杨氏病亡后，却没有获得朝廷的特旌褒扬。

第九章　妓院与妓女

营妓、乐户

　　明代早期以卖唱、卖笑、卖色、卖身讨生活的女性，除旧有的乐籍妇女以及犯罪的女人之外，大多来自俘虏的女眷和无家可归、到处流窜的蒙古与色目妮子。《明史·刘基传》中提到："吴士卒物故者，其妻悉属别营，凡数万人，阴气郁结。"当元朝末年群雄割据时，刘基（号伯温，一三一一一一三七五）是朱元璋的军师，曾经替朱元璋拟了一份讨伐吴王张士诚（一三二一一一三六七）的檄文。一三六七年九月，朱元璋的部队攻陷苏州，逼张士诚自杀，因而占据了中国最为富庶的长江三角洲。胜利之后，凡是吴国投降的将士都编到军户，但是吴国战死军士的女性眷属，则安顿在特别的妇女营。刘祁著的《归潜志》其中有一条"卢鼓椎"写道：

"宿州有营妓"，这也证明了当时已有类似第二次世界大战"慰安妇"的存在。自从元朝末代皇帝妥懽帖睦尔（顺帝，一三二〇——一三七〇）在一三六八年逃离北京之后，一般估计有七十万到八十万的蒙古人、色目人被明军俘虏；还有许多人或因家园破碎、或因被遗弃而成为难民，他们大部分停留在河南、河北、北京、山西、陕西、四川、甘肃和云南。朱元璋流放了一些战俘，包括一位蒙古亲王到琉球群岛，然后把流窜在京师的人编入"乐户"，在州邑者则编入"丐户"。

明代的良家妇女，上自官吏富人，下到一般"民户"百姓，绝大多数都遵守着闺阁习俗，不会随便让外人看到她们的头发、颜面和身体。反之，被编到"乐户"的，或者是"营妓"的女人，就得抛头露面，以粉黛、胭脂等来娱乐男人求生。因当时有这么多流离失所的女人，礼部就决定设立一个教坊司来统属管理。《明史》卷七十四《职官志》规定教坊司"奉銮一人，正九品。左、右韶舞各一人，左、右司乐各一人，并从九品。掌乐舞承应。以乐户充之，隶礼部"。沈德符（一五七八——一六四二）在《万历野获编》写道："礼部到任升转，公费出教坊司。南礼堂司俱轮教坊直茶。无论私寓游宴，日日皆然。"总之，教坊司设有一位主管，还有衙署，有公座，有人役，有执行刑杖、拿签牌之类的杂差。教坊司的大小官员，可从他们所戴的冠、带识别出来，但他们看见客人则不敢拱揖。至于妓女倡优如果从良，要落籍到"民户"，也由教坊司循规承办。

南京武定桥所设的富乐院是明代官妓的滥觞，当时负责管领富乐院的是礼房主事王迪。王迪这个人熟谙音律，又能作乐府。依照原初的设计，富乐院是高级的色情场所，院里的女子可供官衙府第缙绅宴集、喝酒作乐之用，但只有商贾生意人可以入院宿娼，一般的文武官吏及舍人如果要出入妓院的话，还是多少有所限制。朱元璋当皇帝时，查出有一百多名财税人员（当时叫钱谷官）曾经到富乐院宿娼。这些先侵盗课税、然后狎妓的官员，有一半被罚到滁州去看守城门，另一半则被迁戍到辰州去当兵。《大明律》还规定，官吏若娶教坊司的妓女为妻妾的话，除了要打六十杖以外，还强迫要与妓女离异。如果应荫承袭父亲、祖父官职的子孙，娶教坊司的女子为妻妾者，罪与官吏相同；同时要写上所犯罪过，从父亲、祖父的职位上减一等，并且发放边疆荒陲地方任用。

沈德符在《万历野获编》中印证了这种法规："宣德三年（一四二九）八月，巡按湖广御史赵伦与乐妇奸，命戍辽东。"在这前提之下，勋戚大官仍然可以随时传唤教坊官妓行曲传觞、弹琴演戏。《万历野获编》又说："山票拘集教坊妓女侍觞，则全是勋戚举动，又非礼虐之，其持票至曲中，必云圣人孔爷叫唱，诸妓进匿，或重赂之得免。"《尧山堂外纪》中也记载了一则三位杨姓的内阁大学士碰到一位性情巧慧的名妓的故事。三杨指的是有才气但又重实效的杨荣、正质坦率的杨士奇和冷静忠实的杨溥；名妓指的是齐雅秀。当时三杨正值歌宴，召有官妓弹琴、唱歌、敬酒。在厅外的随从拜托齐雅秀（叫做"应官身"）要想办法让三位德高望重的阁老开怀大笑。齐雅秀很有把握地说，只要我一进入厅内，就能逗他们笑个不停。等到这位名妓进见时，三杨齐问说，为什么你迟到了？承欢陪宴老手齐雅秀不假思索地回答："看书呀！才忘了时间。"三杨又好奇地问下去："看什么书呢？"齐女大声地说："看《列女传》呀！"三杨乍听之下，全都咯咯地笑了起来，不过其中有一位阁老说："母狗真没有礼貌！"齐雅秀也不甘示弱地回答说："我是母狗，各位则是公猴（侯的同音）！"

明代官员狎妓的事，还可以从宋凤翔的《秋泾笔乘》窥出状况："宣德年间（一四二六——一四三六），顾佐为都御史。……先是，不禁官妓，每朝退，相率饮于妓楼，牙牌累累，悬挂栏槛。群婢奏曲侑觞，浸淫放恣，解带盘礴，每至日昃而后返，曹务多废。佐奏革之。"顾佐是开封府太康人，一四〇〇年中进士，曾任应天府（南京）知府（正四品）与顺天府（北京）知府，一四二八年升为都察院左都御史（正二品）。顾佐执行宣德的禁娼政策果然奏效，因为"京师自宣德顾佐疏后，严禁官妓，缙绅无以为娱，于是小唱盛行，至今日几如西晋太康矣。"（录自《万历野获编》卷二十四）。顾佐在一四三三——一四三四年间生了一场大病；一四三六年退休之后，明朝禁止官吏狎玩官妓的政策就逐渐松弛。不到一个世纪，王世贞在他的《觚不觚录》中写说：
"河南、淮北、山陕诸郡士夫，多仍王威宁、康德（涊）之习，大小会
必呼伎乐，留连宿饮，至著三词曲不以为怪。若吴中旧有之，则大概
考察削籍不堪复收者；既而听用在告诸公，亦染指矣；又既而见任、
升迁及奉使过里者，复澜倒矣；乃至居丧，未尝轻缣自恰，左州侯，
右夏姬，以纵游湘山之间，从人指目，了不知怔。"

等到明朝衰亡时，明朝官员玩妓的风气更是盛行，清人严思庵在
《香艳丛书》的"艳囮二则"中证实说："明万历之末，上倦于勤，不
坐朝，不阅章奏。辇下诸公亦泄泄沓沓然，间有陶情花柳者，教坊妇
女，竞尚容色，投时好以博赀财。"

南京的妓院

明代初叶莺燕优娟最繁盛的地方应该是南京。南京人口大约有四
十五万之谱，当时是十四世纪世界上第一大城。曲折的南京城垣，依
山临江，气势雄伟。南京城外廓有座聚宝门，当时最方便的交通工具
是小船，商贾游客可乘船从聚宝门越过长江，然后沿着秦淮河东走，
经过正阳门，再到东华门。也可以经大金门走到朝阳门，然后坐小船，
沿着护城河南下，在通济门换船，随着秦淮河的流向，经过莫愁湖，
然后抵达秦淮河跟长江交接口的三山码头（即现在的水西门）。永乐当
皇帝时，为了资助郑和下西洋，在位于南京西北三汊河（西接长江，
东邻秦淮河）附近建设了龙江宝船厂。明代中叶以还，秦淮河两岸，
妓家鳞次，比屋而居，花木萧疏，纨绔少年或商贾嫖客，在黄昏时刻，
租乘灯船，从聚宝门水关到通济门水关，可以看到十里珠帘，然后决
定在某河房中宿夜。据说，每逢秋天全国会试时，在桃叶渡口（秦淮
河与青河的交接处）的那个地方，争渡者喧声不绝，夜晚则火龙蜿蜒，
光耀天地。

明人周吉甫在《金陵琐事》一书中，描写了南京妓院的范围以及
十六间服务嫖客酒楼的地点与名称如下："在城内者曰南市、北市。在

聚宝门外之西者，曰来宾，门外东者曰主译。在瓦屑坝者曰集贤、曰乐民。在西门中街北者曰鸣鹤，在西门中街南者曰醉仙。在西关南街者曰轻烟、曰淡粉。在西关北街者曰柳翠、曰梅妍。在石城门外者曰石城、曰雅歌。在清凉门外者曰清江、曰鼓腹。"

政治罪犯的女眷

南京是大明帝国一三六八——一四二一年的首都，一三九九年，燕王朱棣发动"靖难"之变，点燃战火。自靖难内战之后，民气渐舒，闾阎乐业，仓庾充羡。由于社会安定，商贾云集，又兼之"官妓"、"乐户"数量增多，在"供"与"需"的市场机制运作下，首善之地的南京才会出现这么多花月春风的酒色牌楼。在"供"的方面，主要的来源是一三八〇年胡惟庸案和一三九三年蓝玉案坐党的女眷，加上靖难内战时所有拥戴建文帝的文武大臣的妻女亲戚。朱棣在一四〇二年七月称帝时，下令将所有敌人的妻子、女儿、亲戚等千余户，全部编入"乐户"，让她们荼毒衣冠，醇酒沦落，丧尽节义。《南京司法记》写道："永乐二年十二月教坊司题：卓敬女、杨奴、牛景、刘氏合无照，依谢升妻韩氏例，送洪国公转营奸宿。又永乐十一年正月十一日教坊司于右顺门口奏：齐泰妇及外甥媳妇，又黄子澄妹四个妇人，每一日夜二十余条汉子看守着，年少的都有身孕，除生子令作小龟子，又有三岁女子，奏请圣旨。奉钦依由他。不到长大便是个淫贱材儿。又奏：黄子澄妻生一小厮，如今十岁，也奉钦依都由他。"

上述提到的齐泰是南京南郊深水人，任建文帝的兵部尚书，有一次齐泰在朱元璋面前，正确地说出每一个边防重镇指挥官的名字，并且表现出他备有相当丰富的军事战略、地图、联勤方面的知识。一四〇二年七月十三日，当燕王朱棣的军队攻进了南京的金川门后，南京的皇宫出现了大火，齐泰把他乘的马用墨水涂黑，趁着夜晚逃脱，可是马汗最后将黑墨洗脱，在安徽广德地方，齐泰被人识出，后来缚执到京师，在七月二十五日伏诛于市。齐泰的五岁儿子齐得义遭流放，妻子、外甥女、媳妇，以及其他女眷全部被编入教坊司。从此，这些可怜的女人头要戴皂冠，身上要穿皂褙子，而且出入不准穿着华丽的衣服。

靖难内战期间，朱棣公开宣称齐泰及黄子澄是两大奸臣，也是他的主要敌人，因此他是绝对不会放过黄子澄一家人的。年轻的建文帝在一三九八年夏天开始"削藩"的政策，据说是出自于黄子澄的主意。黄子澄被执之后，勇敢大胆地在朱棣面前，当众批评朱棣是凶残、不足为后嗣效法的篡位者，因此盛怒的永乐以黄子澄大逆不道的理由，即刻下令将他"千刀万剐"。黄子澄的胸膛、腹部、手脚和背部遭到切割，让他备受煎熬痛苦地慢慢流血死去。黄子澄死时是五十岁，留下的妻子、女儿以及四位妹妹都要连坐受罚被逼去当"官妓"。被黄子澄牵连到的九族男亲戚就被编到"丐户"，从此要头带绿巾，腰系红褡衣，而且走路时，不许走中间，只许走道路的左右边道。

在三年的"靖难"血腥内战中，战事有输有赢。一四〇〇年夏天，燕军围攻济南时，被山东守将铁铉（色目人，一三六六—一四〇二）打败。铁铉是建文皇帝旧臣之中，少许能战胜朱棣的将领，因立功而曾一度被升任为兵部尚书。三十六岁的铁铉被捕时，拒绝承认永乐是他的主人，而且还破口咒骂，说永乐篡位。铁铉被处死后，还被放进油镬再一次烧烂他的尸体，可说真是最野蛮残酷的刑罚。等到朱棣在一四〇二年七月称帝时，便下令将铁铉三十五岁的妻子杨氏及铁铉的两位女儿全部编入"乐户"。明代《教坊录》提到："永乐十一年（一四一四），本司邓诚奏：有奸恶家小妮子，奉钦依都由他。"

铁铉的妻子杨氏不久后便因神经衰弱而死，他的两个女儿自此发誓不受辱、不接客。一四二四年，永乐的大儿子朱高炽即位时，特赦了铁铉的两个妮子，同意恢复她们的"良民"户籍，后来她们有幸嫁给朝士。铁铉两个女儿的贞烈故事，可在清人笔名"来集之"（死于一六八二年）所著的《铁民女》（又称《侠女新声》）的戏曲中看到。两个骞运薄命的铁铉苗裔作有《自述》诗各一首。大女儿的诗这样写道：

> 教坊脂粉洗铅华，一片闲心对落花。
> 旧曲听来犹有恨，故园归去已无家。
> 云鬟半绾临妆镜，雨泪空流湿绛纱。
> 今日相逢白司马，樽前重与诉琵琶。

铁铉二女儿写的是：

> 骨肉伤残旧业荒，出身何忍去归娼。
> 涕垂玉箸辞官舍，步蹴金莲入教坊。
> 览镜自怜倾国貌，向人羞学倚门妆。
> 春来雨露深如海，嫁得陶郎胜阮郎。

可是根据钱谦益的考证，铁铉大女儿的诗其实是吴人范昌期所作。这首诗题名为《老妓卷》，收编在张士瀹的《国朝文纂》。

十五世纪下半叶，闻名于苏杭地带的大文学家祝允明著作等身，其中有三部是属于怪异警世的作品，即是《猥谈》、《志怪录》和《语怪》。在《猥谈》书中，祝允明提到："奉化（浙江）有所谓丐户，俗谓之大贫，聚处城外，自为匹偶，良人不与接，皆官给衣粮。其妇女稍妆泽，业枕席，其始皆宦家，以罪杀其人而籍其帑。官谷之而征其淫贿，以迄今也。金陵（南京）教坊称十八家者亦然。"祝允明平常不修行检，好赌好酒，经常出入声色场所，教导粉黛优伶写书作画，题诗唱和，所以上述的记载应该是实况写真的史料。《万历野获编》也说："明时浙东丐户，男不许读书，女不许裹足。"讽刺的是，缠足竟然变成"良户"与上层阶级妇女的特权，一般"丐民"与"贱民"的女子，反而不准缠足。此中的理由是，缠足的妇女大概就无法做粗重的工作，或是缠足象征严格的阶级划分？

明代中叶以后，乐户人数越来越多，弄得教坊司要乐户缴纳"脂粉钱"。十六世纪初，有位名叫阿克巴尔（Seid Ali Akbar）的阿拉伯人，在中国访问旅行了三个多月。在他的游记《中国纪行》（*Khitain-*

ameh）（出现在一五一六年）中，阿克巴尔写道："每一个中国城市都设有专供娼妓活动的特殊地区，有的城市有五百家妓院，有的甚至达到一千家，这些女人大多是来自宦门，但是犯了（政治）罪的女儿。"

娼妓满天下

出身于福建长乐的谢肇淛（字在杭，一五六七——一六二四），一五九二年中进士，之后的三十年曾经在浙江的湖州、山东的东昌、南京、北京、云南、广西等地当过不同职务的官职，而且到处旅游，搜集人情、风尚、文物等有关资料。谢肇淛的人生阅历丰富，观察力敏锐，著作甚多、内容广泛，他在《五杂俎》卷八说："今时娼妓满布天下，其大都会之地，动以千百计。其它偏州僻邑，往往有之。终日倚门卖笑、卖淫为活，生计自此，亦可怜矣！"这里大都会指的是南京、北京、扬州、大同、泉州、苏州、杭州、淮安，广州等地。

《五杂俎》中还说，九边重镇如大同、蓟州、宣府，它们的繁华富庶不下江南，而妇女的美丽、衣服的款式也没因战争而有所改变。其中以"蓟镇城墙"、"宣府教场"与"大同婆娘"最为出名。《万历野获编》也说，在万历年间，以烟花巷讨生活的"大同婆娘"就有两千人，而在北京皇城内外，不隶属于三大院的大同籍娼妓，溢出流寓，属于明人所谓的"路歧散乐"流莺！偏州僻邑之处指的是不隶于教坊司管辖，家居私下卖淫的"土妓"和私设"私窠子"的地方。此外，还有在路旁设立的窑子及在船上卖淫的妓船（在广东、福建叫做"疍船"，在湖州称为"六篷船"）。这种不能念诗唱歌，不会书画表演的妓女，通常只能出卖自己的身体，让嫖客蹂躏来讨生活。

乐户人口以及娼妓数字逐年增加，一般人会说这是因为世风日下、道德败坏的缘故。其实较重要的原因是明代法律的弊端百出，造成职业户的四处流离，赋役制度的次第遭受到破坏，抚恤救济的不健全和政治的腐化。但是在古今世界各种不同的社会、不同的人种与不同的文化之所以全都有娼妓存在的现象，其中最重要的理由还是经济与民生的问题。明朝历时二百七十多年之久，早先创立的钱币钞法，是一两银子值一千个铜钱，而且各值八十贯钞的比例。可是在一三九五年朱元璋下令，人民不许用金银买卖，而且还要户部收回民间所有的铜钱，依数换成钞币。可是等到永乐时，文武官俸则米钞兼给，到了一四二八年，朝廷又停止制造钞币，然而钞币的使用一直到弘治、正德（一四八八——一五二一）才渐渐地废弃，而且在隆庆时期（一五二二——一五六七），官俸的支给还是用钞。一五七三年之后，明朝政府改成以银为币，以前禁止人民使用金银的法令终于破产。可是银价的高低跟兑换铜钱的比例，常常因市场供需的机制，无法稳定控制，因此造成物价的飙涨以及社会的动乱。

还有更严重者，明代的田赋制度，也从单纯的缴纳米、麦及任意折色代输，演变到后来农民需要把农产品（米、麦、绢等）先拿到市场去卖掉，然后再换取银钱去缴税。这种所谓折"金花银"的赋税制度，常常逼得农民要以贱价卖出他们的谷粮，然后还要用高价买银子去纳税。一五九五年福州由于久旱不雨，米价突然涨到每斗要一百铜钱，饥民因此大噪，连续三天掠劫福州府城仓库。当时，江南的苏州、湖州人民相连呼应。但是穷困善良的佃农，被逼得要向财主借银子来缴纳租钱，更赤贫的人连去年的租债都还没还完，今年还得借银子来还去年的利息，最后实在没办法，只好把女儿卖到烟花巷。此外，父母因穷困病死后，失怙的女儿为了生活，不得不堕落娼门的例子比比皆是。明代剧本《焚香记》的女主角桂英伤心地讲出自己的身世：

奴家敫氏，小字桂英，出自名家，颇知诗礼。不幸父母双亡，别无兄弟，囊箧萧然，衣棺无措。奴家岂惜微躯，忍将父母暴露？只得央媒卖身津送，却过继在鸣珂巷谢家为女。不料他是烟花门户，其时惊惶痛切，竟无脱身之计。

还有《三笑姻缘》的女主角秋香，原来也是出身于官宦之家，但因小时父母相继病殁，才被逼到南京去"卖笑不卖身"（有些版本说秋香是大户人家的婢女)。不久之后,秋香以丝竹管弦陪客吟诗,而变成名冠一时的南京官妓。不过在此请读者注意,秋香在南京的色情场所,能守身如玉,最后脱籍从良嫁给唐寅(字伯虎),完全是戏曲小说家将才子佳人刻意美化虚构出来的。真正的历史并没有这段青楼红颜跟自称为"江南第一才子"的唐寅的爱情故事。其实《三笑姻缘》早在唐朝时就盛传于中国社会,到了明朝时,又被改编成《弹词》的戏曲。或者因为唐伯虎放诞不羁,颓然自放于桃花坞,于是十七世纪中叶改编杂剧的作家就张冠李戴,让唐伯虎去风流一番,去乱点一下秋香。先是浙江会稽人孟称舜(字子若)在他多产期间(一六二九—一六四九)写出《花舫缘》,把秋香从"妓女"的身分改变为有钱人家的"养女",将愿意当"奴仆"的唐伯虎改变为士绅。可是也是会稽出身的作家卓人月(字珂月)不同意孟称舜的乱改,于是自己另写了一本《花前一笑》的剧本,将秋香的身分又恢复为薄命的青楼美女,把唐伯虎形容为风流才子。《花前一笑》后来收集在《盛明杂剧》丛书中的第一卷(共三十种剧本),在一六二九年间,杭州人沈泰(字林宗,号福次居主人)用精装版本,并附木刻绘图,将它印刷刊行于世。

明代以才子佳人为主题的戏曲小说,往往忽视残酷的社会现实,也不考量家庭、名位、经济能力等实际问题。反之,他们把爱情幻想化、偶像化,只要男有才、女有情,天下任何难题都可迎刃而解。然而历史并不是那样单纯,历史上真正的唐伯虎是个穷愁潦倒、瘦弱愤世,一点都不风趣的人物。虽然唐伯虎是多产的文人,也是极有天禀的画家,可是他所留下的词文,并没提到他跟名妓(或婢女,或养女)秋香的这段艳史。他的《唐伯虎全集》最早刻于一五三四年,以后陆陆续续增订,包括一五九二、一六〇七及一六一四年的刊本,最后的集本成于一八〇四年。唐伯虎没有祖产,又没当官,平常靠卖字画过生活,而且因为他很喜欢喝酒,因此把自己的身体搞弱搞坏,还经常伸手向朋友借钱。从唐伯虎写给好友文徵明的三封信,我们可以看出他的悲慨与内心的痛苦哀愁。下面引述几行唐伯虎在一五〇〇年写的一封信:

> 寅白：徵明君卿，窃尝闻之，累吁可以当泣，痛言可以譬
> 哀，……吾弟弱不任门户，傍无伯叔，衣食空绝，必为流莩（冻
> 饿而死）。仆素论交者，皆负节义。幸捐狗马余食，使不绝唐氏之
> 祀，则区区之怀，安矣，乐矣，尚复何哉？唯君卿察之。

怪可怜的唐伯虎有一个女儿，嫁给苏州诗人兼画家王宠（一四九四—一五三三）的儿子为妻。唐伯虎活到五十三岁，死于一五二四年一月七日。

生长在明代的女孩子，大概有几十万甚至几百万人，遭遇到类似桂英和秋香的命运。吴敬梓在《儒林外史》介绍了一位名叫聘娘的女孩。聘娘是南京来宾楼的一名幼妓，大概也是因为家里贫穷或变故，被人拐给卖入娼门。聘娘跟一位纨绔公子陈木南相交很深很久。当时陈木南还没有儿子，因此想娶聘娘为妾，可是后来中途生变，让聘娘非常失望，因此陷入忧郁寡欢。有一次老鸨责骂聘娘不好好打扮接客，聘娘受到刺激上吊自杀。虽然自杀没有成功，但最终聘娘决定削发出家为尼。吴敬梓并没有交代聘娘是到哪座佛寺出家，可是一般人都知道，妓院的女人最信佛，而且经常到佛寺、佛庵参拜许愿。明朝时南京香火最鼎盛的三座佛寺分别是灵谷寺、天界寺和报恩寺，次要的五大寺包括鸡鸣寺、能仁寺、栖霞寺、弘觉寺与静海寺。

也许因为六朝脂粉，早已香染金陵之地，所以明清文人载籍对南都（南京）妓院与妓女的描写比较详细，甚至连妓女所穿的衣服也有所记述。明朝初期，政府也规定皇族与民间妇人的礼服及常服样式，不过之后又常有改变，一般说来，高级妓女的服装比较讲究。余怀（一六一六—一六六九），字澹心，一六四五年当大清军队进占南京的时候，他还是南京太学的学生，他对金陵地区的风情习尚最为了解。他著有三卷《板桥杂记》，其中描写南京秦淮河妓院女孩子所穿的衣服说："南曲衣裳装束，四方取以为式，大约以淡雅朴实为主，不以鲜华绮丽为工也。初破瓜者，谓之梳拢；已成人者，谓之上头；衣饰皆主之者措办。巧制新裁，出于假母，以其余物，自取用之，故假母虽高

年，亦盛妆艳服，光彩动人。衫之短长，袖之短长，袖之大小，随时变易，见者谓是时世妆也。"除此之外，明人对妓女裹缠的小足也有相当多的着墨，如"似玉双钩"、"三寸金莲"、"纤趾"、"纤小弓弯"、"月生芽"，而称她们穿的鞋子为"鞋杯"、"锦鞋"、"罗鞋"、"绣满花"等代用词。

燕云的娼妓

相对地，有关北京青楼教坊的文献则非常缺乏。明初的北平（一四二一年后改名北京）涵盖八府、三十七州、一百三十六县。北平的人口在元代末年大幅减少，例如，在一三五八年与一三五九年之间，接近一百万人死于疾病和饥馑，十一个城门各自的门外，超过一万具尸体无人收埋。明朝建立后，除了几十万军队驻扎军事要地之外，大批的政府官员、农工商各行各业的人，甚至于囚犯，都迁移到北平这个地区；妓院与色情服务业的生意也随之兴隆；营妓与官妓制度随之恢复，城内城外的娼肆窑子，自然先后林立。当然啦，政治犯（如上述的胡惟庸、蓝玉、齐泰、黄子澄等）的妻女依法编入乐户，也是营妓跟官妓的重要来源之一。一五六五年严嵩的儿子严世蕃与亲信罗龙文等，都因私通倭寇及擅权贪污被处极刑，他们的九族亲戚因此遭殃，被编到"丐户"与"乐户"。（八十五岁的严嵩没被诛，但同年死于他儿子的墓旁草寮。）

明代中叶以后，两京教坊的妓院大门大多只设半扉，而且扉的上头都会截钓起来。有时，打扮得花枝招展的歌姬会站在门内，露出半个身子来偷看客人。在南京妓女家门，扉多用竹篾织成，看起来特别轻巧可爱。在北京这种摆设称为下钓轩，传说是元末顺帝时，两位从西域来的僧人，为了防阻他人窃觑妇人受戒，特别设立的下钓轩，后来却演变成南北两都的淫室特色。

而妓女的另外一种来源，则是因家中穷困，或是被人拐骗再卖入妓院。这种情形发生在明孝宗弘治期间（一四八八—一五○六）彭城卫千户吴能的家。在明朝，一个卫所的"千户"手下大约带有一千一百二十名士兵，所以当"千户"的地位大概相当于现代军队团长的位阶。吴能的女儿叫酒仓儿，生下后不久，就托一位张姓妇人喂乳喂粥。没料想到，这位张媪竟把酒仓儿偷偷地卖给一家也是姓张的乐户当养女，而且还谎说，酒仓儿是出生于高官勋臣的人家。可是这个张乐户到了山东的临清大运河转运港时，又把吴能的女儿转售给乐户焦氏，焦氏再将她卖给也是经营色情事业的袁璘。当酒仓儿在短期间内，像是玩物般被转卖好几次时，吴能已经罹病去世。

不过，吴能的妻子聂氏到处追踪寻找自己的女儿，终于在娼楼查出酒仓儿的踪迹。当母女第一次相见时，酒仓儿完全认不出自己的母亲，也不肯承认她是吴能的骨肉。这时聂氏与她的儿子吴政（酒仓儿的哥哥）留了一些赎金，然后强自将酒仓儿夺归。袁璘拒绝收纳吴家的赎金，向官厅讼诉。据《万历野获编》所载，这场官司甚至惊动了弘治帝；弘治皇帝最后命令大理寺（明朝的最高法院）会同都察院与刑部一起勘核，经过三、四次的讯审之后才定案。从这个复杂的贩卖人口案子中可以看到，这时明朝社会还是可以借政府的公权力，使无辜的妇女跳出火坑。

第一章《宫闱的女人》中，提到正德皇帝最喜爱一位能载歌载舞的维吾尔女人，名叫马昂妹，而且也经常召唤色目乐妓到他的豹房献艺陪酒。当时在北京城西北处有一座全部是来自中东、西域的色目人聚居的地方，汉人称它为魏公村。他们的祖先大都信奉伊斯兰教，十三世纪中叶跟随着成吉思汗西征，得到战功、或是被俘、或者因为其他理由，才移居到燕云地区。他们的种族包括土耳其人、犹太人、维吾尔人、哈萨克人、塔吉克人、乌兹别克人、俄罗斯人等等。到了明朝时，魏公村人的肤色、头发、脸型虽然还是跟一般汉人有相当的差别，但是他（她）们都已经跟汉人同化，能说汉语，而且在经济窘困的时候，这些所谓回回教的色目人为了糊口求生，将她们的女儿卖到妓院也是经常发生的事。明末时，南京的旧妓院有不少姓顿、姓脱的妓女，她们要不是蒙古族，就是色目人的后裔。此外，苗族和其他少数民族的妇女"沦于执巾司箧之流"者，也不可胜数。难怪一位托名梅史的人所写的《新都梅史》中便说："燕赵佳人，类美如玉，盖自古艳之。"

描写这情景的时间大概是万历二十五至二十八年，等于是公元一五九八——一六〇一年间。这个时候，依据潘之恒的《画史》所载："燕都妓曲中四十人配叶以代觥筹。东院十九人，西院四人，前门十三人。"北京东院这地方有一家妓院叫史令吾，宅里有一名才情色艺出众的名妓叫薛素素。据说薛素素姿态艳雅，一言一动、一笑一歌，无一不使男人魂销眼迷。不仅如此，薛素素能诗、能写、能画，而且还会骑马弹瑟。当时名人为文心艳质的薛素素所魂迷倾倒的，大有人在。因此公子哥儿皆趋之若鹜，都想要亲近这位文武双全的青楼尤物。潘之恒的《画史》也提到，当时（一五九八年）北京妓女王雪箫绰号文状元，崔子玉绰号武状元，而薛素素却是文武兼具，让很多公卿大人拜倒在她的石榴裙下。薛素素曾是李征蛮的宠姬，也嫁过几次人家，但都没有成功，最后归属江南一富翁并老死。以下是薛素素的两首诗：

春日过茅山

参差台殿闷灵官，句曲茅君次第逢。

洞口鹤窥曾过客，日中人上最高峰。

华阳洞水桃千树，旧馆坛碑墨几重。

遥望金沙何处是，浮图千尺罩乌龙。

云阳道中即事

漂泊扁舟晚，寒烟水上生。

断岗吴札庙，乱石吕蒙城。

莫问楚人草，犹余汉郡名。

聊因风土赋，敢谓是西京。

一般对娼妓来源稍微有涉猎的作者，都认为北京的妓女、舞娘很多是来自山西省，特别是大同。大同位于山西最北部，毗邻内蒙古，夹在内、外长城之间，北魏在此建都，辽、金时当陪都，自古以来都是防御蒙古人南侵的军事重镇。中国的地理、种族、经济在这个地方划了一个分界线。在明朝，大同是南北交往、贸易、集市的中心，也是各类人种杂居的大城。山西商人、陕西商人在华北相当活跃。《茗斋集》（收集在《四部丛刊续编》）中有一首《采茶歌》这样写道："山西茶商大马驮，驮金尽向埭头过。蛮娘劝酒弋阳舞，边关夸调太平歌。"

当时从大同到北京，有很方便的旅程路线，一般是从山西的阳原出境，经过涿鹿，然后沿着桑干河，进了居庸关之后，不久就可以抵达京师的繁华大都会。不过，因家贫被拐骗到北京当所谓"燕姬"的妇女，时常会再被转售，或者被良人用金子赎身。到了明末，谢肇淛的《五杂俎》（卷三）中说："燕云只有四种人多：奄竖多于缙绅，妇女多于男子，娼妓多于良家，乞丐多于商贾。"

明代有钱的缙绅羁宦以及好色士子，都喜欢买北京的"燕姬"以伴寂寥。俗语说："妻不如妾，妾不如妓，妓不如偷，偷着不如偷不着。"在这些青楼妇女之中，有志节、讲情义的也不乏人在。不过很多"燕姬"因成长背景复杂不正常，又好吃懒做，喜欢打扮，因此时常不能调适从良以后的生活，尤其不知如何跟丈夫的姑姨、姊妹、嫂侄相处。很多不自爱的赵燕媳妇，当了有钱人的妾不久，把丈夫家的钱财掏空，然后席卷而归。可是不到半个月，又跟另外的男人交涉嫁娶的事情。

扬州瘦马

以情色淫酣嫁富人为妾，然后骗取财物，洗劫丈夫一空就溜之夭夭的妓女叫做瘦马；意思是说，瘦的马儿可吃很多草，而且可以到处随时迁移，去选择湖边的青草。明代中叶以后，若要买妾的话，大抵是到扬州来进行买卖。扬州的瘦马又称为"广陵姬"，是一种职业性的人间粉黛。据载，崇祯皇帝的田贵妃原先也是一匹扬州的瘦马呢！沈德符的《万历野获编》印证说，扬州有很多仕宦豪门，蓄养这类殊色的女人来"厚糈",多的甚至达数十家。这些女人从小就有计划地训练进退坐立的礼节,演习跟男人交往的应对招数,她们被教导要自安卑贱,对主母要事事承欢屈就,以及如何对付丈夫的元配等。

沈德符亲自到扬州游历,看到鼓吹花轿载进载出,日夜不绝。他看到不少显贵过客寻找母家眷属的悲喜状,也目睹买妾男人的众生相,有的挑选会弹琴的,有的喜欢能画梅花的,有的偏要能画几枝兰竹的女人,有人偏爱能下棋的,也有找到能唱歌的,样样皆有。在选买小妾的过程中,有的男人试一两次便可谈妥当,有的要试探好多次才会纳聘掏腰包。有些瘦马只会写"吏部尚书大学士"或"第一甲第一名"或"解元""会元"几个字,如果你叫她们写其他的字,她们就写不出来,真是奇绝!而长得平俗、面貌不扬者,一定要学习其他的手艺才能快点卖出去。没有才艺只能用白绢向客人微笑者,一般的价钱只有艳姝的十分之三。

据说,靠瘦马吃饭的扬州人有数百人。有意买妾的人,一旦露出风声,牙婆就似苍蝇附腥膻一般地缠着你不放。媒人会接踵而来,到处跟随你,带你到瘦马家吃茶。等你走进瘦马家门,牙婆会扶着白面红衫的姑娘出来拜客,转身走上走下,用秋水向客人睄觑,一边稍露臂肤,一边摇曳响裙。一只瘦马平常每天有五、六位男人来相亲,有时甚至一人进、一人出,连续不断。看中的男人用簪金或一只钗插进瘦马的头发,这叫"插带"。若是看不中,就出几百个铜钱赏牙婆或瘦马家的侍婢,然后又到别家去看。就这样,有时候要看到五六十人,等到后来看累了,甚至没有主意了,就不得不迁就地随便给一只瘦马插带。这时,瘦马的本家就会拿出一张红单,开出需要多少彩缎布匹,多少金花、财礼当聘金,让买客过目点阅。如果买客同意的话,就签字批准回到客栈。常常是买客还没抵达寓所,奏乐打鼓的和担着红绿羊酒的人,就早一步先到了买客的住处门口。不多时,花轿、傧相、小伞,还有结婚所需的种种糖饼、花果全部齐全地送来。这批包办婚礼的职业老手(很像美国 Las Vegas 赌城那种 Shot-gun wedding)很快地让新人拜堂,送入洞房。还不到午时时辰,这批老手讨了赏钱,极有效率地急急忙忙又跑去另一家承办类似的喜事。

　　扬州是大明帝国南北交通的动脉，也是东南粮米和食盐的重要转运站，两淮盐的盐务总部就设在这里。不少官绅盐商在扬州金屋藏娇，挥霍无度。大运河环绕的城东南，十里楼台歌吹繁，绿杨盈堤楼别致，十分热闹，在靠近大东门的地方，就是有"小秦淮"之称的风月烟花聚居区。当时来明朝的朝鲜贡使几乎都懂汉文，其中也不乏喜欢诗歌的外交官，在《朝天录》书中，有一首《沙门渡舟上》的诗这样写道："南商北客簇沙头，画鹢青帘几处舟。齐唱竹枝联袂过，满城明月似扬州。"（见金地粹《苕川先生集》）或许由于扬州的秀媚川泽，以及它特有的温淑水气，扬州女孩子殊色美丽，性情温柔。加上从各地买来的处女，加以装饰一番，然后教她们书画琴棋，这些妮子很快地就变成举止婉慧、可以高价出卖的瘦马。

色情场所的女诗人

　　一般的妇女，除了懂得一些《女孝经》、《女训》、《女诫》、《女论语》之类的口头禅和典故以外，大都没机会读书认字。很多大名鼎鼎的学者，包括宋朝的司马光和明朝的吕坤（一五三六—一六一八），都不赞成教女子作诗填词。吕坤在一五九〇年出版一本四卷的《闺范图说》，用图画与故事来灌输"女子无才便是德"的思想。虽然如此，那些在教坊学艺的女子、在青楼讨生活的莺莺燕燕，既然已经被社会认为是没"贞"、没"德"的薄幸花草，倒反而可以自由自在地跟着她们的才子嫖客吟风弄月，学习翰墨，做一点学问。所以在廉耻分明、注重声教名节的明朝社会，不少女画家、女诗人却是出身于色情场所。也许是这种理由，王昶（一七二五—一八〇六）在《明词综》（十二卷）所载录的女诗人之中，竟有二十六位曾经当过妓女。

　　才貌双全的王微（绰号草衣道人）是扬州出身的名妓。王微本来出自"良民"家庭，可是小时丧父，族人便将她送到尼姑庵寄养。王微生性好奇好动，喜欢到处游赏江湖，有一次被一个俗男子引诱失身，以致王微沦落到妓院谋生。幸好一位华亭人叫颖川君，将她从妓院中赎出来，并娶她为妾。在她的《修微樾馆》诗里，王微自叙说："生非丈夫，不能扫除天下，犹事一室。参诵之余，一言一咏，或散怀花雨，或笺志山水，喟然而兴，寄意而止。"依照钱谦益所著的《列朝诗集小传》中叙述：王微"字修微，广陵人。七岁失父，流落北里。长而才情殊众，扁舟载书，往来吴会之间。所与游，皆胜流名士"。

王微的诗应属第一流，可跟正人领袖相得益彰，跟名流唱和也不会逊色。王微谙佛学，而且有悟性，以下是她的代表作品：

中秋戏赋宛叔

霜满枝，月满枝，仿佛孤衾薄，徘徊就枕迟。

年年今夜翻成恨，落尽芙蓉知不知？

阳台山晚步

上阳台兮魂已惊，步容与兮天风鸣。

采杜若兮春有情，眠芳草兮石未醒，溯江皋兮暮云生。

昌化道中作

炤返烟溪树影斜，千山含翠暮云遮。

年来已自多愁绪，古道无人更落花。

秋夜月下阅邸报（按：邸报是明朝政府的官方通报）

此夜归舟江月残，不须把酒问邯郸。

思君欲向西州路，愁听风吹雁影寒。

怨梅

庭树亦如昨，故人来何时？

花花自早发，偏尔独开迟！

九日泛石湖

兼葭秋淡石湖烟，十二云鬟媚远天。

野老科头无帽落，只将渔艇傍花船。

秋夜舟中怀宛叔

秋风飞兮秋虫咽，雁惊鸣兮伤影子。

想玉颜兮宛在斯，忆往时兮如共说。

情仿佛兮孤枕寒，意徘徊兮灯明灭。

见无日兮愁无涯，欲自解兮返自结。

成化年间（一四六五——一四八八），南京有位叫林奴儿的女画家，自号秋香亭中人，在南都妓院时，跟名画家史廷直和王元父两人学画山水人物。林奴儿不仅姿色风流，冠于一时，而且她的笔力最为清润，是女流中的佼佼者。可以想象，爱她红粉艳丽的嫖客有如过江之鲫！林奴儿后来从良嫁人，改名林金兰。有一次一位旧识的客人想求见，恳求她在一把扇子上画株柳树，林奴儿当场拒绝，而且还题了下面的一首诗：

昔日章台舞细腰，任君攀折嫩枝条。

如今写入丹青里，不许东风再动摇。

明代以画兰出名的妓女还包括卞赛、卞敏两姊妹。卞赛自称京玉道人，特别善书小楷字体。她画兰的特色是风枝袅娜，一落笔就要完成十几个枝叶。卞赛的妹妹卞敏皮肤白得像玉一般，又兼风姿绰约，人看起来好像是站在水晶屏前一般似的。卞敏也很会画兰，她喜欢简简单单地描画筱竹兰草两三朵，不像她姊姊的纵横枝叶、淋漓墨沈。这对姊妹之间，可以说一位是以多见长，一位是以少为贵，各有千秋，各极其妙。

明代的南京是骚人墨客、风流才子聚居的好地方。其中有一位叫陈鲁南的书法家，间或寻花问柳，在南京妓院碰到一位名叫朱斗儿的妓女，陈鲁南一时为这位青楼美女倾倒，就授以笔法，教她画山水小景，而且替她取了一个新的名字叫朱素娥。跟陈鲁南交往期间，朱素娥留有一联诗："芙蓉明玉沼，杨柳暗银堤。"朱素娥后来听说陈鲁南考中进士，并被选入翰林院任史官，于是就把平日跟鲁南往来的诗画全部缄封寄到北京给陈鲁南，并且附上两句颇为风流儒雅的诗句：

> 昨日个锦囊佳句明引勾，
> 今日个玉堂人物难亲近。

有一位凤阳人刘望岑，因听到朱素娥的名气，想一亲芳泽，可是素娥拒不见面。后来刘望岑写了下载的诗句，央人投递给素娥，这位金陵老名妓才欣然接见。刘望岑的绝句写道：

> 曾是琼楼第一仙，旧陪鹤驾礼诸天。
> 碧云缥缈罡风恶，吹落红尘四十年。

王世贞在《艺苑卮言》谈到正德年间妓院有一种抛掷骰子的游戏，凡是轮到拿骰子的时候，就需喝一杯酒，然后应声吟咏。一位妓女拿到骰子时唱道："一片寒微骨，翻成面面心。自从遭点污，抛掷到如今。"还有一位风尘女子尹春，也留有下录的一首《醉春风》：

> 池上残荷尽，篱下黄花嫩，重阳还有几多时？近、近、近！
> 曾记旧年，那人索句，评香斗茗。望断萧郎信，懒去匀官粉；
> 虾须帘外晚风生。阵、阵、阵！
> 双袖生寒，一灯明灭，博山香烬！

一般说来，良家女子除非不得已，还是不愿当人家的妾。吴敬梓在《儒林外史》提到常州（明属江浙行省）沈琼枝，本以为嫁人做正室，但实与扬州宋为富做妾。沈琼枝的父亲告官，但官府被宋为富买通，沈琼枝夜半扮作老妈子逃往南京，求助杜少卿及其夫人。此案曲折经两县官审理后，沈琼枝因宋家设套、县官押父逼亲，自写认状，要求宋家在自己生子后即扶正，随入宋家为妾。但宋为富人已中年，沈琼枝难以得子，便转而求助活佛神仙，所以生了一个儿子。正房听到婴儿哭声，想自己要有孩子而悲切，因此病重抑郁而死。沈琼枝因此得以扶正，不久，宋为富再纳一妾，为了重振雄风，服用春药而死，沈琼枝办理丧事，并将宋家叔侄为遗产而生之纷争处理妥当。

　　万历年间有位提倡戏剧艺术的人名叫张汝霖（号肃之，死于一六二五年）。张汝霖在一五九五年中进士，但喜欢蓄养戏班声色自娱。后来这个戏班就传给他的儿子张耀芳（一五七二——一六三三）以及孙子张岱（字石公，号陶庵，一五九七——一六八四）。张岱本人也喜爱梨园，而且跟娱乐界人士的交往频繁，所以相当了解妓院的笙歌轶闻。在他所写的《陶庵梦忆》卷四，张岱生动逼真地描绘扬州娼业的盛况如下：

　　　　广陵二十四桥风月，邗沟尚存其意。渡钞关，横亘半里许，为巷者九条。巷故九，凡周旋折旋于巷之左右前后者什百之。巷口狭而肠曲，寸寸节节有精房密户，名妓、歪妓杂处之。名妓匿不见人，非向导莫得入。歪妓多可五六百人。每日傍晚，膏沐熏烧，出巷口，倚徙盘礴于茶馆酒肆之前，谓之"站关"。茶馆酒肆岸上纱灯百盏，诸妓掩映闪灭于其间。朏鼛者帘，雄趾者阃，灯前月下，人无正色，所谓"一白能遮百丑"者，粉之力也！游子过客，往来如梭，摩睛相觑，有当意者，逼前牵之去，而是妓忽出身分肃客先行，自缓步尾之。至巷口，有侦伺者向巷门呼曰："某姐有客了！"内应声如雷，火燎即出，一一俱去。剩者不过二三十人。沉沉二漏，灯烛将烬，茶馆黑魃无人声。茶博士不好请出，惟作呵欠；而诸妓酾钱向茶博士买烛寸许，以待迟客。或发娇声唱《劈破玉》等小词，或自相谑浪嘻笑，故作热闹以乱时候。然笑言哑哑声中，渐带凄楚。夜分不得不去，悄然暗摸如鬼，见老鸨，受饿、受笞，俱不可知矣……

　　熟悉这种行业的明清骚人墨客，一般都称扬州的娼女为"广陵姬"，称北京的青楼女性为"燕姬"，而叫南京秦淮河畔操贱业的女子为"南都姬"或"金陵姬"。在千千万万明代的妓女当中，必然会有各种不同的遭遇和下场。妓院各门户虽然争妍斗胜，使出各种招数来吸引顾客，但是他们几乎都要拜奉一种叫"白眉神"的妖神。妓女们每逢初一、十五，便会用手帕针线刺"白眉神"的脸，接着下跪虔诚地祷告，这种仪式叫做"撒帕"。沈德符的《万历野获编》提到：

> 坊曲白眉神长髯伟貌，骑马持刀，与关（公）像略同，但眉白眼赤，京师人相骂人曰白眉赤眼儿，即相恨成仇。妓女初荐枕，必同拜此神，乃定情。南北两京皆然。

侠姬

明代著名妓女除"南都姬"、"燕姬"与"广陵姬"之外，还有一种不分地域的、具有侠义风格的妓女，称"侠姬"。譬如说，有一位客居北京的戴纶被判下狱，把身上带的三千金委托给一位娟妇邵金宝代为保管。十年后，戴纶出狱，邵氏拿出四千金还给戴纶。嘉靖年间，娄江（江苏太仓）有一位名叫孙太学的人，跟某位妓女很要好，两人山盟海誓，准备嫁娶，可是孙太学不会理财，又遭家变，于是家里益穷，无法结婚。这位娟妇日夜工作，省吃俭用，把自己存的钱都埋在孙太学家的一个穴地。如此十余年，孙太学终于能用这批钱跟她享受小康的家庭生活，走完人生的旅程。

此外，《万历野获编》载述了一位叫刘二的"侠妓"故事。刘二的相貌不很白皙，而且身体纤瘦，弱不胜风。沈德符第一次认识刘二时，她才十九岁，但是拥有一座乔木蔽日，有荷塘，有假山，有江南特色的新买第宅。跟沈德符一齐到刘二家吃酒听曲的人中，有一位浙江鄞县人叫范仲子。这范仲子虽是名家子弟，但为人薄幸，相识不久之后，便用甜言蜜语朝夕诱惑刘二，两人终于订了白头偕老之约。想不到，范仲子是个吃软饭、没用的男人。用尽刘二的私蓄之后，范仲子还逼刘二卖掉田园得几万金、房屋得三千金以及所有的首饰簪珥供他花费。与此同时，范仲子又在别处藏匿了一个娟妇，生性憨厚的刘二最终投缳而死。

万历年间，江夏营妓当中有一名知诗词、会弹琴，而且还会画兰花的妓女名叫呼文如。当时有一位姓丘的西陵人，以民部郎调职到广东，途经黄州旅次，在客栈遇到呼文如，两人一见倾心，相爱定情。丘生向他父亲要求，要将呼文如携带到广东上任，可是丘父不许可。丘生不得已写信给呼文如，跟她委婉解释，呼姬读完信时，恸绝不能自已，用针刺血，并写一封血诗回复，以表誓死不渝：

> 长门当日叹浮沉，一赋翻令帝宠深。
> 岂是黄金能买客，相如曾见白头吟。

过了一些时候，丘生因公务需要赶赴北京，于是又顺道经过湖北，专访呼文如于武昌，两人相见当然非常高兴。这时呼文如在餐馆庭院的一棵石榴树下，赋诗一首，交给丘生，诗的下端出现了盖有印章的八个字："丘家文如，沥酒树下。"接着呼文如对丘生说，"妾所不归君者，如此石矣！"最后，两人分别时，呼文如哭着请求丘生给她一个"丝萝之约"的订婚信物。丘生答应说，等他升官时，就是文如于归的日子。呼文如听到之后，答说，依你的性格脾气，我看你不是宦海中的人，你要散发，我要结发的日子，应该不会太远呢！之后，丘生调到阆州，果然罢官回家。知道这个消息的呼文如于是加紧写信，催促丘生赶快跟她订于归之约。然而，丘生的父母亲照样作梗反对这桩婚事。丘生只能每天思念远在三百里外的意中人。

当年的冬天，寒冷肃杀，当丘生登楼抚槛，正在彷徨凝望湖北的方向时，突然听见楼下咿哑杂声。下楼一看，原来是呼文如。又惊又喜的丘生问心爱的人为何在这寒冷的冬天跑来找他。呼文如说，她的养父贪图一位商人的金钱，要将她卖给这位商人当妾，因此她在情急之中，租了一条船，半夜逃到阳逻；白天又将自己的首饰金钗变卖，换了一匹马，昨天赶到亭州；又再度换船，如果稍慢了一天，落到商人手中的话，她一定是死路一条！呼文如讲完她的艰辛逃亡细节之后，两人相抱恸哭。第二天，丘生写信告诉父亲，不管如何，他已决定要跟呼文如结为连理。夫妻两人从此遍游名山，弹琴赋诗，以终其身。

湖北人丘齐云（字谦之）是隆庆时的进士，后来把呼文如与丘生写的书信跟诗文编成一个小册子，命名《遥集编》。

柳如是

最后要谈的是一位不具典型的"侠妓"名姝柳如是（一六一八——一六六四）。柳如是，原名叫杨爱，本来是吴江（在苏州府的东南）周孝廉家的爱姬，主人喜欢她的聪明伶俐与懂得奉承，因此常抱她在膝上，教她文艺诗词。可是柳氏放纵不羁，竟然跟仆人私通，因此大概在一六三二年间，被周家主人赶出家门。之后，柳如是靠着她绮淡雅净的美色才华，在松江、嘉定、嘉兴、杭州一带的烟雨楼台，跟社会名流厮混交往。依据陈寅恪所著《柳如是别传》，柳如是应该是在一六四一年底离开杭州，打扮成儒生士人的模样，坐船到江苏常熟，要向当时名满江南的大诗人钱谦益"投刺"请益。钱谦益曾经是东林党的领袖，也当过明朝的礼部尚书，写的诗沉稳瑰丽，又非常喜欢买书和藏书。明朝时期，常熟可说是中国物产最富庶的一府，在常熟的西北方有座虞山，而在虞山的山顶，钱谦益盖了一座名为"半野堂"的房子。柳如是趁着钱老失意的时候，下了船，坐抬轿，到钱宅投谒。这时钱谦益大概是五十九岁左右的银发族，而柳如是虽然经历了将近十年的流浪，脸上也露出几许风尘憔悴，不过究竟她只有二十三岁左右，而且还有黑溜溜的头发与狼虎之年的姿色。

柳、钱初次相见的情景，坊间有不同的说法。有的说，钱老因妻子陈氏（死于一六五八）还健在，起初不愿见她，故意躲到他处，可是后来看到柳如是写的诗，微露色相，相当艳媚引人，因此才赶紧追到柳如是的坐船，看到的果然是一个美人胚子。之后两人整天絮语，互倾爱慕之意，老诗人对柳如是说："我爱你白者面黑者发。"年纪差钱老三十六岁的柳如是回说："我爱你白者发而黑者面。"曾经公开说非才学像钱谦益者不嫁的柳如是，在一六四一年七月十四日嫁给了钱老当妾，作为一生的归宿，来年替钱谦益生了一个女儿；再一年，钱谦益在虞山北麓筑楼五楹，当作钱家藏书的图书馆，并命名为"绛云楼"。可是结婚四年之后，大清江南统帅多铎在一六四五年六月八日夏天攻陷了南京，再侵入浙江。这时当过明朝大臣的钱谦益决定向大清投降，而且还剃发。据说当时柳如是劝钱老："是宜取义，全大节，以副盛名。"可是没有骨气的钱谦益不听。

钱氏所藏的书籍极为丰富，而且都经他亲自精选；钱谦益后来就同柳如是住在绛云楼，可是绛云楼在一六五〇年被大火烧掉。绛云楼灾后，柳如是移居红豆山庄，晨夕酬唱，娱乐钱老。还有，一六四七年，钱谦益因涉嫌藏匿明代遗臣而坐狱四十天时，柳如是替他多方奔走打点，才使钱老得以早日获得自由。钱谦益一直活到八十二岁（一六六四年六月十七日）才过世，可是因为生前跟他的族人相处不和睦，所以等他死后，姓钱的族人聚集一百人向官府讼告，说钱谦益欠他们钱，逼钱老的未亡人交出家产。这时钱谦益的长子钱孙爱很害怕，躲着不敢露面，柳如是先是拿出千金分给族人，遣送他们回家，后来在她丈夫丧葬的那一天，等要送葬的族长都入座以后，柳如是令仆人把前门锁紧，自己则关在木楼，一边让来送葬的客人等候，一边通知官方来捉人。柳如是在钱谦益死后的四个星期（即一六六四年七月十二日）自杀，表明她对钱谦益的忠义磊落。下面是柳如是的代表作品。

清明行

春风晓帐樱桃飞，绣阁花骢丽晴绮。
桃枝柳枝偏炤人，碧水延娟玉为柱。
朱栏入手不禁红，芳草纷甸自然紫。
西泠窈窕双回鸾，蕙带如闻明月气。
可怜玉髻茱萸心，盈盈艳作芙蓉生。
明霞自落凤窠里，白蝶初舍团扇情。
丹珠泣夜凉波曲，梦入莺围漾空渌。
斯时红粉飘高枝，豆蔻香深花不续。
青楼日里心茫茫，柔丝折入黄金床。

盘螭玉燕情可寄，空有鸳鸯弃路旁。

西泠

西泠月炤紫霞丛，杨柳丝多待好风。

小苑有香皆冉冉，新花无梦不濛濛。

金吹油壁朝来见，玉作灵衣夜半逢。

一树红梨更惆怅，分明遮向画图中。

　　以现代人的观点来看，上面举例的几位"侠妓"，虽然出身青楼，却懂得爱情，所以不顾一切"倒贴"男人。因此，这里就引导出了妓女的收入，以及明人进行皮肉交易的代价等等问题。可以想见，明朝初年，人民用钞、铜币嫖妓卖淫的价格（娼妓事业说穿了，就是一种买卖的特种行业），应该是以钞、以铜钱来计算。可惜的是，有关这方面的资料相当匮乏。《梅圃余谈》提到北京皇城外私设窑子的妓女，会做种种淫秽之态引诱屋外的浮梁子弟，上钩的男人只要投钱七文，就可选择一位裸女，携手登床。这种价格比起《金瓶梅》中男人嫖妓的费用低了很多。譬如说，有钱人西门庆初到丽春院，出手即为五两银子。还有一名叫花不如的名妓，她"身价颇高，不与庸俗往来，惟与豪俊交接。每宿一夜，费银六、七两方得"。

　　用银子当作色情交易的钱币媒介应该是明朝晚期的事。此外，大部分有关妓女的戏曲小说，作者所标榜的也是较高级或昂贵的名妓与妓院。冯梦龙所著的《醒世恒言》的第三卷有"卖油郎独占花魁"的故事。杭州花魁王美娘十四岁（虚岁）破瓜（第一次跟男人睡觉）的价钱是十二两银子，此后，跟嫖客每度一夜便索价十两。老实节俭的卖油郎秦重于是努力卖油，每日赚分文，每天积存一分钱或两分钱，这样存了三年，终于可跟花魁独处一个晚上。这个故事其实也是属于"侠妓"的范畴，因为王美娘最后决定嫁给秦重时，带来了五、六只皮箱，箱里头装了十四封的银子，每一封都是五十两，加上金珠玉环首饰，总共有三千余金。

　　冯梦龙的另一则名妓倒贴情人的故事是"玉堂春落难逢夫"（编在

《警世通言》第十四卷）。这故事的男主角是王景隆（字顺卿），女主角是来自大同的美女玉堂春（堂班里的人称她苏三）。长洲（属苏州府）出身的冯梦龙一生跟科举无缘，一直到五十七岁（一六三一年）才补了一个南京太学监生的名位。可是冯梦龙却是一位观察力非常敏锐的戏剧小说家，在一六二〇——一六二七年间，他编写了一百二十则宋朝人和元朝人留下的"话本"通俗小说，分别集在《古今小说》、《警世通言》与《醒世恒言》，每部各含四十卷。冯梦龙用他的生花妙笔描写玉堂春的天姿如下："鬓挽乌云，眉弯新月，肌凝瑞雪，脸衬朝霞。袖中玉笋尖尖，裙下金莲窄窄。雅淡梳，妆偏有韵，不施脂粉自多姿。便数尽满院名姝，总输她十分春色。"

当时才十七岁的王景隆在北京准备科举考试，遇到玉堂春时，一见钟情。可是不到一年光景，王景隆就将他父亲王琼（当时在南京任职）给他的三万两银子全部花光，继而流落在一间破旧的关王庙当乞丐。这时，有情有义的玉堂春发誓不再接客，而且乘机坐轿，亲自到关王庙探望情人，并赠王景隆两百两银子，嘱他好好念书去考进士。玉堂春是典型的"侠妓"故事，也是家喻户晓的才子佳人爱情小说。不过对历史有兴趣的读者，大概想了解一下当时名妓的身价如何。冯梦龙说，"梳栊送一百财礼"，"银两尺头，权为初会之礼；二十两碎银，把做赏人杂用"。又说，妓院的老板娘收了贩马的商人沈洪两千两银子，就将玉堂春卖给他当妾。此外，胡文楷所写的《柳如是年谱》透露，在一六三〇年代，如果有文人嫖客想一亲江南名妓柳如是的芳泽，必定要先送三十金去买通鸨母。当然，此后跟柳如是游赏或再进一步的交往时，费用将更为昂贵。

小说虚构的花魁与玉堂春，以及历史人物呼文如与柳如是，都是具有侠义风格的妓女。她们一往情深，从良嫁人之后，能重新做人，过着正常的家庭生活，让人感动，也令人喝采。然而她们毕竟是千万明代妓女中的极少数幸运者；绝大部分卖春的女人，尤其在职业与阶级分明的明代社会，大致都要忍受过着贫穷、受人歧视的痛苦生活。写小说、戏剧的文人，可大吹大擂，美化娼妓的高超情操，可是几乎没人提到，当这些卖色卖肉的年轻女子，如果不小心怀孕，或者染上性病、妇女病、肺病时，她们的下场如何？因堕胎死去的娼妓应该不可胜数？当她们年纪大了，变成残花败柳、或人老珠黄被男人遗弃时，她们要过着什么样的日子？她们的"职业生涯"几乎不能超过二十年。以花魁女、玉堂春为例，她们都是在十三岁左右破瓜，开始接客人。如果一般的妓女能持续工作二十年的话，她们也才只有三十三岁呢！因此，如以常理推断，她们要不是无法维持青春貌美，就是不能持久固定地赚钱，要不然就是早死！当然啦，一直到一七〇〇年时，西洋人的平均寿命才只有二十五岁；明代正常人平均也活不到三十几岁，何况操皮肉生涯的青楼女子，她们应该是属于苦命、薄命、又短命的一群女性吧！

第十章　女伶与名姬

　　现代人娱乐的方式很多、很广，很自由地可做选择，诸如电影、电视、看球赛、听CD、影带、唱片、卡拉OK、音乐晚会或歌仔戏等等。相对之下，明代人娱乐的方式就受到种种主观与客观环境的限制与束缚。从十四世纪到十七世纪，能使城乡皆知、雅俗共赏的就是传奇戏剧，上自帝王将相，下至乞丐贱民，他（她）们最喜爱、最能享受声色娱乐的就是看戏听曲。然而，在主观上，由于男女授受不亲的文化，以及泾渭分明的两性差别待遇，男女俳优演员在很多场合还是不能厮混，也不能同台演戏，甚至连男女观众也要分开隔离。至于剧情与主题内容，依然要受到当时伦理道德的规范。譬如说，有关同性恋、乱伦的饮食男女，以及败坏风俗之类的题材剧本都不容易存在。在客观环境方面，当时舞台的设备、照明、服装、布景、道具、音响效果

（明人一般所称的砌头、行头）等，当然都还是很原始、很欠缺的状态。因为电灯还没发明，晚间演戏就成了问题，同时在没有汽车、火车、飞机等便捷交通工具的年代，一团戏班要从茶楼酒馆转到乡村庙台，也不是那么简单的事，遑论从江北的一个城市换到江南的另一个城市。

在这困难度很高的时空背景，明代人娱乐的方式主要是靠固定的戏班和职业性的梨园俳优来承奉。难怪陆容在《菽园杂记》卷十写道："嘉兴之海盐、绍兴之余姚、宁波之慈溪、台州之黄岩、温州之永嘉，皆有习倡优者，名曰戏文子弟，虽良家子不耻为之。"在这些戏文子弟背后，懂演技、能唱歌、会跳舞、靠耍武术谋生的女人，更是无法统计。不过虽然明代的良民"不耻为之"，尽管她们已经被编入"乐户"，

明代女乐伎服饰（出自（明万历刻本《琵琶记》）

而且贴上"贱民"的标签，可是如果没有这批优伶艺人的话，明代的人又怎么能获得声色娱乐的享受呢？

其实带头提倡戏曲的正是明朝的统治者！明朝皇帝，特别是他们内宫中众多的嫔妃、宫女以及太监，平常最喜爱的娱乐就是看演戏。史载，明朝开国皇帝朱元璋就是个戏迷，他最喜欢看高明（一三〇五——三六八）写的《琵琶记》（男主角是忠正儒雅的蔡伯喈）。朱棣在北平（一四二一年后改称北京）当燕王时，凡是遇到生日、佳节、庆典，照例会请戏班到王府演戏。朱见深当皇帝（宪宗）时在内宫训练一队专门演戏的阉人宦官，有一次宪宗在看戏时故意装着打瞌睡，一会儿突然听到舞台上的演员大声唱说："皇帝驾到！"宪宗一听，豁然站起身子，正好看到主管西厂的特务头子汪直进场。当时弄得全场观众大笑，让皇帝和太监汪直尴尬得不能自已！

还有，熹宗天启帝（朱由校）特别喜爱岳飞忠武的武戏，他的同父异母弟弟朱由检（明朝末代皇帝崇祯）则是热爱《西厢记》的文戏。史载，崇祯五年（一六三三），正值皇后千秋节，皇帝手谕明末最有名的沈香班进宫，在御前献演五十六出的《西厢记》。之后，在崇祯十四年（一六四二），再召沈香班进内廷献演两出《玉簪记》。

朱元璋即位之后就设有"钟鼓司"与"教坊司"，专门负责内廷的娱乐演戏。此外，他还特地送给每一个儿子（亲王）各一千七百多种词曲，并且饬令在京城设立十六楼供官伎乐户居住和演练。好歌、好色的朱元璋甚至还想让女乐优伶进入内廷演戏。后来由于监察御史周观政的激烈反对与及时阻止，这种想法才没有实现。反正，明朝内宫豢养了那么多声音尖嫩、半男半女的阉人宦官，他们可以很容易地抹脸"装旦"，男扮女装，演艳妇、装小丑或瘸子去娱乐他们的主人。

朱有燉对杂剧的贡献

在朱元璋的众多子子孙孙当中，第五子周王朱橚（一三六一——四二五）的大儿子朱有燉（自号老狂生，一三七九——四三九）和第十七子宁王朱权（一三七八——一四四八，分封在热河的大宁），对于提倡传奇戏剧以及改善南曲、北曲的伴奏，做出了最大的贡献。朱权本人总共搜集了六百七十八套元朝到明初之间的杂剧和散曲。朱有燉成长在开封府，从小就很会书法跟画图，长大之后，更是热衷于音乐和戏剧。从一四〇四到一四三九年间（等于是永乐朝到宣德朝），朱有燉总共写出三十二种杂剧剧本，收集为《诚斋杂剧》，其中包括脍炙人口的《复落娼》、《桃源景》、《香囊怨》和《烟花梦》。

朱有燉著的杂剧剧本，不受元代杂曲千篇一律"四幕一唱"的严格限制；他剧本里所用的散文对话，也比元朝杂曲用的诗词更受一般戏迷的欢迎。他不但常把剧本延伸为五幕的剧情，而且每幕主唱的生（男主角）或旦（女主角）也不限制一人。不仅如此，虽然他的剧情配乐仍然依北曲中所谓的"弦索官腔"为主轴，可是他开始利用筝和琵琶等乐器来穿插南曲的伴奏。一般说来，北曲中主要的乐器是弦，而南曲则用管。准此，大凡用南曲伴奏时，乐队会采用笛子和笙，再配上琵琶、三弦、月琴、箫、小鼓，以及拍板。十六世纪中叶，有位江南的昆山人魏良辅，就把这些乐器发出的声调，混合配成昆曲。同样也是昆山出身的梁辰鱼（字伯龙，号仇池外史，一五一〇——一五八二），就尝试写一部叫《浣纱记》的剧本，配以魏良辅的音乐，结果观众的反应热烈。梁辰鱼于是又写了《红线女夜窃黄金盒》。自此以后的两百年，昆曲便成了中国人最喜爱的戏剧娱乐方式。可以想见，演红线女的优伶女主角，一定是相当优秀的"乐户"女子！不过有时候，演员也可跟作者沟通，交流如何演出，才能有效地表达出作品原本的精神。沈德符的《万历野获编》卷二十五《梁伯龙传奇》里写有一段话：

> 浣纱初出，梁（伯龙）游青浦，时屠纬真（隆）为令，以上客礼之，即命优人演其新剧为寿。每遇佳句辄浮大白酬之，梁亦豪饮自快。演至出猎，有所谓摆开摆开者，屠厉声曰："此恶语当受罚。"盖已预储洿水以酒海灌三大盂，梁气索，强尽之，大吐委

顿。次日不别竟去。屠凡言及必大笑，以为得意事。

多才多艺的朱有燉死后还遗有两卷的《乐府》短篇散曲以及一百首的《元宫词》诗抄。除了绰号"诚斋"和"老狂生"之外，朱有燉还有另外一个绰号叫"锦窠道人"。不过，一般熟谙戏剧的职业演员都要尊称他为"周宪王"。"周宪王"死时没有儿子，死前曾上书正统皇帝（朱祁镇），恳求皇帝不要让他的未亡妃子为他殉节，强迫她们要跟他一起埋葬。可惜慢了一步，朱有燉的元配王妃巩氏，连同他的六位爱妾，全部都已经上吊死亡。不过可能由于朱有燉死前诚恳、有力的请求，朱祁镇自己死时（一四六四年二月二十三日）留下的遗诏，毫不含糊地命令，朱家皇室从此要废除殉葬的恶例。朱有燉应该可以含笑九泉，因为他关怀女性、尊重女人生命的作风，使得无数无辜的妃嫔自此可以免受殉葬的迫害。

传奇戏剧的大众化

明代较受一般大众欢迎的传奇剧本，除了上述几种以外，其余的当然是历代流传下来的故事。譬如说，改编罗贯中（可能死于一三七〇年后）的名著《水浒传》和《三国志演义》小说里较出名的情节故事，如《林冲夜奔》、《群英会》；十五世纪初流行的《蓝采和》版本、《武松侠记》、《麒麟记》、《白兔记》、《连环记》、《玉环记》、《荷花荡》；邵璨（字子明）在一四七〇年写十二世纪初叶一位北宋儒生故事的《香囊记》；徐渭（字文长，一五二一—一五九三）写的《雌木兰替父从军》与《女状元辞凰得凤》（均强调妇女的能力）；张凤翼（冷然居士，一五二七—一六一三）著的唐朝爱情故事《红拂记》；徐复祚（三家村老，一五六〇—一六三〇）写的《一文钱》和《红梨记》，以及叶宪祖（一五六六—一六四一）改编关汉卿原作的《金锁》、荆轲刺杀秦王的《易水寒》和四种爱情故事《四艳》等。当然最古典的《昭君出塞》、《西厢记》，以及明朝快要崩灭前出现的冯梦龙的《玉堂春》，和

男女定情于西园红楼（出自《西园记》）

汤显祖（一五五〇——一六一六）在一五九八年完成的传奇巨作《牡丹亭还魂记》，都是明人，尤其是妇女，最喜爱的风靡剧本。

比汤显祖年轻二十八岁的沈德符在《万历野获编》（词曲）提到，当汤显祖的《牡丹亭》问世之后，家传户颂，把《西厢记》的身价减低了很多。明代戏迷看到女主角杜丽娘（宋朝南安太守的女儿）在春日游园后感伤成梦，梦见跟一位英俊文雅的书生在牡丹亭幽会，可是梦后害了相思病，竟一病去世。这时台下的观众大多是眼泪直流，哭红了双眼。不过死后三年，杜丽娘又还魂，再度与书生柳梦梅相见，而且由于柳生的纯情浓爱，使得杜丽娘能起死回生，复活后跟柳生结婚，有美好的团圆结局。这时观众由悲转喜，从愁变乐，如痴如醉，全场爆出欢笑快乐的声音。整部五十五出的才子佳人爱情剧本，扣人心弦，让人喘不过气。据说，汤显祖在《牡丹亭》演出时，经常亲临观赏，热情指点扮演杜丽娘的女主角，叮嘱名伶要依他的原本，才能达到原著的情趣。《汤显祖集》卷十八有一句诗，说他本人往往"自揾檀痕教小伶"。

汤显祖的匠斧神工、细腻动人的情节真是让人心动神驰。明代末年，相传扬州有一位才艺出众、明眸皓齿的美貌女子冯小青，因家道贫寒，还不到十六岁就嫁给一位浮躁的公子哥儿当妾。不幸嫁后受到飞扬跋扈嫡配夫人的忌妒虐待，因此冯小青总是闷郁忧愤，悲伤度日。不到两年，空虚寂寞的小青染上疾病。冯小青感叹自己红颜薄命，总共遗有十二首有血有泪的诗，其中一首绝句如下：

刘智远夫妻团圆（出自《白兔记》）

冷雨幽窗不可听，挑灯闲看《牡丹亭》。

人间亦有痴如我，岂独伤心是小青。

明代较次要的男女私媒传奇剧本还包括瞿祐（一三四七—一四三三）短篇小说《剪灯新话》（共四卷二十篇）的《金凤钗记》、《翠翠传》、《绿衣人传》，以及附录一篇《秋香亭记》。《秋香亭记》记述元末一位商生与已婚、且生了孩子的表妹采采相爱的痛苦。《金凤钗记》述说一位少女兴娘因思念未婚夫崔生而病死，可是又借着自己妹妹的躯体和崔生结合。《翠翠传》描写刘翠翠与丈夫金定因战乱而被迫离散的爱情悲剧。十七世纪的戏剧家袁声将它改编为《领头书》。《绿衣人传》叙述南宋贾似道的一个侍女，死去阴魂不散，用爱情的力量，打破生死的界限，与天水男子赵源发生恋爱。后来周朝俊所作的传奇剧本《红梅记》以及昆剧《李慧娘》都是从这个故事取材。此外，李昌祺（一三七六—一四五二）在《凤尾草记》记述南京一位姓龙的儒生爱上表亲三姑娘的爱情悲剧。陶辅在弘治年间（一四六五—一五〇五）成书的《心坚金石传》（后来改成剧本《霞笺记》）描写张丽容对男主人李彦直的专情以及她用死抵御强暴的坚贞行为。还有宋懋澄（一五六九—一六一九）所著的《负情侬传》改编成传奇剧本《杜十娘怒沉百宝箱》，揭示纨绔子弟李某的卑劣品行，同时肯定落籍从良妓女杜十娘的刚烈与忠贞的品格。

传奇戏场的脚色

明代传奇戏场脚色的名目与多寡，大多因剧本的长短情节有所不同。嘉靖年间徐渭搜集六十五种宋、元传奇编入他的《南词叙录》，当时他所载录的南戏角色名目主要是"生、旦、外、贴、丑、净、末"七种，但在"外"的名目之下，又有"小生"，而且还有"外旦"、"小外"等。这里的"外"是配角的意思，譬如在《西厢记》里头，扮演崔莺莺母亲的角色归属于"外"。在《红拂记》剧中的虬髯客一角，也是由"外"的角色饰演。"生"或"正生"当然是男主角,"旦"或"正旦"是女主角,不过"小生"(又称"贴生")和"小旦"(又称"贴旦")则是生跟旦的副角。乾隆末年,李斗(字北有,号茭塘)搜集了大约有一千种词曲,编在他的《扬州画舫录》(共十八卷,一七九五年刊印),其中卷五列举了"江湖十二脚色",包括正生、贴生(小生)、正旦、小旦(贴旦)、老旦、外、小外、末、净、丑(又称中净)、文丑(副净)和小丑(小净)。传奇的脚色有相当的伸缩性,在大的剧团因为人多,所以每一个人固定扮演一个角色。反之,如果剧团人手不足的话,同一个人可兼演两个或三个角色。譬如说演文丑的人,可同时扮演酒保、车夫、书僮、船夫等角色。还有,因为主唱的角色"生"和"旦"是剧团的台柱,所以往往剧团的老板也会招"正生"为婿,或是娶"正旦"为妾。明朝中叶以后,男女演员一齐合演的情形愈来愈多。等到明末时,清一色全部由女伶人组成的"女梨园",更是常有的事。

靠演戏过活的女人

明代传奇的脚色,男性伶人可扮演"生",也可扮演"旦",同样地,女性俳优也可演"生"和"旦"的角色。至于其他的角色,因靠化妆、演技之助,男女均可胜任。规模较小的戏班,往往由家庭成员当基础组成,因此,夫妻、父女、母女十多位演员全是自家人,都一齐跑码头,四处演戏,游食讨生活。可是大型的职业戏班则是要招收梨园子弟,作有计划的长期训练。明代出名的尤物女俳优很多,有些是自小由父亲教导成为美秀而润的名旦,沈德符在《万历野获编》卷二十五提到著名北曲女优傅寿(字灵修)是"其亲生父家传",那种绝招技艺再也不教第二人。一五九二年中进士的浙江嘉兴人李日华(号九疑,一五六五——一六三五),生平喜欢写日记,不过只有一六○九——一六一六年间所记的八卷《味水轩日记》遗留后世。在《味水轩日记》残本卷三里,李日华记述一六一二年的两位著名女伶王凤生和傅生如下：

> （阴历）三月二十八日，赴锄两歧招赏芍药。女优王凤台演
> 戏，颇足观……十一月十一日，梨园女旦傅生，年十七岁，风致
> 翩翩。金坛富人麾五百金，图为侧室。生鄙其为人，一夕遁去，
> 亦可儿也。

明代后叶，有专一驻地的大规模职业戏班，为了吸引观众，提高
票房收入，务必要拥有一两位色媚艳丽、演技超群、音色出众的女性
名伶。著名尤物如宜黄班的宜伶吴迎最会唱《紫钗记》，杭州女伶商小
玲特别擅长演《还魂记》；专唱"调腔戏"的女优伶包括朱楚生和陈素
芝等等。

元代的戏曲演员大多由娼妓兼任，明代因戏子的专业化，所谓的
勾阑名伶也大部分出自娼门。娼妓原本以卖笑、卖身当职业，但其中
不少会唱、爱戏剧，甚至会背诵诗文的人。另外一种理由是，娼妓除
了在妓院内的酒席敬酒陪客之外，她们经常要外出当"应官身"（一般
人所称"出勤"或"外陪"）；诸如官衙府第有宴会排场，这些高官富
贾为了增添娱乐气氛与情趣，往往召唤教坊乐女到场陪宴。在陪宴的
过程，寻找刺激的男人免不了会要求陪妓献唱，或吹笛，或弹琴，或
跳舞。所以有"身价"、常"外陪"的娼妇，多少都得学会唱几首词
曲，以备不时之需。有姿色又有演艺的南京旧妓尹春，就是属于这种
类型的乐伶，她不但专工戏剧排场，也能扮演生或旦。

私人蓄养的"家乐"

第九章提到绍兴人张岱出身富贵家庭，祖父张汝霖、父亲张耀芳
都是明末高官，家里蓄养声伎，教习小伶，提倡戏剧。张岱的叔父和
兄弟都喜欢粉墨登场，张岱本人更是喜爱华服美食、丽娘美女、花鸟、
音乐、声光、灯烟之类的布景。一六四五年，明朝沦没之后，鲁王朱

以海以绍兴为中心，自封为监国。朱以海亲自造访了张岱在家里设立的戏园。一六四六年七月清兵占领绍兴，张岱在仓皇中，挑选家中藏书三万卷，逃入山中，从此过着流浪的生活。就在这段流亡的漫长日子，张岱写了五卷《西湖梦寻》的回忆录、八卷的《陶庵梦忆》与六卷的《琅嬛文集》等作品。在《陶庵梦忆》卷七，张岱载录了下段妓女演戏的情景：

> 南曲中，妓以串戏为韵事，性命以之。杨元、杨能、顾眉生、李十、董白以戏名。属姚简叔期余观剧，僬僮下午唱《西楼》，夜则自串。僬僮为兴化大班，余旧伶马小卿、陆子云在焉。加意唱七出戏，至更定，曲中大咤异。杨元走鬼房问小卿曰："今日戏，气色大异，何也？"小卿曰："坐上坐下者余主人，主人精赏鉴，延师课戏，童手指千，僬僮到其家谓'过剑门'。焉敢草草！"杨元始来物色余。《西楼》不及完，串《教子》。顾眉生：周羽；杨元：周娘子；杨能：周瑞隆。杨元胆怯肤栗，不能出声，眼眼相觑。渠欲讨好不能，余欲献媚不得，持久之，伺便喝采一二，杨元始放胆，戏亦遂发。

明代俳优的另一种来源是自家蓄养"家乐"，把僮仆训练成伶人乐仆。教他（她）们演奏管弦乐器，唱歌，背台词。明朝做官的士大夫，或者做生意的商贾，不论在官场应酬、文士宴集，都经常用演戏来助兴取乐。这种风气特别在明末的江南最为流行。归有光在《震川先生集》卷十九《朱肖卿墓志铭》载说："昔日有沈元寿者，慕宋柳耆卿之为人，撰歌曲，放僮奴为俳优，以此称道于邑。"明代缙绅家中蓄养优伶数十人者不乏人在，其中很多是有才、有色、有艺的俳优，就连旧院的娼妓也都相形逊色。蓄养家乐的大官包括一五六二年中进士的翰林大学士申时行，礼部尚书兼文渊阁大学士的王锡爵（太仓人，一五三四—一六一一），出身大地主背景、南京太学贡生的何良俊（号青溪漫士，华亭人，一五〇六—一五七三），一五七四年中进士的大富豪、光禄寺丞沈璟（吴江人，一五五三——一六一〇），国子监祭酒冯梦祯（字开元，一五四六——一六〇五），一六一六年中进士、任光禄卿以及南明福王兵部尚书的阮大铖（号石巢，一五八七——一六四六），以及钱岱（号秀峰，一五四一——一六二二）和屠隆。

以钱岱和屠隆为例，可以知道明代后期士大夫蓄养家乐伶人是一种"雅事"，也是一种耻于做官的反射行为。钱岱虽然在一五七一年中进士，但在一五八二年罢官回到常熟老家后的四十年岁月，经常寄情于山水，以声色自娱。他建了一座"百顺堂"，招买十三位标致、会歌舞的女优，在他别出心裁所设计的"山满楼"，每个月演出两次或三次的戏。屠隆三十五岁才中进士，但因生性放诞，所以官只做到知县和礼部主事。总共做了六年官就罢职的屠隆，离开北京时，几乎是一文不名。之后就靠写墓陵碑文和喜贺对联过日子。可是他对于戏曲的爱好，却没有因经济的窘困而中断。屠隆的短剧《昙花记》（两卷五十五出）在一五九八年刊行，接着出版了《白榆集》（八卷诗加二十卷散文）和《婆罗馆清言》。一六〇三年，屠隆到福建，居住在福州附近的乌石山，后来在苏州住了一年，所到之处都跟文士名流赏演戏曲，如吴越名士冯梦祯、邹迪光等。屠隆虽没有钱，但很多慕他名的优伶自愿到屠氏梨园排演《昙花记》、《明珠记》、《双珠记》、《拜月亭》等剧。屠家梨园优伶可在湖舟表演，也可在沙滩排戏，还经常在楼船、酒馆、山庙娱乐屠隆的相知朋友。

除了士大夫蓄养家乐之外，有钱的商贾地主也学着挑选容貌端正的奴婢，训练成乐仆，在社交方面附庸风雅一番。黄卬《锡金识小录》中的"优童条"便记述了一些出色的乐仆如下：

前明邑搢绅巨室，多蓄优童……冯观察使龙泉童名桃花雨，苗知县生庵童名天范，陈参军童名玉交，曹梅村童名大温柔、小温柔，葛救民童名大姑姑、小姑姑，朱玉仲爱奴称六姐，可谓名妖而主人放逸极矣。

　　何良俊在《四友斋丛说摘抄》（收入《记录汇编》）中说他认识一位名叫沈小可的有钱人，每次请朋友吃顿晚餐，总要带二十名家童当随从。何良俊本人蓄养了一批能歌善舞的女优伶。史载，一五六二年时，有一次何良俊在苏州宴客，拿出南京名妓王赛玉穿过的一双"纤趾罗鞋"当作酒杯，要求每一位客人喝一杯含有王赛玉趾鞋余香的美酒。此外，王延喆（字子贞，一四八三——一五四一）在苏州西郊建了一座大房子，蓄养了相当多的优伶美女；前面的厢房大厅是供戏班子演戏所用，后面的房子则是备藏娇之用。还有著名作曲家徐霖（自号九峰，一四六二——一五二一）定居在南京秦淮河岸的武定桥附近，开辟好几甲的土地作为蓄养梨园子弟的"快园"。他自己编乐曲训练他的演员，当时演艺圈的人称他为"髯仙"。一五二○年正德皇帝在南京停留九个月（从元月中旬到九月二十三日）期间，曾经两次造访徐霖的"快园"，其中有一次是晚上乘船到访。

　　明人称私人蓄养的优伶为"家乐"、"家僮"、"侍儿"、"家伶"、"家优"、"家伎"、"声伎"等。因为长期跟随主人，娱乐奉承主人，很多女伶不期然间会跟主人发生更进一步的亲密关系，甚至变成主人的姬妾。有的主人还把"家乐"视为自己的财产，时时加以防护监视。张岱在《陶庵梦忆》卷二记载了一位名叫朱云崃的人，以及他跟他众多女优的互动关系：

　　　　云老好胜，遇得意处，辄盱目视客；得一赞语，辄走戏房，与诸姬道之，愧入愧出，颇极劳顿。且闻云老多疑忌，诸姬曲房密户，重重封锁，夜犹躬自巡历，诸姬心憎之。有当御者，辄遁去，互相藏闪，只在曲房，无可觅处，必叱咤而罢。殷殷防护，日夜为劳，是无知老贱，自讨苦吃者也，堪为老年好色之戒。

　　这种衣冠中人的风气影响所及，就连发横财的店铺老板也要东施效颦。《金瓶梅词话》第二十四回写道：

　　西门庆自从娶李瓶儿过门，又兼得二、三场横财，家道营盛，……把金莲房中春梅、上房玉箫、李瓶儿房中迎春、玉楼房中兰香，衣服首饰，妆束出来。……教乐工李铭来家，教演弹唱。春梅学琵琶，玉箫学筝，迎春学弦子，兰香学胡琴。

　　西门庆命他的女婢学习乐器，所需用的场地空间大概不至于太大。可是钱岱建"山满楼"让他的女伶每个月表演，这种规模应该更加庞大。清初著名戏曲家孔尚任（自号云亭山人，一六四八——一七一八）"一句一字，抉心呕成"，经过三次的修稿之后，在一六九九年的春天，完成了脍炙人口的四十四出《桃花扇》。孔尚任曾通过朋友杨文骢（号龙友）访问兵部尚书阮大铖，才有办法在第四出"侦戏"真实地描绘阮大铖在南京寓所的演戏场所：

　　　　（末巾服扮杨文骢上）……今日无事，来听他燕子新词，不免竟入。（进介）这是石巢园，你看山石花木，位置不俗，一定是华亭张南垣的手笔了。（指介）〔风入松〕花林疏落石斑斓，收入倪黄画眼。（仰看，读介）咏怀堂，孟津王铎书。（赞介）写的有力量。（下看介）一片红毹铺地，此乃顾曲之所。草堂图里乌巾岸，好指点银筝红板。

　　阮大铖自己养有李姓优伶等人，他私人演戏场所的规模跟设计大概很少人能望其项背，理由是，他本人是位写戏本的人。阮大铖生前写了《十错认》（又名《春灯谜》）、《燕子笺》、《牟尼合》以及《双金榜》，后来董康将它们合编成《石巢四种》。不过明朝留下的文献，有蛛丝马迹可循，证实士大夫阶级以及富贾商人惯例雇用戏班到他们私宅花园演戏作乐。举例来说，一四三七年四月六日，内阁大学士杨荣在他北京宅第"杏园"宴请八位朋友，所留下一幅《雅图集》，以及户部尚书周经（号松灵，原籍山西阳曲，一四六〇年中进士）庆祝他六十岁生日（一四九九年六月十二日）所刻的七片木雕《竹园寿集图》，都在在显示，除了喝酒、吟诗之外，戏曲的演唱也是他们欢愉作乐不可或缺的一部分。此外，大富豪安国（号桂坡，一四八一——一五三四）在老家无锡附近建造的"菊乐园"和陈与郊（号玉阳仙史，一五四四——一六一一）在浙江海宁所盖的"隅园"，都特别设计有演戏的场地。

甚至到现在，游客进入保留完整的苏州"拙政园"（明代御史王献臣的宅院）时，很快就可以看到花园西边一幢四面厅式的两组花馆和鸳鸯馆。在两馆中间，是主人宴会、听曲、看戏用的地方。在馆的四角都设有耳室暖阁，是供女眷看戏别出心裁所设计的。换句话说，主人的母亲、姑、姨、妻、妾、女儿、媳妇、侄女、甥女、女宾，可以从十八曼陀罗花馆及三十六鸳鸯馆看戏，可是男性客人和演戏的人却看不见她们在那里。

"氍毹"工的私家演戏

不过，一般地主、士绅、商家还是没有那么多钱可以盖类似"拙政园"、"快园"、"隅园"或"菊乐园"那么宏大富丽的花园宅第。可是他们依然喜欢看戏，也是要雇一团戏班到自宅来做生日，或庆祝其他的好事。在此情况下，他们通常会在厅堂中挪出一块空地，在地上铺红色锦绣地毯，在酒席筵前装设一个名叫"氍毹"的小舞台，然后在厅堂的两侧挂起内帘，开左右两门，当作入相、出将上场下场的门道。戏没开始前，大厅上的觥筵整齐，优伶则到厅堂两旁的厢房化妆，涂上铅华粉墨，准备衣帽、鞋裤、帽帻、把子、胡须、假发，以及检验各种伴奏用的乐器。等到酒菜端上桌席，演员开始在氍毹上表演，这时坐在地毯两旁或对面的男性观众一边饮酒吃菜，一边看戏，而且厅上的布帏或帘子立刻下垂，所以女眷可以用帘子隔着欣赏戏曲。

这种所谓"氍毹"式的私家演戏其实相当普遍，明末清初诗人余怀曾经身历其境，他在《板桥杂记》详细地记述了私家演戏的一般情况。他写道：

岁丁酉，尚书（龚芝麓）挈夫人，重过金陵，寓市隐园中林堂。值夫人生辰，张灯开宴，请召宾客数十百辈，命老梨园郭长春等演剧。酒客丁继之、张燕筑及二王郎，串《王母瑶池宴》。夫人垂珠帘，召旧日同居南曲，呼姊妹行者与燕，李大娘、十娘、王节娘皆在焉。时尚书门人楚严某，赴浙监司任，逗遛居樽下，褰帘长跪，捧卮称："贱子上寿！"坐者皆离席伏。夫人欣然为罄三爵，尚书意甚得也。

除了家宅氍毹戏之外，明代传奇的戏班也经常到乡村表演"社戏"，以及为各种祠庙节庆助兴。明朝统治的中国，本质上是个农村社会，它的农耕时序和迎神祭祀是全体民众的主要活动，而这些活动通常缺少不了演戏的助兴，难怪当时中国有很多各式各类的戏班。史载，有一次为了庆祝整治淮河成功，地方里老请了五十多班的戏子沿着淮河的乡镇演戏。据此加以推理，靠演戏过活的女人应该很多。这种所谓社戏有时可吸引成千上万的男女老幼观众。明代中叶以后，江南的戏班剧团很多，演的主要是江苏的昆腔和浙江的海盐腔。海盐腔最初流行于嘉兴、湖州、台州、温州一带，在嘉靖末年传入江西；昆腔则在万历末年开始在江西以北的城镇流行；甚至连北京都拥有五十班的苏浙腔班子。因此，从江南到全国各地去演戏谋生的女伶人最少应有几千、几万人。到了明末，开国皇帝朱元璋厘订的职业户分类变成具文，政府对"教坊司"的管理已经没有公权力，社会上对妓女与优倡的看法有了相当大的改变，形成了所谓的笑贫不笑娼的新价值观。难怪陆容在《菽园杂记》自叹说，江南各都城都有很多"习优倡者，名曰戏文子弟"。等到朱由检当末代皇帝（崇祯）时，天下遍布娼妓，其中，色艺兼具者，就多了一种出路，稍稍学习演唱，就可摇身一变，当优伶歌姬。

另一种演戏的场合就是乡里一年一度的祠庙庆典。由于道教衍生出来各种神明、庙宇，诸如关帝庙、炎帝庙、岳王庙、东岳大帝，甚至于巷庙土地公，这些神明每年都要做生日。这种酬神、赛神的风俗免不了要演几场戏了事。有些祠庙的戏班要求演《寡妇征西》或《昭君出塞》等名目，可是优伶人手不够多，于是时常要雇用妓女当临时演员。一场戏演下来，这种支持助阵甚至需要高达三四十名娟妓帮忙。

还有，在人口集中的城市都会，男人养成到客店和酒馆看戏的习惯。茶房酒肆为了待客迎宾，就准备锣鼓乐器，雇用几位粉头老鸨儿来清唱或搬演短剧娱乐顾客。张岱在《陶庵梦忆》卷四的"泰安州客店"碰到演剧的情形，他说：

> 客店至泰安州，不敢复以客店目之。余进香泰山，未至店里许，见驴马槽房二三十间；再近有戏子寓二十余处；再近则密户曲房，皆妓女妖冶其中。……店房三等……贺亦三等：上者专席，糖饼、五果、十肴、果核、演戏；次者二人一席，亦糖饼，亦肴核，亦演戏；下者三四人一席，亦糖饼、肴核，不演戏，用弹唱。计其店中，演戏者二十余处，弹唱者不胜计。

楼船演剧

明代一般士人过客免不了会在酒馆茶坊看戏，可是豪绅巨富要不是在自己家里的厅堂或花园招待来宾吃饭看戏，就是到船舫宴客观剧。这种所谓"楼船演剧"（像西洋人在游艇 yacht 上开 party）在江南最流行。华北的主要河流黄河，除了局部流域可通舟楫外，不若长江与大运河的畅通无阻。仅长江流域内支流就有四十一条，再加上诸多大湖小泽，船不只是江南民众的主要交通工具，更是他们生活文化不可或缺的特征。有钱的人，如万历年间的包涵所、邹迪光、范长白等人，都很懂得享受，于是标新立异地建造楼船当作演戏的剧场。先是包涵所在西湖把大小三艘船连并在一块，"大小三号：头号置歌筵、储歌童，次载书画，再次待美人"。命他蓄养的美女马氏三姊妹在船上演《西厢记》，来饮酒作乐。接着是其他的文人雅士，包括张岱的父亲张耀芳，也建造楼船。张耀芳建的楼船恰好在阴历七月十五日中元节落成，所以随即以木排数里搭台演戏，城中人以及附近村落渔家听到这个消息，乘舟来看戏的大小船有一千多艘。最夸张的是，有时在桥的两端，有两座楼船同时演戏，一边演《玉玦记》，另一边演《红叶传奇》，而且两边的优伶歌姬隔船同时奏曲唱歌。楼船演戏的季节不分春夏秋冬，往往是从正午开始，一直玩到夜分才散席。楼船的演员除了船主蓄养的优伶以外，职业演员也偶尔会被请到船上助阵。余怀的《板桥杂记》有一则记载说：

> 嘉兴姚壮若，用十二楼船于秦淮，招集四方应试知名之士百余人，每船邀名妓四人侑酒，梨园一部，灯火笙歌，为一时盛事。

明代的江南，湖泊连绵，港津棋布，有钱的商人和懂得享乐的名士，往往自己买船蓄舟，船中设有乐器，而且召来几位名姝艺妓，喝酒唱歌，在湖中泛浮荡漾。黄宗羲在《思旧录》中提到，他有一次碰到明末名士陈继儒（号眉公，一五五八——一六三九）在西湖游闲。江苏华亭出身的陈继儒与名画家董其昌是忘年之交，懂得逍遥人生，备有三只画舫当湖中浮宅，自由自在地随水波流荡。

一般游客自己没有画舫，也可以用租的方式乘船到处行乐。例如从杭州南下，经富阳、兰溪、衢州，到常山的六百里之间，每个渡口都有各式各类的画舫出租。客人上了船之后，就有一两位，甚至三、四位争妍斗艳的女妓陪同。这些粉白黛绿的画舫都有很芳雅的船名。在吴县地带，往来渡用的船叫作"荡河船"，而把桨驾船的人要不是巧笑倩兮的垂髫少女，就是风流有趣的半老徐娘。这些靠摇桨橹过活的女人会依照客人的意愿，带他们到楼船看戏，或者到渡津各地游乐。

上述的氍毹式家宅演戏，酒店或楼船的演戏，无论在戏台、戏房，或者看席的规模与设备上，当然都比不上固定的"勾阑"公演。所谓"勾阑"（或"构栏"），指的是一边当妓院，一边当剧场的教坊。这又印证了明人所称的"优"即是"娼"，"娼"和"乐"不分的意思，所以妓女跟乐户通通归"教坊司"管辖。男人兴致一来，想游乐的地方就是到勾阑、妓院。首先看了几出戏之后，兴头一来，就召个标致的小娘儿到戏台旁边的酒肆小屋，去一起喝酒劈腿。有时候，朋友来访，干脆就带他到勾栏里，找婊子嫖耍一番。

既然妓院是一种色情交易的场所，身价高档的妓女除了供给客人色、肉之外，还需供给才与艺。反过来看，优倡要求的是钱、喝彩、捧场，但是常常还要求男人送礼物，以及爱情。在此情形下，勾阑的戏场就是一种激发两性情爱（warm-up arousal）的场合。才子佳人在交往的过程，免不了要经过这段前奏曲。明末遗留下来的一本《嫖经》（收在张梦征编的《青楼韵语》）有这么一段指示：

> 调情须在未合之先，允物不待已索之后：风月之中以情为先，军伍之内以操为最，情未调而求合，譬之三军未曾操练驯熟而临大敌，其败必矣。嫖之凡物如鱼之设饵，不得饵则他往，妓索物不得物则他求，后总与之，亦何益矣？

《嫖经》又说："客与妓，非居室之男女也，而情则同。女以色胜，男以俊俏伶俐胜，自相贪慕。"

妓院如果要牟利赚钱，一定要把戏演好，一定要找名妓来演"貂蝉"的角色，来唱"杨贵妃"的组曲。这些优倡窜红之后，慕名的宦门子弟、商贾名士就会接二连三地召唤她们到客店、酒馆或茶坊去表演。明代很多出名的优倡都是因为具备有音乐歌舞的技艺，经由这种背景熬出来的；譬如说，专攻戏剧排场、兼演生旦角色的南京旧院妓女尹春。余怀在《板桥杂记》中记载，尹春在《荆钗记》中扮演"生"的角色王十朋，演得"悲壮淋漓，声泪俱迸，一座尽倾，老梨园自叹弗及。"此外，陈圆圆、李香君、董小宛也都是由唱戏而名满天下的。《板桥杂记》说，董小宛"针神曲圣，食谱茶经，莫不精晓"。又说李香君"从吴人周如松受歌，玉茗堂四传奇，皆能妙其音节，尤工琵琶词，与雪苑侯朝宗善"。写《陈圆圆传》的陆次云说，陈圆圆的声"甲天下之声"，她的色"甲天下之色"。

余怀还记述了一位比董小宛、李香君更有才艺、更具姿色的优倡，她的名字叫顾媚（字眉生），以下是《板桥杂记》所载：

> 顾媚又名眉，庄妍靓雅，风度超群，鬒发如云，桃花满面。弓弯纤小，腰支轻亚。通文史，善画兰，追步马守真，而姿容胜之。时人推为南曲第一。家有眉楼，余尝戏之曰：此非眉楼，乃迷楼也。人遂以迷楼娘称之。当是时，江南侈靡，文酒之宴，红妆与乌巾紫裘相间，座无眉娘不乐，而尤艳顾家厨食品……以故设筵眉楼者无虚日。

说穿了，眉楼即是高级妓院，又是勾阑小剧场，是追逐风花雪月的有钱人作乐、找刺激的场所。顾媚后来从良，嫁给明末兵科给事中龚芝麓（合肥人）为妾。

马湘兰

钱谦益在《列朝诗集小传》中说，名姬马湘兰（一五四八——一六〇四）"教诸小鬟学梨园子弟，日供张燕客，羯鼓琵琶声，与金缕红牙声相间"。马湘兰，字月娇，在南京秦淮河旧院经营妓院，爱好戏曲，而且偶尔会客串唱一两出，以善画双钩墨兰闻名。成名之后的奇女子马湘兰，喜欢以红妆季布打扮，步摇条脱，结交侠义，又时时挥金如土，并赠送钱物给美少年。一六〇四年，江南著名大书法家王稚登（字伯谷，苏州人，一五三五——一六一二）到南京时，与马湘兰重逢。因为他（她）们是老相好，而且曾经有一度论及嫁娶，所以马湘兰在"飞絮园"替王稚登做他七十岁的生日；唱歌、吟诗、演戏，总共热闹了一个月。不久之后，马湘兰生病临死时，燃灯礼佛，沐浴更衣，端坐而逝，走完她五十六年的多彩人生。

马湘兰画的兰花仿效赵子固，洒金方笺着色，大部分都是一花数叶，给人有不胜弱态的感觉，而且在兰花旁边，陪衬着筱竹瘦石，气韵绝佳，清芬泻幽谷。她在一幅双钩墨兰小轴上题诗：

> 幽兰生空谷，无人自含芳。
> 欲寄同心去，悠悠江路长。

马湘兰的画不仅受风雅人士的喜爱收藏，甚至闻名海外，包括来自暹罗（泰国）的外交使臣，都要收购她的画扇当珍品藏物。

李香君

比马湘兰更具姿色、更会唱戏的秦淮河优倡，是侯方域（一六一八—一六五五）的情人李香君。被称为明末"四公子"之一的侯方域，才气纵横，风流倜傥，著有《四忆堂诗集》。一六四〇年侯方域创立"雪苑社"并组了一团梨园子弟，在一六四四年明朝亡国之际逃到扬州，不久在南京的秦淮河畔爱上一名娇小玲珑、多情善感的名妓李香。因当时妓院的称呼，喜欢在名字的后面再加一个君字，后来李香就被称为李香君。侯方域是出身东林党的家庭，跟曾经权倾一时的魏忠贤阉党是政治上的死对头。前文提到，崇祯皇帝在煤山上吊之后，他的堂兄弟福王（朱由崧）逃到淮安，被马士英、阮大铖、高杰等人迎立到南京当监国，称号弘光。阮大铖虽是魏忠贤的余党，但因为迎立福王有功，升任为兵部尚书。为了拉拢名播四方的侯方域参加南京的临时政府，阮大铖拜托侯方域的好友杨文骢（号龙友）送奁资给李香君，没料想到，李香君竟然把赠物退还给阮大铖。阮大铖恼羞成怒，决定向侯方域报复。当时南京政府尚有史可法、左良玉等名将督师防卫江北，侯方域因此顺利逃往河南避难，可是却留下李香君独居在南京。

阮大铖获悉此消息之后，即派人强迫李香君改嫁，可是李香君企图撞柱自杀，以示对侯方域的忠贞恩爱。这时，幸好杨龙友在场，救了她一命，不过李香君猛力碰柱时，脸部受伤，鲜血沾满了她手中的一柄团扇。杨龙友后来用画笔在扇子加以点画，竟然画成了一枝桃花。侯方域虽然逃回河南的故乡，但十一年后就病殁，只活了不到三十七个年头。前文提到，侯方域去世四十四年后，孔尚任借美人桃花，托公子香扇，谱出南明亡国的悲惨情景。而李香君的命运呢？从她在南都后宫私寄给侯方域的一封书信，我们知道，阮大铖真的把她选入朱由崧的宫中当歌伎：

　　落花无主，妾所深悲。飞絮依人，妾所深耻。自君远赴汴梁（开封），屈指流光，梅开二度矣！日与母氏相依，未下胡梯一步。方冀重来崔护，人面相逢；前度刘郎，天台再到。而乃音乖黄犬，卜残灯畔金钱；信杳青鸾，盼断天边明月。已焉哉！悲莫悲于生别离。妾之处境亦如李后主所云，终日以眼泪洗面而已。比闻燕京戒严，君后下殿，龙友（杨文骢）偶来过访，妾探询音耗，渠惟望北涕零，哽无一语，呜呼！花残月缺，望夫方深化石之嗟；地坼天崩，神州忽抱陆沉之痛。由甲申迄今乙酉，此数月中，烽烟蔽日，鼙鼓震空，南都君臣遭此奇变，意必存包胥哭楚之心，子房复韩之志，卧薪尝胆，敌忾同仇。

　　……妾以却奁夙恨，几蹈飞灾。所幸龙友一力斡旋，方免钦提勘问，然犹逼充乐部，供奉掖庭，奏新声于玉树春风，歌燕子之笺叶雅调，于红牙夜月，谱春灯之曲。嗟嗟，天子无愁，相臣有度，此妾言之伤心，公子闻之而疾首者也。虽然，我躬不阅，遑恤其它。睹星河之耿耿，永巷如年；听钟鼓之迟迟，良宵未曙。花真独活，何时再斗芳菲？草是寄生，惟有相依形影。乃有苏髯（昆生）幼弟，柳老（敬亭）疏宗，同为菊部之俦，共隶梨园之队，哀妾无告，悯妾可怜，愿传红叶之书，慨作黄衫之客。噫！佳人虽属沙吒利，义士今逢古押衙。患难知己，妾真感激涕零矣！远望中州，神飞左右，未裁素纸，若有千言，及拂红笺，竟无一字。回转柔肠，寸寸欲折。附寄素扇香囊并玉玦金钿各一。……妾之志固如玉玦，未卜公子之志能似金钿否也？弘光二月，香君手缄。

后来清兵渡江，南都陷落，李香君逃出宫廷，跑到苏州，依靠过去秦淮河名妓卞玉京为生。不过，香君仍时时刻刻地思念着她的爱人。一般相信她在苏州将死之前，一位梨园界的朋友柳敬亭来看她，告诉她侯方域的下落，不过才子佳人仍然无法团圆。(《桃花扇》结局写侯方域与李香君两人分别入道当道士。)

董小宛

现在要谈的是充满神秘传奇的女伶名妓董小宛。董小宛原名董白(一六二五——一六五一)，字青莲，余怀在《板桥杂记》说她"天资巧慧，容貌娟妍……少长，顾影自怜……性爱闲静，遇幽林远涧，片石孤云，则恋恋不忍舍去。"明朝最后几年，董小宛在南京当妓女时，就以才情色艺出名。根据如皋人冒襄(一六一一——一六九三，号巢民，字辟疆)写的《影梅盦忆语》所述，他(冒襄)第一次与董小宛认识，大概是一六四一年；那时才十六岁的董小宛是"面晕浅春，缬眼流视，杏姿玉色，神韵天然，懒慢不交一语"。冒襄(祖先是蒙古人)又惊又爱，当时冒襄的父亲在襄阳做官不顺遂，所以两人只有交往，并没做进一步的打算。后来，冒襄的母亲过世，丧事办完，冒襄到南京应试，方始在桃叶渡口寓馆跟董小宛缠绵。后来由于冒襄元配妻子(明人称荆人)相成相许的雅量，于是在一六四三年，冒襄以赎金买董小宛为妾。据冒襄自述，他的妻子很贤淑，一点都不吃醋。虽然冒襄把董小宛看为如意宠物，他的妻跟妾却相处如水乳一般融洽。

董小宛从良之后不久，明朝的末代皇帝就自杀，江南地区盗贼四起，如皋县因南临长江，北有大运河，交通发达，也因此城内城外跟着陷入无政府状态的混乱局面。白天人杀人，晚上到处有抢劫，一六四五——一六四六年间，冒襄全家于是搬到浙江省的海宁盐场避难。在离乱时期，董小宛继续读书写字，她搜集有关闺帏的轶事，编了一本《奁艳》的册子，而且在她丈夫三次重病时，汤药手口交进，无形无声，日夜照料。在当时的家庭传统习俗，董小宛不仅要欢娱冒襄，还得要侍候冒襄的元配妻子。或许由于过度的操劳，以及长久的拱立承旨，这位柔肌纤质的明末美女兼才女，竟在顺治八年（一六五二）农历正月二日与世永诀，总共只活了二十七岁。

董小宛死后名气却愈来愈大，原因有二，一是她丈夫留下的《影梅盦忆语》，逼真又细腻地描写他们之间的缠绵恩爱和生死患难。另一种原因是坊间传说董小宛被清朝第一任皇帝福临（清世祖顺治）看上，召唤入宫等绘声绘影的艳闻。虽然冒襄追述小宛言行，包括饮食细节，器物使用，都极意缕述，不过却没有交代小宛病时是如何状况，永诀时交代了什么话，以及死后如何埋葬，葬在何处等等情景。《影梅盦忆语》仅说："今幽房告成，素旐将引，谨卜闰二月之望日，安香魂于南阡。"因为有这些疑点存在，《红楼梦索隐》作者国光红才会推理说，董小宛是在清兵南下时将她俘虏，经过辗转入宫，被年轻的顺治皇帝看上，大被宠眷，诏令用满洲姓称小宛为董鄂氏。冒襄怕这件丑事外扬，对他、对小宛的名誉都有损害，于是佯称小宛被清军俘虏的那天就是小宛的忌日（顺治八年正月二日）。这种障眼法手段虽是出于不得已，但果然有说服力，因为顺治八年时，福临还未满十四岁，应该不可能纳娶一位年纪大他两倍的汉族妇人为妾，而且董鄂妃（小宛）后来还替皇帝生了一个儿子。

但话又说回来，名花可以倾国，请看清初诗人吴梅村《题董白小像》诗第七首写道：

乱梳云鬓下妆楼，尽室仓皇过渡头。
钿合金钗浑弃却，高家兵事在扬州。

吴梅村的第八首又说：

江城细雨碧桃村，寒食东风杜宇魂。
欲吊薛涛怜梦断，墓门深更阻侯门。

　　如果董小宛那时真的已经病死，那么"侯门"要作何解释呢？因为按照明清法律规定，当人家小妾的，死后所葬的墓地，不可能会"深阻侯门"！

　　也有可能董小宛死后好几年，冒襄带好友陈其年去看的影梅庵，并不是董小宛真正葬身的坟墓！吴梅村的《清凉山赞佛》诗，暗指董妃（小宛）逝世后，顺治皇帝感伤过甚，因此遁居到山西的五台山出家修行，庵居于安子山紫霄峰，自号竹林大士。董小宛到底如冒襄所说，是夭死在他家呢？或者真正是被顺治的叔父豫亲王多铎（一六一四——一六四九）所俘，然后带到北京献给皇帝，再变成董鄂妃呢？甚至到现在，仍然有不少人认为这是一件历史的疑案。虽然包括陈其年等清初文人，写了不少挽悼董小宛的诗文，但他们对小宛的死，还是隐约其词。后来孟心史著《董小宛考》，也极力替冒襄申辩，可是依照逻辑与常识判断，当时二十七岁的董小宛是女人最成熟、最有生命力的年龄，何况她又长得如花似玉，大清将军的耳目侦探知道有这种仙女似的艳姬的话，是绝对不会错过机会的。不过，假如因为一名宠妃去世，皇帝就要出家当和尚的话，这会是一件令人感到不可思议、也不是政治现实可能发生的事呢！话又说回来，历史上的真正董鄂妃是死于一六六〇年九月二十三日；从此伤心透顶的福临就非常信奉佛教，四个半月以后，他就呜呼哀哉，死时是一六六一年二月五日，距离董鄂妃死期仅四个半月。

陈圆圆

　　另外一位家喻户晓，美到能倾国倾城的女伶是陈圆圆。陈圆圆本名陈沅，小时在苏州长大，流落教坊。因为她的"声甲天下之声"，她的"色甲天下之色"，于是在玉峰地区蹿红为名歌妓。有位宦门人家周奎把陈圆圆带到北京，想将她献给崇祯皇帝，可是崇祯没有兴致。当时由武举人出身的吴三桂已经从团练总兵晋升到辽东总兵，爱慕陈圆圆的名气，想用重金娶她为妾。可是一名姓田的宗室早了一步，已经把陈圆圆买到手。坊间的版本有的说这个人叫田宏遇，也有说是田畹（或者是同一个人，名宏遇，字畹）。总之，当闯王李自成的军队迫近京畿时，姓田的人可能为了政治考虑，决定把陈圆圆赠送给山海关的防卫司令吴三桂。吴三桂匆匆离家时，将陈圆圆留给父亲吴骧照顾。一六四四年四月底，李自成占领北京之后，捉吴骧当人质。史载，这时的平西伯吴三桂已经准备要跟李自成合作，不过当他在滦州听到闯王已经将爱妾陈圆圆抢走时，他"冲冠一怒为红颜"，致使"痛哭六军皆缟素"（出自吴梅村的《圆圆曲》）。还没有学好合纵连横政治手腕的李自成，竟然亲自率领二十万大军往东去攻打吴三桂，逼得吴三桂不得不投入清将多尔衮的怀抱。一个月之后，李自成的军队溃败。一六四四年六月三日闯王赶回北京，放火烧掉九个城门，不过，多尔衮的八旗军还是在三天之内进驻紫禁城，开始大清的新朝代。

把闯王李自成赶出北京之后，在动荡战乱的往后日子，陈圆圆是完完全全属于吴三桂的了。较可信的结局是陈圆圆最后跟吴三桂到了云南，被封为平西王的吴三桂据说有意册立陈圆圆为王妃，不过陈圆圆辞不承命。陈圆圆从此屏谢铅华，跟着姥妈邢太太独居别院，证明她纵使历尽沧桑，但内心真正所爱的人依旧是吴三桂。不过，陈圆圆是否剃发为尼，或者选择成为女道士，则又是众说纷纭，莫衷一是。陆次云的《陈圆圆传》并没提到这件事。钮玉樵所著的《觚剩》与沈虬的《圆圆偶证》都说，邢太太窥出吴三桂潜蓄异谋造反，以齿暮请为女道士，而且陈圆圆还劝告吴三桂，不可以受部众的怂恿而起兵反清。

一六七三年十二月二十八日吴三桂杀死云南巡抚朱国治，随即自称"天下都招讨兵马大元帅"。一六七八年春天，吴三桂在湖南衡州称帝，定国号周，可是在同年的十月二日死于疟疾，听到这消息的陈圆圆，在商山寺内投莲花池而死。可是依照清代历史学家徐鼒（一八一○—一八六二）的考证，有关陈圆圆在云南的生活情形，以及她是否成为女道士，或者投莲花池自杀，却完全没有历史的根据（徐鼒著有二十卷《小腆纪年》与后续的六十五卷《小腆纪传》）。甚至连下录的一封信或许也有人存疑。不过为了让读者有机会自己做个判断，请看以下陈圆圆写给吴三桂的一封信，解释李自成逼迫她成亲的事件：

> 妾承将军垂爱，贮之金屋，宠之专房，则妾固为将军有，岂得为闯贼有哉。闯贼于四月朔，冠冕旒，衣赭袍，肆然御乾清宫，逼妾承伪旨。妾念及将军恩义，奋不顾身，戟指骂贼，满拼一死，以谢将军。乃闯贼忽掩两耳，充如不闻，指挥伪宫嫔及一伪侍卫，仗剑迫妾入后宫。妾偶回盼，不禁窃喜，盖此伪侍卫，即将军之旧部施保住也。保住挥剑示意，欲言仍嗫，夜漏三下，闻窗格弹指声，急启枢，则保住审身入，问妾不忘旧主，将何为。嗟嗟，妾尚何为哉？此身可留，则固为将军之身；此身不可留，请待将军于地下。唯将军图之。

有才、有艺、有姿、有色，又富有感情义气的李香君、董小宛和陈圆圆，如果是生长在现在的社会，她们的命运又将是如何？或许她们会读艺术专科大学或文学博士学位，或许会当电视节目主持人，或许会走红变成国际知名歌星、电影明星，或者会嫁给亿万富翁，或许……当然这些臆测都合乎常理，也都有可能。不过有一点我们可以肯定的，那就是：她们不会缠足，可以跟男生受相同的教育，她们有婚姻自主权，不会被卖给有钱、有势人家当小妾，她们也不会为夫殉节！

附录一
明代历朝皇帝一览表

姓名	庙号	生日
朱元璋	太祖	1328-10-21
朱允炆	惠帝	1377-12-5
朱 棣	太宗	1360-5-2
	成祖	1538-10-3 谥
朱高炽	仁宗	1378-8-16
朱瞻基	宣宗	1399-3-16
朱祁镇	英宗	1427-11-29
	1449-9-1—1450-9-20 被俘	
朱祁钰	代宗	1428-9-11
朱见深	宪宗	1447-12-9
朱祐樘	孝宗	1470-7-30
朱厚照	武宗	1491-11-14
朱厚熜	世宗	1507-9-16
朱载垕	穆宗	1537-3-4
朱翊钧	神宗	1563-9-4
朱常洛	光宗	1582-8-28
朱由校	熹宗	1605-12-23
朱由检	思宗	1611-2-6
南明		
朱由崧	安宗	1607-12-12
朱聿键	绍宗	1602-5-25
朱由榔		1623-11-?

死日	登基日	年号	
1398-6-24	1368-1-23	洪武	1368-1-23—1399-2-5
1402-7-13?	1398-6-30	建文	1399-2-6—1402-7-14
1424-8-12	1402-7-17	永乐	1403-1-23—1425-1-19
1425-5-29	1424-9-7	洪熙	1425-1-20—1426-2-7
1435-1-31	1425-6-27	宣德	1426-2-8—1436-1-17
1464-2-23	1435-2-7	正统	1436-1-18—1450-1-13
	1457-2-11 复辟	天顺	1457-2-11—1464-1-26
1457-3-14	1449-9-22	景泰	1450-1-14—1457-2-11
1487-9-9	1464-2-28	成化	1465-1-27—1488-1-13
1505-6-8	1487-9-22	弘治	1488-1-14—1506-1-23
1521-4-20	1505-6-19	正德	1506-1-24—1522-1-27
1567-1-23	1521-5-27	嘉靖	1522-1-28—1567-2-8
1572-7-4	1567-2-4	隆庆	1567-2-9—1573-2-1
1620-8-18	1572-7-19	万历	1573-2-2—1620-8-27
1620-9-26	1620-8-28	泰昌	1620-8-28—1621-1-21
1627-9-30	1620-10-1	天启	1621-1-22—1628-2-4
1644-4-25	1627-10-2	崇祯	1628-2-5—1645-1-27
1646-5-?	1644-6-7	弘光	1645（南京）
1646-10-?	1645-7-29	隆武	1646（福州）
1662-6-?	1646-11-20	永历	1647-2-5—1661（肇庆）

附录二
明朝皇室母系传宗接代一览表

后妃名·号	丈夫	儿子
高皇后	朱元璋（洪武）	朱棣
徐皇后	朱棣（永乐）	朱高炽
张皇后	朱高炽（洪熙）	朱瞻基
孙皇后	朱瞻基（宣德）	朱祁镇（收养）
钱皇后	朱祁镇（正统）	无子
汪皇后	朱祁钰（景泰）	夭殇
周贵妃	朱祁镇（正统）	朱见深
王皇后	朱见深（成化）	无子
纪宫女（瑶族）	朱见深（成化）	朱祐樘
邵宸妃	朱见深（成化）	朱祐杬
张皇后	朱祐樘（弘治）	朱厚照
夏皇后	朱厚照（正德）	无子
蒋兴献后	朱祐杬（兴献王）	朱厚熜
陈皇后	朱厚熜（嘉靖）	无子
方皇后	朱厚熜（嘉靖）	无子
杜康妃	朱厚熜（嘉靖）	朱载垕
陈皇后	朱载垕（隆庆）	无子
李贵妃	朱载垕（隆庆）	朱翊钧
王恭妃	朱翊钧（万历）	朱常洛
郭皇后	朱常洛（泰昌）	朱由校
刘淑女	朱常洛（泰昌）	朱由检
张皇后	朱由校（天启）	无子
周皇后	朱由检（崇祯）	朱慈烺

生卒年	谥号	葬地
1332-1382	孝慈高皇后	孝陵（南京）
1362-1407	仁孝文皇后	长陵
死于 1442	诚孝昭皇后	献陵
死于 1462	孝恭章皇后	景陵
1428-1468	孝庄睿皇后	在裕陵附近
死于 1507	贞惠景皇后	金山
1430-1504	孝肃睿皇太后	裕陵
死于 1518	孝贞纯皇后	茂陵
死于 1476	孝穆纯皇后	茂陵
死于 1522	孝惠圣皇太后	茂陵
死于 1541	孝康敬皇后	泰陵
死于 1535	孝静毅皇后	康陵
死于 1538	章圣皇太后	显陵（安陆）
死于 1528	孝洁肃皇后	袄儿峪
死于 1548	孝烈圣皇后	永陵
死于 1554	孝恪圣皇太后	永陵
死于 1596	孝安圣皇后	昭陵
死于 1614	孝定圣皇太后	昭陵
死于 1613	孝靖圣皇太后	定陵
死于 1613/14	孝和圣皇太后	庆陵
死于 1615/16	孝纯圣皇太后	庆陵
死于 1644	懿安皇后	德陵
死于 1644	庄烈愍皇后	思陵